U0808666

中国开发区周边社会空间研究

孔　翔 等◎著

A Study on Social Space around Development Zones in China

科 学 出 版 社

北 京

内 容 简 介

开发区已经成为我国工业化和城镇化进程的重要空间载体，开发区建设实质上是为吸引加工制造环节集聚而发生的空间生产过程。由于人文景观、产业结构、人口结构、社交网络等的迅猛变化，开发区及其周边地区逐步成为本地失地农民与外来劳动力等“无根者”集聚的空间，转型升级和持续协调发展面临挑战。为此，本书主要借鉴产品内分工、空间生产、地方感、新文化地理学的相关理论，结合上海闵行和浦东、江苏昆山、湖南长沙等地典型开发区的实地调研，深入剖析开发区的空间生产机理及其对所在地区社会文化空间的影响，主要包括开发区的经济活动特征和社会结构特点、开发区周边“无根者”的地方感、外来女性和儿童等的空间行为、开发区空间生产绩效的评估及优化策略等内容。

本书可供地理学、社会学、经济学、城市科学等领域的高校师生参阅，并为开发区建设相关政府部门、企业的领导干部提供参考。

图书在版编目（CIP）数据

中国开发区周边社会空间研究 / 孔翔等著. —北京：科学出版社，2020.12
ISBN 978-7-03-067123-3

Ⅰ. ①中… Ⅱ. ①孔… Ⅲ. ①经济开发区-关系-社会结构-研究-中国
Ⅳ. ①F127.9②D66

中国版本图书馆 CIP 数据核字（2020）第 243246 号

责任编辑：石 卉 吴春花 / 责任校对：韩 杨
责任印制：徐晓晨 / 封面设计：有道文化

科学出版社 出版
北京东黄城根北街 16 号
邮政编码：100717
http:// www.sciencep.com

涿州市般润文化传播有限公司 印刷
科学出版社发行 各地新华书店经销
*
2020 年 12 月第 一 版 开本：720×1000 B5
2020 年 12 月第一次印刷 印张：19
字数：290 000

定价：118.00 元

（如有印装质量问题，我社负责调换）

前　言

开发区已经成为我国参与国际产品内分工和快速推进工业化、城镇化进程的重要空间载体，但随着中国经济发展进入新常态，保持开发区的持续健康发展面临诸多挑战。以往开发区的相关研究主要关注其对产业、经济和城市空间拓展的影响，相对忽视了由此产生的地方社会文化空间重塑，因而难以为开发区的持续健康发展提供文化和社会资本方面的支持。为此，本书主要借鉴产品内分工理论、空间生产理论以及西方新文化地理学、行为地理学等的研究成果，结合上海闵行和浦东、江苏昆山、湖南长沙等地若干典型开发区的实地调研，剖析中国开发区的建设机理及对所在地区社会文化空间重构的影响。

本书主要包括如下五方面内容：一是开发区建设的内在机理与区位选择，主要是结合产品内分工条件下加工制造环节的区位选择规律，分析我国开发区的选址特征、建设路径、发展绩效等，科学回答开发区建设主要会影响哪类地方的空间，以及其经济动因和社会影响；二是开发区建设对所在地区原有地方性的消解机理，重点是借鉴列斐伏尔（Lefebvre）的空间生产理论，考察开发区空间重塑过程中政府和资本等的作用方式，并结合物质和非物质文化景观的变化，考察开发区建设对地方社会文化空间的表层影响，这也是开发区周边成为“无根者”集聚空间的重要物质基础；三是开发区周边居民地方感状况的调研，主要结合中国开发区产业活动特征和人口社会结构的特点，分析开发区建设对周边居民地方文化心理的可能影响，并在此基础上，选择不同地区、不同类型、在不同时段开始建设的开发区进行以实地调研为基础的比较分析，以探讨开发区的个性特征对周边居民地方感的影响，从而体现社会文化研究对开发区持续健康发展的长远价值；四是开发区周边社会文化空间的内部权力关系，重点借鉴新文化地理学有关空间争夺的研究思路，揭示开发区及其周边地区外来劳动力群体与本地失地农民群体之间的权力关系，同时，特别关注女性群体（尤其是随迁家庭妇女）和随迁儿童的空间行为特征及社会融入状况，以期从更长远的视角分析开发区建设对所在地区社会文化资本积累的影响；五是以开发区空间生产绩效的综合评估为基础，以开发区“产城融合”和高新区文化建设为重点，探讨开发区及周边社会文化空间优化的策略。

在具体的研究工作中，本书主要遵循人本主义和结构主义的方法论，采用以实地调研和文本资料收集为基础的定性研究方法。例如，主要通过综述产品内分工和开发区研究的相关成果，分析开发区建设机理；着重通过景观记录、亲历者访谈、文本资料收集等方式，考察开发区建设中的地方文化景观重塑进程及其影响；同时，借鉴人本主义地理学和行为地理学的相关成果，通过深度访谈和行为空间研究等，调查开发区周边居民的地方感状况以及本地失地农民群体与外来劳动力群体的空间关系；此外，主要借鉴空间生产的相关研究，提出有针对性的优化策略。本书研究的案例地主要是上海闵行经济技术开发区、上海张江高科技园区（核心园）、紫竹国家高新技术产业开发区、上海临港产业区、长沙经济技术开发区、长沙国家高新技术产业开发区、昆山经济技术开发区等。调研过程中主要走访了典型案例地的开发区管理者及周边居民，以探索开发区及周边地方社会文化空间重构的一般机理，并分析不同类型开发区对地方社会文化空间的差异性影响。当然，为更科学地验证开发区建设机理和区位选择规律，也基于调研数据进行了一些定量分析。

本研究是在多个基金项目的支持下完成的。国家自然科学基金面上项目“开发区建设与地方文化空间的重构——基于上海、长沙典型开发区的调研”（41271170）促成了本研究的启动和各项调研活动的开展；项目进行过程中，又先后获得国家自然科学基金面上项目“旅游发展下的古村落社会生态系统演进机制研究”（41771156）、新疆维吾尔自治区自然科学基金面上项目“新疆高新区的空间生产机理与创新体系建设研究”（2018D01A29）以及中央高校基本科研业务费项目华东师范大学共享交叉基金（人文社会科学）项目“中国开发区可持续发展能力建设及对城市竞争力提升的影响研究”（2019ECNU-GXJC002）

的支持。

本书是我和我的研究生集体合作的成果。研究生参与分工具体如下：第二章第一节为杨宏玲、顾子恒、黄一村，第二节和第三节为陈丹、顾子恒、纵旭；第三章第一节为张宇飞，第二节为陈俊彦，第三节为陈丹；第四章第一节为宋志贤、凌琳、陈丹，第二节为于漪、陈丹，第三节为龙丁江、陶印华；第五章第一节为黄一村，第二节为宋志贤，第三节为于良全。此外，陈开航整理了本书的参考文献，并且还与林铭亮、吴劲草等一起为文字校正做了大量工作。

感谢科学出版社石卉编辑为本书出版所做的大量工作。特别是在本书写作过程中，笔者有一年半的时间参与援疆工作，大大延缓了写作过程，正是石卉编辑的宽容和督促，才使本书能顺利面世。

党的十九大报告明确提出，我国社会主要矛盾已经转化为人民日益增长的美好生活需要和不平衡不充分的发展之间的矛盾。开发区周边成为“无根者”集聚的空间正是这方面矛盾的具体体现。为此，期待本书能为开发区全面推进经济建设、政治建设、文化建设、社会建设、生态文明建设的协调发展提供有益的借鉴，更期待中国开发区能够真正成为新型城镇化和区域创新发展能力提升的有效载体，并在引领和带动周边地区发展中发挥更加积极的作用。

孔　翔

2020年8月

目　录

第一章

社会文化视角下的开发区研究

一、开发区已经成为中国新兴产业和人口集聚的空间

开发区是指由国务院和省、自治区、直辖市人民政府批准设立的，实施特殊优惠政策和管理手段的特定区域。国家级开发区主要包括经济技术开发区（简称经开区）、高新技术产业开发区（简称高新区）、出口加工区、保税区、台商投资区、边境经济合作区、国家旅游度假区等，其中经开区和高新区最为常见、影响也最大；省级开发区则主要包括经济开发区和工业园区，前者的功能与经开区相似，后者则以引进各类工业项目为主要目标。

国家级开发区的设立是以经开区为起点的，经开区也是数量最多、影响最大、最能显示开发区特点的开发区类型。1984 年 5 月，中共中央、国务院批准进一步开放大连、秦皇岛等 14 个沿海港口城市。1984～1988 年，国务院批准在沿海 12 个城市建立了 14 个经开区。早期，中央较少对经开区给予直接资助，而主要是给政策、给自主权。当时，经开区基础薄弱，建设资金短缺，外资还处于试探和观望阶段，因此其发展状况不尽如人意，引进的项目也主要是劳动密集型的中小企业，技术含量低且很少发生技术转移。尽管如此，首批经开区在探索具有中国特色的开发区基础设施建设模式、基本管理模式、法规体系上仍然发挥了重要作用。经过 20 多年的艰苦创业，国家级开发区按照国务院确定的“以发展工业为主、以利用外资为主、以出口创汇为主，致力于发展高新技术产业”发展方针，明确以“技术的窗口，管理的窗口，知识的窗口”“对外政策的窗口”作为发展宗旨，培育了一批从事开发区管理与招商引资的人才。邓小平同志于 1986 年视察天津经开区时，题写了“开发区大有希望”。

1992 年，随着建立和完善社会主义市场经济体制目标的确立，从数量或规模看，经开区都开始进入高速发展阶段。一大批全球上市公司 500 强企业将具有较高技术含量的大项目布局到经开区，使经开区成为外商投资的最大热点和所在城市重要的经济增长点。经开区的示范作用初步显现，国内也掀起了开发区建设的热潮，截至 1992 年底，经开区的数量增加到 32 个。

受 1997 年东亚金融危机的影响，经开区的整体发展态势由高速发展转向稳定发展。随着国家批准在中西部地区的省会、首府城市设立经开区，经开区和

享受经开区政策的工业园区在1998年底增至53个。同时，经开区的基础更加雄厚，投资环境优势更加突出，一些开发早、规模大的经开区逐步发展为具有多种功能的城市新区。不过，经开区的原有发展模式也暴露出一些问题，并由此出现了经开区“二次创业”的理念，其强调经开区要从主要依靠政策优惠转变为主要依靠以社会主义市场经济体制为支撑的投资环境来吸引外资。

2003年以后，经开区进入科学发展的新时期。2004年，温家宝做出重要批示，强调“在新的发展阶段，国家级经济技术开发区应更加注重结构调整和优化升级，更加注重引进技术和开发创新，更加珍惜和合理利用土地，防止盲目追求数量和规模”；吴仪也指出，“国家级经济技术开发区要以提高吸收外资质量为主，以发展现代制造业为主，以优化出口结构为主，致力于发展高新技术产业，致力于发展高附加值服务业，促进国家级经济技术开发区向多功能综合性产业区发展”。[①] 这就促使经开区的发展方针由“三为主、一致力”调整为“三为主、二致力、一促进”[②]，其奋斗目标相应调整为“六个成为”，即努力建设成为促进国内发展和扩大对外开放的结合体；成为跨国公司转移高科技高附加值加工制造环节、研发中心及其服务外包业务的重要承接基地；成为高新技术产业、现代服务业和高素质人才的聚集区；成为促进经济结构调整和区域经济协调发展的重要支撑点；成为推进所在地区城市化和新型工业化进程的重要力量；成为体制改革、科技创新、发展循环经济的排头兵[③]。

由此可见，经开区的建设初衷主要是通过吸引国际资本和产业转移，积极发展先进制造业，扩大出口创汇能力，同时，其加工制造的成果还能部分替代对先进产品和零部件的进口。这不仅有助于发挥沿海港口城市的优势，有效推动对外开放与工业化进程的紧密结合，也有助于复制和推广经济特区建设的成

① 努力提高国家级经济技术开发区发展水平[EB/OL]. http://www.gmw.cn/01gmrb/2004-12/15/content_148605.htm [2020-07-14].

② “三为主、一致力”：以发展工业为主，以利用外资为主，以出口创汇为主；致力于发展高新技术产业。“三为主、二致力、一促进”：以提高吸收外资质量为主，以发展现代制造业为主，以优化出口结构为主；致力于发展高新技术产业，致力于发展高附加值服务业；促进国家级经济技术开发区向多功能综合性产业区发展。

③ 国家级经济技术开发区的发展历程[EB/OL]. http://www.hebjgbz.gov.cn/hebbianban/llyj/llqy/1353039742014003.html[2019-07-14].

功经验。随着经开区数量和空间范围的拓展，它们不仅成为我国经济发展最快、利用外资最多、投资环境最优的现代化产业集聚区，而且其制度创新成果不断丰富，技术和产业结构显著优化，在改革开放中发挥了重要的引领、示范作用。

高新区是国家级开发区家族的另一类主要成员，主要是为促进高新技术成果研发和产业化活动而设置的特定区域，旨在依托智力、技术密集的开放环境，吸收和借鉴国内外先进科技资源、资金和管理手段，更好地将科技成果转化为现实生产力。高新区的建立、发展与国家科技体制改革密切相关。1984 年 6 月，国家科学技术委员会在向国务院提交的《关于迎接新技术革命挑战和机遇的对策》报告中，就包含了对新技术园区及相关政策的研究；1985 年 3 月，《中共中央关于科学技术体制改革的决定》明确提出，要在全国选择若干智力资源密集的地区，采取特殊政策，逐步形成具有不同特色的新兴产业开发区①；1985 年 7 月，中国科学院与深圳市人民政府联合创办了深圳科技工业园；1988 年 3 月，《国务院关于深化科技体制改革若干问题的决定》明确提出，智力密集的大城市，可以积极创造条件试办新技术产业开发区，并制定相应的扶持政策②；1988 年 5 月，国务院批准建立了北京市新技术产业开发试验区，即中关村科技园，它被认为是我国第一个高新区；同年 8 月，国务院开始实施“火炬计划”，将创办高新区和高新技术创业服务中心列为重要内容；1991 年 3 月，国务院批准建立了第一批 26 个国家级高新区，并颁布了一系列优惠政策；1992 年 11 月，国务院又批准了 25 个国家级高新区；1997 年 7 月，随着杨凌农业高新技术产业示范区的设立，经国务院批准的高新区达到 53 个。

2005 年，53 个国家级高新区的总产值、技工贸总收入、利税总额和出口总额分别为 28 957.6 亿元、34 415.6 亿元、3219 亿元和 1116.5 亿元，分别是 1993 年的 64.7 倍、394.2 倍、270.7 倍和 206.8 倍，平均年增长率分别为 41.5%、53.3%、49.2%和 55.9%（苏静，2007）。可见，高新区虽然起步较晚，但也和经开区一

① 中共中央关于科学技术体制改革的决定[EB/OL]. http://www.china.com.cn/guoqing/2012-09/12/content_26747671.htm[2020-08-17].

② 国务院关于深化科技体制改革若干问题的决定[EB/OL]. http://www.gov.cn/zhengce/content/2016-10/19/content_5121808.htm[2020-08-17].

样，在世纪之交就取得了较为显著的经济效益。更重要的是，其内还集聚了以电子信息、新材料、光机电一体化、生物技术、新能源等为代表的高科技产业，大量省部级以上的高科技成果在高新区内实现了商业化。截至 2005 年底，53 个高新区共有高新技术企业 4.2 万个，其中收入超过 1 亿元的有 3389 个，收入在 1000 万～1 亿元的有 10 101 个（苏静，2007）。2006 年，高新区高技术产业产值占全国高技术产业产值的 40.9%（万钢，2008）。万钢（2008）指出，高新区是转变发展方式、实现又好又快发展的成功实践，是走中国特色自主创新道路的重要基地。他强调，要深入推动高新区的“二次创业”，加强创新创业服务体系建设，积极发展特色产业基地；加大对国家高新区创新能力建设的投入，强化创新服务平台建设，促进产学研创新联盟和产业化人才队伍建设；加快促进高新技术企业发展的金融创新，进一步完善高新区发展的投融资环境等（万钢，2008）。2017 年 3 月 11 日，万钢在十二届全国人大五次会议记者招待会上表示，现在有统计的 146 家高新区在“十二五”期间营业收入保持了年均 17% 的增长速度，2016 年营业收入达到了 28 万亿元，同比增长 11.5%，工业生产总值也增长了 10.3%，已经成为各个地区创新发展的一面旗帜[①]。所有这些信息都表明，高新区和经开区一样，已经成为新兴产业集聚的重要空间，已经由规模扩大和形态开发转入质量提升和功能优化的新阶段。不过，不少高新区并未在研发和自主研发成果产业化方面表现出明显的优势，主要集聚发展的只是高新技术产业的加工制造环节，在技术含量和研发成果产业化能力提升方面优势有限，与上海漕河泾、金桥等转型升级较为成功的经开区相比，还存在较明显的差距。

由此看来，虽然经开区和高新区的上级管理部门不同，功能定位也存在差异，但本质上都是在改革开放的背景下，以特殊优惠政策吸引资本、劳动力等生产要素集聚，从而快速发展制造业等非农产业的空间。这一判断对出口加工区、保税区、边境经济合作区、国家旅游度假区等其他类型的开发区也是适用的。这也表明，开发区建设对区域经济发展的影响主要是基于在特定地域范围

① 万钢：146 家国家高新区已成为创新发展的一面旗帜[EB/OL]. http://scitech.people.com.cn/n1/2017/0311/c1007-29139006.html[2019-07-14].

内实施的特殊优惠政策。正是这些优惠政策改变了生产要素的原有空间配置状况，促进了开发区地域范围内的土地开发和产业集聚，改变了当地的景观面貌和人口结构，并且会对开发区及周边地区的社会文化环境产生复杂影响。在各类开发区发展的早期，土地开发和招商引资往往是关注的焦点，经济规模的扩张也是绩效评价最重要的指标；但随着开发区发展进入“二次创业”阶段，社会文化资本的积累状况对其持续健康发展能力的影响将日渐突出，以往相对被忽视的社会文化问题必须得到更多关注。特别地，党的十九大报告明确提出，我国社会主要矛盾已经转化为人民日益增长的美好生活需要和不平衡不充分的发展之间的矛盾；《中共中央 国务院关于建立更加有效的区域协调发展新机制的意见》也提出，要鼓励国家级新区、自由贸易试验区、国家级开发区等各类平台大胆创新，在推动区域高质量发展方面发挥引领作用①。这就迫切要求深刻剖析开发区与周边地区之间由于政策环境刺激所产生的不平衡发展问题，不仅要基于经济层面，还要基于人口和社会文化层面，从而有效地促进开发区根植于当地发展并对周边地区发挥积极的外溢效应，成为真正意义上区域内涵式发展的引领者。

二、开发区的持续健康发展面临诸多难题

开发区已经成为重要的新兴产业和人口集聚空间。不仅如此，改革开放以来，开发区建设水平最高的地区往往也是中国经济增速最快、总体发展水平最高的地区。这就表明，开发区已经成为区域发展的重要引擎和竞争力源泉。然而，伴随着中国经济步入新常态，开发区的持续健康发展也面临诸多难题，主要表现在如下四个方面。

一是产业发展的根植性不强、自主创新能力弱。一般地说，嵌入全球价值链的加工制造环节在最优区位的选择上是动态变化的，而我国大多数开发区（包括高新区）集聚的都是加工制造活动，这就导致不少开发区企业根植于开发区

① 中共中央 国务院关于建立更加有效的区域协调发展新机制的意见[EB/OL]. http://www.gov.cn/zhengce/2018-11/29/content_5344537.htm?trs=1[2020-08-17].

发展的意识不强。近年来，随着交通运输体系的发展和东部地区劳动力成本的提升，东部地区不少开发区都出现了产业“西迁”的倾向，而加工制造环节由于存在两头在外、技术积累不足等问题，也限制了开发区的资本积累、技术创新和转型升级发展（孔翔和杨帆，2013）。

二是“产城分离”效应突出、社会矛盾复杂。由于我国开发区大多选择在城市郊区或小城市周边的乡村地块，在征地拆迁中往往存在复杂矛盾，同时割裂了地方发展的原有历史进程；而大规模招商引资带来的外来资本和外来劳动力的集聚，更是从景观形态和社会关系等层面削弱了当地人的地方感，这与开发区更为重视产业功能、相对忽视服务功能的倾向相叠加，进一步造成了明显的“产城分离”效应。这不仅使开发区成为社会矛盾复杂的空间，还使其与周边的地方发展缺少紧密联系，存在游离于所在城市“孤岛化”发展的倾向。

三是空间开发秩序欠规范、环境风险突出。开发区建设大多依赖于技术进步的支持，较少吸纳地方性知识和经验；同时，还需要在基础设施方面达到“七通一平”或“九通一平”等要求，因而开发区在建设过程中可能较多地改变了当地的地貌、水文环境，存在一定的环境风险。在招商引资过程中，开发区往往会忽视对企业的环保要求，从而使开发区可能存在较多的污染源或安全事故隐患；而如果还存在不合理的企业空间布局，则可能加剧这种环境风险的灾害性影响，这在一些化工园区表现得更为突出。近年来，开发区接连发生的重大安全生产事故及其造成的恶劣环境影响就是这方面的表现。

四是招商引资中的低水平恶性竞争导致土地利用效率不高，对整个城市的土地资源开发造成了巨大压力。我国各地开发区建设的积极性很高，甚至一度出现“开发区热”，同时大多数开发区都注重学习少数国内外著名开发区的成功经验，较少吸纳当地人的参与和地方性知识，因而在投资环境方面的同质性较高、特色不明显，导致招商引资中产生低水平削价竞争倾向，抑制了土地的产出效率提升。开发区明显的扩张冲动，特别是不少开发区一扩再扩，以及在西部地区存在的不少大面积的开发区，都使得开发区建设与耕地保护和生态文明建设之间的矛盾较为突出。一些“征而不用、久征不用”的土地更是对整个区域的资源优化配置和竞争力提升造成负面影响。

总地来看，开发区持续健康发展面临的诸多难题都与资本驱动下的快速工业化进程密切相关。它更多地适应了剩余产业资本追求利润最大化的需求，相对忽视了所在地区和开发区“人”的发展需求，因而虽较快实现了产业和经济规模的扩张，却在社会文化和生态环境建设等方面乏善可陈，很可能因为急功近利，缺少内涵式发展和质量提升的坚实基础。

三、开发区研究需要更多考察“人”和“地方”的因素

由于开发区建设在国家和地方经济发展中发挥了重要的积极作用，相关研究比较丰富。20世纪90年代之前，开发区建设尚处于起步阶段，研究的重点主要是国外开发区的经验介绍及相关政策建议；90年代以后，开发区建设如火如荼，相关研究主要集中于开发区的经济发展效应，典型的如对“开发区热”的反思；进入21世纪以后，开发区的政策优势明显弱化，“飞地经济”的脆弱性和风险性逐步暴露，开发区研究更加关注综合评价、战略调整等问题。

专门针对高新区的研究，早期重点研究了高新技术研发和产业化活动的区位选择，关注的区位因素主要包括作为技术创新苗床的研究机构、高素质的熟练劳动力、政府对新公司研发活动的支持、成熟的风险资本市场、刺激和激励企业家创新的环境等（Malechi and Nijkamp，1988），强调要注重改善高新区的智力密集程度、开发性技术条件、信息资源、基础设施条件、生产和生活环境等（顾朝林和赵令勋，1998）。而有关高新区发展模式的研究，则大多基于对各国（地区）高新区的比较。美国的硅谷和128公路、英国的剑桥科技园、日本的筑波科学城、中国台湾的新竹科学工业园等常成为重点剖析的案例。在高新区的绩效评价方面，科学技术部火炬高技术产业开发中心推出的高新区评价指标体系和上海张江（集团）有限公司推出的张江创新指数影响较大。前者主要包括知识创造和创新能力、产业化和规模经济能力、国际化和参与全球竞争力、可持续发展能力4个一级指标；后者主要包括创新环境、创新主体、创新人才、创新投入、创新成果和创新水平6个一级指标。总地来看，一般的开发区研究，或针对高新区的专题研究，都更加关注与园区产业和经济发展直接相关的主题，

而较少关注开发区的社会文化环境建设及与所在地区的关系。这在开发区尚处于形态开发和规模扩张的阶段是合理的。但是，随着我国各类开发区先后进入内涵式发展的功能优化阶段，就很有必要考察其对当地社会文化环境的影响以及当地社会文化环境对开发区“二次创业”的支撑能力。唯有如此，开发区才能真正在新型工业化和新型城镇化建设中有效发挥示范和引领作用。

人文地理学家一直是开发区研究的重要力量，并且在开发区区位选择、产业规划、空间规划、土地利用、管理体制和综合评价等方面做了大量有益的工作（郑国和张延吉，2014）。在国家自然科学基金的支持下，他们也就开发区建设与城市空间拓展、开发区的配置优化和再开发等问题进行了研究。不过，现有人文地理学与开发区相关的研究成果，仍相对忽视了开发区建设中的社会文化和社会生态问题。从某种意义上来说，这就难以体现人文地理学家在人地关系和地方研究方面的独特优势，削弱了开发区研究中人文地理学科的独特价值。为适应开发区持续健康发展面临的挑战，克服开发区建设忽视地方和“开发区人”的需求所造成的困难，本书拟结合产品内分工条件下中国开发区建设的一般机理，并基于地方产业经济与社会文化互动关系的认识，从开发区特殊人口结构的形成与地方社会文化环境演变的关系切入，重点通过对开发区及周边地区各类主体地方感的考察，剖析开发区建设对地方社会文化空间的影响机制和可能效应，以探索优化开发区社会文化环境的有效路径。这不仅有助于丰富开发区建设的相关理论成果，也能直接服务于开发区及其周边的协调发展与和谐社会建设，为逐步化解新时代中国社会发展的主要矛盾提供借鉴。此外，它还能对人文地理学有关地方和区域间关系的研究有所裨益。

改革开放之初，国际上有较多剩余资本迫切希望到基础设施条件较好、劳动力较便宜的发展中地区追求更大利润，而当时国内的资本积累相当有限，故我国的开发区大多位于基础设施环境改造投入较少的城市郊区，这促使本书主要研究的是城郊新兴产业集聚区及周边的社会文化空间。在西方，虽然也有关注郊区工业化进程与文化空间塑造的研究，但总地来看，西方的郊区被建构为白人中产阶级的空间（Mumford，1940），主要为满足核心家庭对金钱、社会地位、持久消费能力、隐私的追求。而中国郊区，特别是城郊开发区，往往是社会结构和社会矛盾最为复杂的地域。在快速工业化和城镇化进程中，不仅发生了产业结构和物质文化景观的剧烈变化，也发生了人口结构和社会关系的剧烈变化。国内虽有不少社会学者对此高度关注，但具有人文地理学独特视角的研究并不多见。随着中国城市空间的不断扩张和交通运输体系的逐步完善，开发区建设正影响到更多传统的农村地域，这对乡村振兴战略的实施可能产生复杂的影响。

20 世纪 70 年代后期兴起的人文主义地理学，以“开启人性”为目标，强调地理空间研究中的“我向”思维以及感悟性、情感性，为克服开发区建设中对地方和“开发区人”的忽视，提供了有益的借鉴。“地方”是近年来人文地理学研究的热点。虽然在欧美人文地理学定量化、理性化、实证化思潮的影响下，“地方”研究曾经遭受巨大冲击；但自从人文主义地理学的代表人物 Tuan（1974）提出“恋地情结”（topophilia）的概念以来，地方被定义为一种“感知的价值中心”以及社会与文化意义的载体，并由此超越了空间实体单纯的物质性，成为一种充满意义且处于动态变化中的社会文化实体。Agnew（1987）对地方的定义，包含了位置、区位和地方感三部分；Relph（1976）认为，地方意义的精华在于无意识的能动性使其成为人类“存在”的中心，以及人类在整个社会与文化结构中定位自身的一个坐标体系，实际上强调了地方感，特别是地方认同的价值；Harvey（1996）提出，地方的多层含义折射出“不同群体因为不同的目的而赋予地方不同的含义”，地方存在且被建构于观念的主观方向，同时被局外者看作并建构为一种外部的“其他部分”；Entrikin（1991）则认为，“地方既是意义的核心，又是我们行为的外部背景”。这就启示我们，地方的意义与人们身处其中的感受程度直接相关，而地方的建构也是人类领土性（territoriality）战略的一部分（Sack，1992），是人们根据他们与物质世界的关系来定义自身的存在主义规则。Heidegger（1971）提出，人类创造地方以为自己提供根基，而其家园和位置则成为这个创造的真实记录，他以“栖居”（dwelling）的概念描述了自我与地方之间连接与统一的关系，并认为通过反复的体验和复杂的联系，人类依托住所空间建构起地方，而其赋予地方的意义也会随时间的推移而不断深化和变化；Thrift（1985）认为，地方远远超出了作为容器或心理建构的概念，它既是文本本身，又是其存在的语境；它已经成为自我的一个隐喻，发现地方即发现自我的过程（Casey，1997）。

由此看来，不同“开发区人”对特定开发区的意义和情感认知会存在很大差别，而这又是开发区凝聚力和文化资本建设状况的重要表征。地方不仅是主体认同的重要组成部分，还是在主体间相互交流和符号共享的半封闭世界中被建构的，它既是主观的，又是有情感的，因此很有必要以主体对地方的主观情感来评估地方发展中存在的社会文化问题。正如 Heidegger（1971）所言，在现代世界中，因电信技术、理性主义和大众价值的广泛传播，地方的真实性遭到破坏，人们努力制造的传统而简明的符号以及努力再现的商业遗风都显得千篇一律，而不具备空间识别的功能。这对于承接国际产业转移的开发区尤其具有启示意义。同时，由于开发区所经历的快速工业化和城镇化进程，以及其在产业和居住空间建设方面的特殊性，必然在地方意义建构和地方感重塑方面遭遇许多特殊的难题，它们也将成为本书着重考察的对象。

20 世纪 70 年代以来，列斐伏尔等有关空间生产的研究，不仅为深刻揭示资本主导和控制空间生产的机理及影响提供了有益的借鉴，也带动了地理学、城乡规划学、社会学、经济学等相关学科的学术创新。在英美人文学科“空间转向”和地理学“文化转向”的影响下，欧美人文地理学者逐步意识到空间充满文化的隐喻，解读空间文本的内涵和表述方式，赋予空间符号意义，以及运用空间实现特定阶层的政治、经济利益等开始成为研究的热点，他们对具体的空间实体进行文化分析与文化解读，重视考察意义被建构和商榷、通知和被通知的关系（Jackson，1991），并对外来移民和女性、儿童等相对弱势群体的空间策略给予了特殊关注，这也体现了人文地理学研究对于社会和谐发展的潜在价值。在我国开发区的快速发展中，既有资本主导下的空间生产机制需要剖析，也有复杂的空间权力关系值得探究。例如，受开发区建设影响的，不仅有长期在当地工作生活的原住民，也有大量的外来劳动力及其家人，他们在开发区及周边地区的权力关系，无疑是开发区影响地方发展的重要方面。为此，本书也将考察外来劳动力和本地失地农民在身份转换过程中特殊的互动关系，包括随迁女性和青少年群体在文化空间重构中扮演的角色，这也是本书独特创新价值的重要体现。

综上所述，迫切需要更多地考察开发区与所在地区以及“开发区人”的相互关系，这对于中国开发区的和谐社会建设和社会资本积累尤其具有重要价值。应该说，中国在参与全球化进程中，通过开发区建设快速推进了工业化和城镇化进程，但这也对城郊地方社会文化空间产生了巨大冲击，并可能威胁到开发区及周边地区的持续、健康发展。为此，本书主要借鉴空间生产和地方研究的理论和方法，通过对产品内分工条件下开发区建设机理的探究，结合对典型案例地各类“开发区人”的调研访谈，初步探索开发区建设进程中地方和主体地方感的消解与重构机制，进而提出开发区社会文化空间建设的优化策略。开发区在依靠优惠政策集聚非农产业的过程中，也集聚了更多外来人口，并促使不少地方成为“无根者”集聚的空间。认识这些空间的生成机理和潜在问题，不仅是对社会文化地理学和地方研究的有益拓展，也对深化开发区建设的理论和实践认识具有重要价值，在推动社会主义文化大发展大繁荣和促进开发区转型升级的背景下，将发挥独特的社会效益。

第二章

开发区的区位特征与建设机理

我国的开发区建设是在经济全球化和产品内分工深入发展的条件下，产品价值链上劳动密集型加工制造环节向区位条件适合的地方转移、集聚的成果。全球化的深入发展和科技进步促成了不少行业模块化生产方式的盛行，跨国公司也因此获得了实施全球经营战略的有利环境，它们将产品（包括大量高科技产品）价值链的各个环节分别布局到全球范围内成本最低、利润最高的地方，以获得整体利润的最大化，这也促成了全球化的进一步深化。由此，各国（地方）参与经济全球化的实质是以优势要素和节约交易成本的能力吸引价值链中不同环节的集聚。我国的开发区建设就是在劳动力、土地、自然资源等有形生产要素相对丰富，资本、技术、人力资本、管理经验等无形生产要素相对稀缺的条件下，依靠市场化取向的制度变迁和大规模基础设施建设以快速降低交易成本，从而逐步深刻地融入经济全球化进程的伟大实践（孔翔和杨帆，2013）。这就决定了我国开发区比较容易吸引到大量使用劳动力、土地、自然资源等有形要素的价值链环节，从而促成劳动密集型加工组装环节的集聚。这种“两头在外”的产业发展形态，大多受外资或外部市场控制，产值和出口值虽大，但利税相对较低，劳动力平均工资水平也不高，主要通过价格优势参与国际竞争，即使在高科技产业领域，也很难有高的附加值和利润率。由此，不同地方的开发区大都集聚了工资水平不高的从业人员，这是发挥我国劳动力资源优势的必然选择；同时，倾向于选择在自然地理环境较好的城市郊区，通过较低成本的征地拆迁活动，快速建成有助于国内外剩余产业资本追逐利润最大化的空间。在此过程中，开发区所在地区不仅景观发生了巨大变化，也吸引了大量外来劳动力的进入，从产业、人口或景观形态看，都中断了地方原有的发展进程，而在这里工作、生活的各类“开发区人”，都需要在新的空间中适应新的生产生活方式，并重建对地方的感知。开发区及其周边地区也因此成为“无根者”集聚的空间。本章拟重点回答两方面的问题：一是中国开发区的产业活动集聚机理及由此引致的空间非均衡发展状况，以回应开发区建设主要改变了哪些地方的空间；二是开发区的空间生产特点及对所在地区地方性和社会空间的影响，以剖析开发区建设如何塑造了“无根者”集聚的空间。

第一节　产品内分工与开发区的区位选择

开发区是我国在参与全球化进程中，向亚洲先行起飞的发展中经济体（如韩国、新加坡等）学习借鉴先进经验的成果，也是吸引国内外剩余资本发展区域经济的有效策略。它有效地提高了所在区域的资本积累率，为突破纳克斯（Nurkse）所说的贫困恶性循环创造了条件①，也为实现罗斯托（Rostow）所说的"起飞"创造了条件②。但另外，以跨国公司为代表的国内外剩余资本向中国开发区的转移也改变了经济发展的制度文化环境，促使市场在资源配置中的基础性作用逐步显现，跨国公司的技术、管理经验也得以向开发区内的其他企业和周边地区溢出。由此，改革开放以来我国经济发展速度较快、水平较高的地区往往开发区发展的水平较高，而经济发展落后的地区，开发区建设的成效往往不显著。也就是说，中国开发区的空间非均衡发展与中国区域经济的不均衡发展密切相关，这不仅体现在数量和规模方面，还体现在质量和绩效方面，它同时反映了区域经济发展水平的现实差异和潜力差异。不仅包含经济非均衡发展等现象层面的经济地理学问题，也包含影响更为深远的社会文化地理学问题。例如，伴随着空间景观和社会网络的重构，开发区建设已经造就了一批"无根者"集聚的空间。这些空间产品的生产既是高效率的，也是高风险的。从中国经济社会的持续、健康、协调发展来看，很有必要摸清开发区对周边地区社会文化空间的影响。当然，首先是要探究中国开发区建设改变了哪类地方的空间，然后才能探究它如何改变了这些地方的空间、有何影响以及找寻优化的策略。

从劳动地域分工的角度来看，中国开发区是在经济全球化和产品内分工的条件下，劳动密集型加工制造环节向劳动力资源相对丰富的地区转移的成果。它不仅体现了中国某些地方的要素禀赋优势，也凸显了改革开放条件下中国制

---

① 1953年，纳克斯在《不发达国家的资本形成》一书中提出了贫困恶性循环理论，他认为由于发展中国家的人均收入水平低，储蓄和产品需求都不足，从而限制了资本形成，使发展中国家长期陷于贫困之中。

② 1960年，美国经济学家罗斯托在《经济成长的阶段》中提出了经济成长阶段论，由于其特别强调起飞阶段与生产方式的急剧变革紧密联系，是经济摆脱不发达状态的分水岭，因此该理论也称为起飞理论。

度创新、交通基础设施建设、技术进步的积极影响。制度创新在很大程度上节约了加工制造活动的内生交易成本，而交通基础设施建设和技术进步则节约了加工制造活动的外生交易成本，从而为全球剩余资本在中国寻求谋利空间提供了便利。而具体哪些开发区对全球剩余资本更具吸引力，则要着力分析产品内分工条件下劳动密集型加工制造环节的区位选择规律。

一、产品内分工的内涵及对中国产业发展的影响

（一）产品内分工的内涵与形成机理

产品内分工是当代国际分工的最新形态。早在 20 世纪 70 年代，Helleiner（1973）、Finger（1975）就注意到“纵向一体化国际制造业的劳动密集型环节转移”和“海外组装运作”等国际分工的新趋势，这是对产品内国际分工的开创性研究；而 Vanek（1963）、Melvin（1969）建立的两阶段生产模型，在经由 Dixit 和 Grossman（1982）扩展为多阶段产品模型后，为定量研究产品内分工的经济效应创造了条件。不同学者采用不同的概念阐释了产品内分工。例如，Bhagwati 和 Dehejia（1994）称之为“万花筒式的比较优势”，Krugman（1995）将其描述为“分割价值链”，Arndt（1997）则以“产业内部专业化”来刻画其本质。不过，产品内分工应至少包括如下三方面的内涵：一是产品生产过程可分，须经历两个或两个以上的连续性生产阶段；二是多个国家在产品生产过程中创造了价值增值；三是至少有一个国家在生产过程中使用了进口投入品，而其产品必须有一部分用于出口（Hummels，2001）。可见，产品内分工是基于产品价值创造过程不同环节的分工，而且须将不同的生产环节布局于全球不同地区。由此，中间产品贸易成为产品价值创造过程中不可或缺的环节。而生产过程的国际化，也为跨国公司根据全球不同地方在生产要素禀赋或交易环境方面的优势进行生产布局调整创造了条件。

产品内分工是在经济全球化时代实现专业化经济与多样化经济的内在要求。它既有利于发挥企业、区域，甚至国家在不同价值增值环节的比较优势，也为在消费社会条件下协调个性化需求与规模经济之间的矛盾创造了条件。当

然，产品内分工的发展还需要技术和制度方面的支持条件：首先，它必须以增进生产过程的可分性作为技术基础，即只有在技术层面实现了产品的模块化生产，产品内分工才可能发展；其次，它必须以降低外生交易成本为保障，即要求有交通运输和贸易便利方面的保障，包括生产和运输环节的管理标准化等；再次，它必须能有效规避机会主义等内生交易成本，这就需要建设有助于保障诚信等的制度环境；最后，各国在要素禀赋方面的差异也是产品内分工的重要基础。由此可见，产品内分工是技术进步和经济全球化进程不断深化的结果。因为正是技术进步促成了工序型分工的发展和交通运输体系的效率提升，而经济全球化的深入则为更多国家加入分工体系以及各国市场经济体制的建立和完善创造了条件。

根据杨小凯和黄有光（1999）的研究成果，分工深化虽有利于经济效率的提升，但也会带来交易成本的增加，因此通过技术进步降低外生交易成本以及通过制度创新降低内生交易成本特别重要。当然，如果分工深化带来的经济效率改进非常显著，并明显高于由此产生的交易成本增加，那么即使没有交易成本的节约，也能进一步促进分工深化。而如果分工带来的效率改进低于所引致的交易成本上升，则分工水平不仅难以提升，甚至可能倒退。这就表明，产品内分工内在地要求比较优势的进一步发挥和交易成本的进一步下降。各国在参与产品内分工的过程中，不仅要注重发挥既有的比较优势、培育新的比较优势，也要注重改善交通基础设施环境、贸易便利化条件、其他市场经济基本性制度的建设水平。可以说，技术进步和全球化促成了产品内分工的发展，但产品内分工也对技术进步和经济全球化的深入提出了更高的要求。

（二）中国参与产品内分工的形式及影响

改革开放以来，我国日渐深刻地融入经济全球化进程，也日渐深刻地参与到国际产品内分工。加工贸易这一特殊贸易方式的出现，就适应了我国从劳动密集型加工组装环节参与产品内分工的特殊需求。学者普遍认为，加工贸易既是对外贸易的重要方式，也是我国参与产品内国际分工的早期形式（马野青，2010）和承接新一轮全球产业转移的重要途径（许南和李建军，2010），这使得我国一些地方依靠自然资源与普通劳动力等优势要素，逐步成为全球的“加工车间”（唐海燕和张会清，2009）。虽然从长期看，这一参与形式存在不少问题，但也有不少积极影响。例如，它有助于吸引外来资本、增加外汇收入、弥补储蓄与外汇两缺口（李蕊，2005）；也有助于增加就业机会，培养适应工业化生产的熟练劳动力（Kusago and Trannatos，1998；隆国强，2002），更好地发挥我国的劳动力成本优势（王文治，2004）；当然，也会促进贸易规模和贸易顺差的扩大以及经济总量的增长。20世纪八九十年代以来，加工贸易对我国经济增长的贡献度就已经由负转为正（罗兴武和蔡宜斌，2002），而加工贸易密集分布的东部地区经济增长也更为迅速（崔玮，2010）。此外，参与产品内分工还促进了技术进步与产业升级。例如，发达国家的跨国公司可能通过技术扩散、知识外溢及后向关联，对国内企业发挥“催化剂”作用和示范效应（江华和黎国林，2009）；同时，加工制造企业在使用国内原材料、零部件等的过程中，也促进了我国企业技术水平的提高（刘钻石和张娟，2010）。

当然，主要在加工制造环节参与产品内分工也存在不少负面效应。例如，可能面临产业链短、增值率低、比较优势陷阱等困难（孙楚仁等，2006），容易遭遇贸易摩擦（胡峰，2002），使贸易条件恶化，同时还可能造成地区差距拉大等（张海梅，2002）。此外，由于外资占主导，增大了核心技术被外方垄断的风险和损失（彭瑞林，2009；刘德学等，2006）；如果大量依靠贴牌生产，不仅难以跳出技术锁定的困境，更难培育出自主品牌。

现有研究大多认为，中国在全球生产网络中处于一般制造、代工生产等低端环节的“成本节约中心”地位（李健和宁越敏，2010）；出口产品绝大多数处于低端位置，存在一定程度的“悲惨增长”（施炳展，2010）。但从纵向比较来看，通过参与产品内分工，依然实现了产业和技术升级的阶段性目标，比较优势也逐渐向全球价值链的中高端延伸，国际分工地位逐步提升（唐海燕和张会清，2009），产品内分工、国际产业转移与贸易发展已成为我国贸易顺差的根本原因（张二震和马野青，2010），并且这种贸易顺差是可持续的，对先进要素的集聚、经济增长质量的提升、就业增加、创新能力提高等均具有积极作用（马野青，2010）。当然，我国仍主要依靠劳动力等有形要素的比较优势，因而必须提防处于产品价值链低端的锁定“陷阱”和系统创新的瓶颈“陷阱”（钱书法和周绍东，2010）。

总地来看，我国参与全球产品内分工，不仅是为了增加资本和就业机会，而且希冀通过接受知识、技术的溢出以提高技术进步水平和产业独立发展的能力。虽然早期主要是在产品价值链的低端环节嵌入，可能遭遇门槛低、获利能力不足、发展空间有限、合作中缺少话语权等不可回避的难题，但只要始终明确参与产品内分工的长期目标，注重培育无形要素和降低交易成本，就可能在产品内分工条件下获得更大的长期福利。

二、加工制造活动的区位选择与中国开发区建设

（一）加工制造活动的区位因子与可能影响

产品内分工的效益源于充分发挥不同国家（地区）在产品价值创造不同环节的比较优势，从而可能赢得整个价值链的竞争优势。为此，加工制造活动的布局应该能适应该类环节的技术特点及其对最优区位的内在要求。一般认为，加工制造活动中投入的普通劳动力和土地、自然资源等有形要素比例较高，而技术、品牌、人力资本等无形要素相对较少，因此普通劳动力和土地、自然资源等要素禀赋较丰富的地区，就可能节约加工制造活动的生产成本。但另外，分工深化必然带来交易成本的上升，如果交易成本的上升完全抵消了分工深化带来的效率改进，那么分工就只能退回到原有水平（杨小凯和黄有光，1999）。因为加工制造活动的独立布局增加了对中间产品和最终产品的交易需求，为抑制交易成本的大幅提升，不仅要改善交通通信等基础设施以降低外生交易成本，还要克服合同谈判和履行中的机会主义难题以降低内生交易成本。由此，探索影响加工制造活动的区位因子，有必要从生产要素禀赋和交易成本两方面切入。

一般认为，降低生产成本是产品内分工发展的初始动因。就全球价值链上的加工制造环节而言，跨国公司在选址布局时，主要是希望能在全球范围内寻找到普通劳动力和土地等有形要素成本最低的地方。地理学家早就注意到，劳动力成本是影响制造业区位的重要因子，劳动力数量、工资水平和技术水平等

都会对企业区位产生影响（楚波和梁进社，2007），而就原厂委托制造（original equipment manufacture，OEM）等加工制造活动而言，大量廉价劳动力更是重要的吸引力源泉。在土地价格方面，占地面积较大的加工制造企业往往会选择在地价相对较低的城郊发展（Moomaw，1980；孔翔和钱俊杰，2009），这也是我国大城市近郊各类产业园区迅速发展的重要原因（马海涛和方创琳，2011），特别是简单的加工制造活动，由于地租支付能力较低，更明显地呈现出向郊区迁移的态势（贺灿飞等，2005）。不难理解，劳动力和土地价格均与加工制造活动呈负向相关关系。

交通、通信等基础设施条件的改善有助于降低外生交易成本。例如，技术进步虽然使距离对交易活动的约束作用趋于下降（Petersen and Rajan，2002），但运输成本的节约对工业生产仍具有显著的吸引力（阿尔弗雷德·韦伯，1997），降低物流成本对增强企业的竞争力仍然非常重要。具有明显成本竞争倾向的加工制造活动则对运输成本更为敏感，通常会布局在与国内外市场交换较为便利的区位（Coughlin and Segev，2000）。此外，如果参与全球产品内分工，还必须与国际市场频繁联系，这就使信息高速公路建设成为降低外生交易成本的重要途径。

内生交易成本的刻画和克服都相对困难，因为它与制度环境和个体行为密切相关。考虑到全球产品内分工条件下加工制造活动的特点及我国国情，可以想见对外开放度、市场化程度、集聚经济和经济发展的总体水平等对内生交易成本的影响较为显著。具体地说，只有在市场体制较为健全、自由化程度较高的环境下，跨国公司才能较少遭遇投资和生产中的不确定性，从而降低交易成本和信息成本（Mariotti and Piscitello，1995）。集聚经济是地理学家特别关注的区位因素。一般认为，集聚有利于降低成本和提高生产率（Cohen and Paul，2005）。从节约交易成本的角度来看，集聚有利于形成无限博弈的市场环境，从而使机会主义行为受到更多制约。同时，地区经济发展水平的提高有利于社会诚信等市场基础性制度的完善以及合同意识的增强，从而为降低交易成本创造好的环境。不过，集聚和地方经济整体发展水平与交易成本节约的直接相关性可能比较小。

值得指出的是，我国外资企业的发展与特殊的财税优惠政策密切相关，它也应该是影响加工制造活动的重要区位因子，有助于降低生产成本。例如，世界银行的调查表明，东道国的税收优惠对跨国公司投资区位选择的影响仅次于汇款限制，六成公司认为税收优惠是关键因素（黄晓霞和王欢，2003），而日本在美国投资的一项研究也表明，低税率等优惠政策对投资的区位选择作用显著（雷广平，2006）。另外，优惠政策也代表着企业营商环境的优化，如企业设立的“一站式”服务、便捷通关等，有助于交易成本的降低。因此，优惠政策的影响在有关生产成本和交易成本的研究中，可能都能有所体现。

考虑到数据的可得性，以 30 个省级行政区［不包括香港、澳门、台湾、西藏（数据缺失）］为研究对象，基于 2008 年的空间横截面数据，可以初步考察各项区位因子在外向型加工制造活动区位选择中的作用。同时，为避免单一年份的偶然性，研究还以 2001 年的相关数据进行辅助检验。结果显示，劳动力成本具有较好的解释力，效率工资比名义工资的影响更显著；交通和基础设施以及对外开放水平能有效增强地方对加工制造企业的吸引力；集聚经济不仅能降低交易成本，也有助于形成良好的产业基础，实现规模经济；各地优惠政策的差异性趋于减小，其影响也比较有限。

（二）加工制造活动的最优区位及其在中国开发区的集聚

对加工制造活动区位因子的分析表明，要素禀赋和交易成本节约的综合优势才是决定加工制造活动区位的关键因素，而交通基础设施与制度环境等有利于交易成本节约的因子往往是将要素比较优势转化为竞争优势的根本保障。从某种意义上来说，中国改革开放取得的巨大成功可以被理解为“全球产业结构调整、转移与中国廉价劳动力、土地资源优势以及外资优惠政策的一种简单组合”（刘光溪和徐凯，2005），这一组合既体现了中国在产品内分工条件下对加工制造环节的独特吸引力，也解释了中国贸易规模扩张难以与贸易利润率提高同步的深层次原因。毕竟，加工制造环节需要大量有形要素的投入，更加关注有形要素的成本节约，因而可能忽视转变经济发展方式、培育技术等无形要素方面的发展需求。

从省级尺度区位因子的实证分析情况来看，地区对外开放水平与加工制造规模有显著的正向相关性，政策优惠和税负的影响虽然在 2008 年已经不显著，但在 2001 年的作用是明显的，这就表明特殊优惠政策对吸引加工制造活动的确有效；而代表地区基础设施完善情况的地区互联网用户密度和道路网密度与加工制造规模的相关性在 2001～2008 年都有明显的上升，这表明基础设施建设在吸引加工制造活动中有积极影响；此外，集聚经济与加工制造规模的相关性很高，地区实际利用外资水平与加工制造规模的相关性也很高，这表明外向型加工制造活动有集聚发展的趋势。由于各类开发区，特别是经开区，都是主要通过基础设施建设和特殊优惠政策打造的、对外开放度较高的产业集聚空间，完全符合加工制造对降低交易成本的区位需求，因而对加工制造活动的吸引力较大。考虑到各类有形要素的流动性较大，因而几乎在每个地方都会出现加工制造活动向开发区集中的趋势，这既是政策引导的结果，也是加工制造环节发展的内在要求。

值得指出的是，加工制造环节的技术附加值和对地方的根植性都较低，而其最优区位的选择又总是以生产成本和交易成本的综合成本最低为目标。因此，随着各地加工制造成本的相对变化，加工制造活动的空间布局也可能调整，但这种调整主要在不同地方的开发区之间发生，较少由开发区转移到所在城市的其他地方。

三、经开区发展绩效的区位因素研究[①]

21 世纪以来，各类开发区已经成为我国外向型经济发展的重要基地和工业化、城镇化进程的重要载体（王慧，2003），特别是经开区，不仅数量明显增加，而且在国内生产总值和第二产业增加值中的比重持续上升，进出口总额占比也持续处于高位。但经开区对省域经济增长的作用是非均衡的，在东部沿海地区经济发展中的推动作用更为明显。同时，各地经开区的单位面积产值差异很大，

① 本部分主要内容已发表，参见孔翔，顾子恒. 2017. 国家级经济技术开发区发展绩效区位因素研究[J]. 科技进步与对策，34（8）：45-51. 有删改。

表明经开区的发展绩效受区位因素的影响。不少研究曾探讨了交通、工资（Hudson，1989）、土地价格（林炳耀和臧淑英，1991）等在开发区区位选择中的作用。但作为中央或地方政府划定的实行特殊优惠政策的地域，经开区的区位选择往往需要考虑除经济利润以外的许多其他目标，并非完全是市场机制作用的结果，因而其区位研究的价值可能主要不是服务于开发区的选址（毕竟这首先是政府行为），而是服务于既定地理位置上的开发区优化发展。为此，有必要明确现阶段影响经开区绩效的主要区位因子，以期对经开区的优化发展有所裨益。

（一）中国经开区发展绩效提升的区位要求

中国经开区的发展与产品内分工条件下加工制造活动的集聚密切相关，而产品内分工的发展必然会面临分工深化获利与交易成本提升之间的两难冲突（杨小凯和张永生，2001）。交易成本是新制度经济学的核心概念，在宏观经济研究中可以被理解为“经济制度运行的费用”，而在微观经济研究中，一般被界定为“与转移、获取和保护权利相关的费用”，至少包括商品信息和交易对象信息的搜寻成本、与交易对象的信息交流成本、针对契约与品质讨价还价的议价成本、进行相关决策与签订契约所需的内部决策成本，以及实施、监督交易进行的成本等。美国1870～1970年的经济数据研究显示，经济越发达，交易费用占国民生产总值的比重越大，因为分工的细化会导致交易成本呈几何级数增加（Becker and Murphy，1992）；而我国的实证研究也表明，交易成本的提升与经济增长具有强的正相关关系（缪仁炳和陈志昂，2002），这也反映出分工深化会带来交易成本的提升。作为一种“两头在外”的经济活动形式，产品内分工条件下的加工制造活动集聚不可避免地会带来大规模的交易活动，需要支付高额的交易成本。因此，有助于生产成本节约的要素禀赋优势，有利于交易成本节约的基础设施和技术制度环境等，都可能是影响经开区发展绩效的重要区位因子（孔翔和钱俊杰，2009）。

一般认为，适宜发展加工制造活动的地方须拥有足够的廉价劳动力，成片出让的廉价土地，便捷的交通条件，供水、供电、电信等基础设施保障，必要的商业金融服务能力等（郑静等，2000）。这实际上包含了降低生产成本和交易成本两方面的需求。其中，有助于降低生产成本的区位因子主要与物质和自然资源禀赋等第一自然因素有关，是比较优势理论关注的重点；而有助于降低交易成本的区位因子则比第二自然因素（指经济主体间的经济距离）更为复杂，不仅包括经济主体间的经济距离，也包括制度环境等，在新经济地理研究中受到极大关注（王业强和魏后凯，2007）。国内开发区的相关研究大多探讨了劳动力、土地、资本等的影响，对交通运输的作用也进行了实证研究（黎国林和江华，2008），但对与交易成本相关的区位因子还缺乏系统分析。随着经开区加工制造规模的明显扩张，交易成本将呈几何级数增加（Becker and Murphy，1992），中间产品贸易还会面临复杂的不确定性风险。因此，在国际分工体系中处于中低端位置的加工制造活动，更需要避免过高的交易成本（钱书法和周绍东，2010）。近年来，基于要素演替促进经开区转型升级成为各界关注的热点（郑国和张延吉，2014）。而转型升级不仅要求培育新的要素禀赋，也要求推动文化制度环境的优化以及社会资本的积累（孔翔和杨帆，2013），因为后者会对交易成本产生复杂影响。如果能从经开区发展绩效的实证分析中探究各类与要素禀赋和交易成本相关的区位因素作用如何，有可能对提升经开区发展绩效具有现实指导价值。

需要补充说明的是，新兴古典经济学将交易成本分为内生交易成本和外生交易成本。其中，外生交易成本是在交易决策前能预估的，包括物流成本、商品的正常损耗以及交易环节的各种税收、费用等；而内生交易成本则是在决策发生后才能发现的，典型的如交易过程中损害他人利益的机会主义行为。一般地说，信息不对称是内生交易成本的源泉（屈子力，2003），而信息不对称往往源于不完善的制度本身。因此，抑制内生交易成本主要应以有效的制度设计促成重复博弈，制造出更多的合作共赢可能，从而抑制机会主义行为。产业集聚增进了企业间重复博弈的可能性，因而是一种有助于降低交易成本的制度安排（孙洛平和孙海琳，2006），而开发区管理体制的变化也可能对抑制交易成本产生复杂影响（韩亚欣等，2015）。

（二）与经开区发展绩效相关的区位因素指标选择与预期影响

基于中国经开区产业发展的现实特点，研究借鉴宏观经济学的总供给函数，预估劳动力、土地、资本和环境等要素价格对节约生产成本可能有较明显的影响；而与交通和制度环境相关的变量可以分别反映外生和内生交易成本的状况。

具体地说，劳动力、土地、资本是基本的生产要素，其价格会直接影响生产成本，而排污费等环境治理费用近年来对生产成本的影响日趋明显，虽然省区尺度加工制造活动的相关研究表明政府优惠政策的作用已经不显著，但那可能主要是因为政府优惠政策对交易成本的作用在减小，而降低税负是有可能在一定程度上降低生产成本的。

综合以往研究的经验和数据的可获得性，拟分别选择一项指标表征相关区位因素的状况。在劳动力价格方面，虽然不少研究使用最低工资标准表征劳动力价格水平（徐水源，2016），但它毕竟是地方政府要求用人单位依法应支付的最低劳动报酬，难以反映实际的劳动力成本状况，故选择各地区公布的就业人员平均工资进行表征。在土地价格方面，城市基准地价是政府依据位置、交通、城市规划等因素对土地划分等级，并根据用途公布的国有土地使用权的平均价格，使用较普遍，拟用来反映土地要素的价格水平。在资本价格方面，相关研究很少考察资本价格对开发区发展绩效的影响，而加工制造企业不可避免地存在资金借贷活动，在利率尚未完全市场化的条件下，拟选择地方金融机构存款余额作为反映资本稀缺状况或租用价格水平的指标。在环境成本方面，加工制造过程可能在经开区造成污染的集聚（陈向东和王娜，2006），这也促使相关部门更加关注其生态环境问题，从而使得环境税费水平可能成为影响生产成本的重要因子。目前各地已经普遍开征污水处理费，但对大气等其他污染物的监控和收费能力较低，故只能选择污水处理费作为表征环境成本的指标。此外，在优惠政策方面，财税优惠等是较为普遍采用的政策工具（刘可文等，2015），可有效降低企业生产成本，甚至成为企业选址在经开区的最重要的动因（杨菊萍和贾生华，2011），因此将其列入与生产成本相关的区位因子。考虑到经开区被批准的时间越早，特定省域范围内经开区的数量越少，优惠政策对经开区发展绩效的积极效应可能越明显，在研究中主要借鉴 Démurger 等（2002）对不同时期的开发区赋予不同权重的方法构建优惠政策指数①。

在与交易成本相关的区位因素中，运输环境主要影响外生交易成本，考虑到公路完成的货运量已占我国总体货运量的78%（王宇等，2015），故选择以地区等级公路总里程数来刻画交通运输环境状况。市场化水平则与外生和内生交易成本都密切相关。一方面，在市场化水平较高的地区，市场配置资源的能力和效率也较高（盛丹和王永进，2011），政府对市场不确定性干预的可能性越小，从而能降低内生交易成本；另一方面，在市场化水平较低的地区，政府集中使用公共资源进行基础设施建设的能力可能较强，从而能降低外生交易成本。为此，借鉴相关研究经验，以公共财政支出占地区生产总值的比重来反映市场化水平（尹希果和桑守田，2010），但其对交易成本的最终影响从理论上难以预判。集聚经济的相关研究多使用特定地方、特定产业的企业个数来表征集聚状况（司明，2015），但考虑到经开区较少正式公布企业数，同时存在较多仅注册于此以享受优惠政策并不在此经营的企业，因此拟以经开区所在地级市的工业企业单位数来衡量开发区企业的扎堆状况，但其对经开区发展绩效的最终影响也是难以预估的。此外，政府官员对企业经营的直接干预，往往会增加企业的内生交易成本，有效降低官僚系统的行政干预将有助于提高企业的投资绩效（陈德球等，2012）。不过，相关研究比较缺乏，拟基于最高人民法院公布的裁判文书，以行政案件数表征政府对经营活动的行政干预强度。当然行政案件数较多，既可能是因为政府对经济活动的直接干预较多，也可能是因为企业、公民等的维权意识较强，因而其对经开区发展绩效的预期影响很难确定。基于以上分析，研究确定了进行因子分析的主要自变量（表 2-1）。

① 具体地说，特定经开区的优惠政策指数 $W=(5-i)+(n-1)/i$。其中，i 取决于特定经开区被批准为国家级开发区的时间（1984～1990 年获批的赋值为 1，1992～1994 年获批的赋值为 2，2000～2009 年获批的赋值为 3，2010 年获批的赋值为 4），n 为所在省域范围内的国家级经开区数量。

表 2-1　影响经开区发展绩效的区位因素相关指标及预期影响

变量	指标名称	指标含义	预期影响
生产成本	劳动力价格	就业人员平均工资（x_1）	负向影响
	土地价格	城市基准地价（x_2）	负向影响
	资本价格	地方金融机构存款余额（x_3）	正向影响
	环境成本	污水处理费（x_4）	负向影响
	优惠政策	优惠政策指数（x_5）	正向影响
交易成本	运输环境	地区等级公路里程数（x_6）	正向影响
	市场化水平	公共财政支出占地区生产总值的比重（x_7）	影响不确定
	集聚经济	工业企业单位数（x_8）	影响不确定
	行政干预强度	行政案件数（x_9）	影响不确定

（三）经开区发展绩效相关区位因素研究的数据与方法

1984～2019 年，我国共分 20 批设立了 219 个经济开发区。虽然设立时间不同，但大多数批准时间较晚的经开区都曾作为省级地方政府的开发区进行建设。也就是说，它们在获批经开区以前已经开始发展，因此 2010 年以前批准的经开区在 2013 年的发展绩效已经具有面板数据分析的可行性。故拟对 2010 年以前批准设立的 106 个经开区进行实证分析，其中东部 55 个，中部 30 个，西部 21 个。

考虑到数据的可获得性，主要拟基于 2013 年的空间横截面数据考察各区位因素对开发区发展绩效的影响。相关数据来源于《中国区域经济统计年鉴 2014》、《中国开发区年鉴 2014》、各相关地级市 2014 年统计年鉴、部分经开区 2014 年统计数据、中国地价信息服务平台（http://www.landvalue.com.cn/）、中国开发区（http://www.cadz.org.cn/）、中华人民共和国司法部　中国政府法制信息网（http://www.chinalaw.gov.cn/）、中国水网（http://www.h2o-china.com/）、中国裁判文书网（http://wenshu.court.gov.cn/）。

遵循大多数同类研究的常用方法，主要采用多元回归的函数模型，基于线性回归模型的回归系数反映因变量与自变量的共同变化趋势。研究拟先对数据和模型进行 KMO 检验和 Bartlett 球形检验，再进行因子分析。

研究中，对 106 个经开区进行 KMO 检验的适度值为 0.693，说明原变量适合进行因子分析；而 Bartlett 球形检验的卡方统计值为 275.532，且伴随概率为 0，表明零假设被拒绝，通过检验。在因子分析中，选取因子 f_1、f_2 和 f_3，它们和变量之间的关系分别如下：

$$f_1=0.79x_1+0.78x_2+0.364x_3+0.332x_4+0.684x_5+0.479x_6+0.266x_7+0.106x_8+0.520x_9 \tag{2-1}$$

$$f_2=0.165x_1+0.137x_2+0.795x_3+0.311x_4+0.015x_5-0.535x_6-0.161x_7+0.816x_8+0.340x_9 \tag{2-2}$$

$$f_3=0.175x_1-0.031x_2+0.195x_3+0.681x_4-0.125x_5+0.467x_6-0.781x_7+0.243x_8+0.252x_9 \tag{2-3}$$

研究分别以开发区单位面积产值、单位面积出口额和单位面积实际利用外资作为因变量，以 f_1、f_2 和 f_3 作为解释变量，建立新的模型 1、模型 2 和模型 3。从计量结果来看（表 2-2），模型 1 在 $\alpha=0.05$ 显著性水平上，F 值伴随概率 P 值为 0，通过显著性检验，且模型 1 中因素 f_1、f_2 和 f_3 的伴随概率均通过显著性检验，说明模型具有较好的解释度；模型 2 中常量和 f_3 的 t 值伴随概率未通过显著性检验；模型 3 中 f_3 的 t 值伴随概率未通过显著性检验。因此，只有模型 1 通过检验，结果为

$$Y=6.668+4.235f_1-2.230f_2+2.551f_3 \tag{2-4}$$

表 2-2　因变量与提出因子的计量分析结果

项目	模型 1	模型 2	模型 3
常量	6.668	0.140	0.006
	t=8.238，Sig.=0.000	t=1.757，Sig.=0.119	t=0.087，Sig.=0.931
f_1	4.235	0.328	0.607
	t=5.665，Sig.=0.000	t=3.763，Sig.=0.000	t=8.327，Sig.=0.000
f_2	−2.230	0.390	−0.166
	t=−2.742，Sig.=0.007	t=4.474，Sig.=0.000	t=−2.279，Sig.=0.025
f_3	2.551	0.108	0.330
	t=3.136，Sig.=0.002	t=1.238，Sig.=0.219	t=4.523，Sig.=0.000
R	0.783	0.513	0.698
R^2	0.613	0.263	0.487
调整 R^2	0.601	0.241	0.472
F	53.325	11.902	31.611
Sig.	0.000	0.000	0.000

将各因子与变量之间的关系代入模型 1，得到多元回归的函数模型为 $Y=6.668+3.424x_1+2.919x_2+0.266x_3+2.450x_4+2.544x_5+4.413x_6-0.507x_7-0.751x_8+2.087x_9$。

（四）经开区发展绩效相关区位因素研究的结果解释

实证研究结果显示，地区平均工资、土地价格与经开区单位面积产值并未呈现预期的负向相关关系，说明单纯以劳动力价格或土地价格的优势来解释经开区的发展绩效并不合适。这主要是因为劳动力价格并不能反映劳动力的生产效率，劳动力价格高的地区往往劳动生产率明显较高，并且劳动生产率的地区差异更加明显（郎丽华和赵红洁，2014）。因此，平均工资较高的地区，经开区的发展绩效反而更好。土地价格也因为类似的原因并未与开发区发展绩效呈现出负向相关关系，基准地价水平较高的地区，往往交通基础设施环境和市场诚信状况都较好，从而有效降低了交易成本。环境成本也是如此。对环境管理较为严格的地区，往往是经济实力和发展基础较好的地区，因而当地民众的需求层次较高，环保意识较强。因此，较高的污染物税额虽然会增加生产成本，但也有可能因为民众素质较高而降低交易成本。换句话说，土地价格和环境成本与经开区发展绩效之间未呈现出预期的负向相关关系，在一定程度上反映了交易成本对经开区发展绩效的影响更为显著。而资本价格和优惠政策则与经开区发展绩效呈现出预期的正向相关关系，但资本价格的系数不高，可能与我国中小企业当时存在的融资困难有关，毕竟以大型国有商业银行为主体的金融机构通常更愿意为国有大中型企业提供融资服务，使得地方金融机构存款余额数量与经开区加工制造企业的融资成本关系不大。

在与交易成本相关的变量中，运输环境与经开区单位面积产值呈明显的正向相关性，表明交通基础设施条件对经开区的发展非常重要，加工制造企业的经营活动迫切需要降低运输成本。市场化水平与经开区发展绩效呈负向相关关系，但系数不大，表明现阶段经开区的发展更需要努力实现政府和市场职能的有效整合（张旭，2014），而不是一味追求市场化水平的提升。集聚经济与经开区发展绩效也呈负向相关关系，系数同样不大，表明经开区的企业集聚主要还是地理上的“扎堆”，缺乏内在的合作联系，难以体现集聚的外部经济效应，同时并未发挥促进重复博弈以抑制内生交易成本的作用。行政干预强度与经开区发展绩效呈正向相关关系，且系数大于1，表明以法律约束政府行为有助于加工制造企业的绩效提升，依法治国的价值即使在经开区尺度也能得到体现。

综上所述，虽然各类与经开区发展绩效相关的区位因素在实证研究中呈现出不少与预期不一致的相关性，但都表明了交易成本比生产成本对经开区发展绩效的影响更大。有助于降低企业生产成本的劳动力价格、土地价格、环境成本等对经开区发展绩效均未呈现出预期的影响，主要是因为要素价格还包含着与交易成本的复杂联系；而运输环境对经开区发展绩效呈现出预期的影响，且系数最大，表明抑制外生交易成本对集聚加工制造活动非常重要；而与内生交易成本相关的区位因素中，行政干预强度有正向影响，表明以法律约束政府行为是必要的，而市场化水平和集聚经济对经开区发展绩效有弱的负向影响，表明经开区还需进一步发挥市场机制的作用，提升产业集聚经济，这些都对经开区的优化发展具有深远影响。

（五）基于区位因素研究的经开区发展绩效优化思路

中国的经开区建设是在改革开放的背景下，通过积极参与全球产品内分工集聚加工制造活动的成果。与中国经开区发展绩效相关的区位因素主要与节约加工制造活动的生产成本和交易成本密切相关。虽然劳动力和土地等要素禀赋优势以及政府优惠政策是经开区早期招商引资的主要吸引力源泉，但基于2013年的空间截面数据，对2010年以前批准设立的106个经开区进行实证研究，发现与交易成本相关的区位因素对经开区发展绩效具有更显著的影响。为此，建议经开区在长期发展中，要更加重视抑制交易成本，同时减少在要素方面的竞相压价和盲目比拼优惠政策。毕竟，在分工日渐深化的过程中，抑制交易成本才是不断获取更多专业化经济和多样化经济的保障；知识经济的发展，也使得有形要素在经济活动中的作用明显下降，而无形要素的积累和培育更多地与法治、诚信等能抑制内生交易成本的因素有密切的联系。因此，建议各地经开区不仅要适当遏制劳动力价格和土地成本的过快增长，继续加强交通等有助于降低外生交易成本的基础设施环境建设，更要注重优化营商环境，注重发挥市场机制的基础性作用，提高依法管理经济的意识和水平。此外，还要努力促进经开区"扎堆"企业之间的交流与合作，真正以促进重复博弈抑制内生交易成本。总之，中国经开区发展绩效的提升需要尊重加工制造活动对区位选择的内在要求，努力在抑制生产成本的同时，有效降低交易成本，以技术进步和制度创新更好地促进其持续健康发展。

第二节　空间生产视角下的开发区建设机理

我国开发区作为加工制造活动集聚的载体，在规划建设中，主要关注产业资本的发展需求，相对忽视了社会、文化环境的建设，较为明显地存在公共服务水平低、地方特色缺乏、社会矛盾复杂、创新创业的文化氛围不足等问题，制约着开发区的土地利用效率、自主创新能力以及新型工业化、新型城镇化质量的提升。以往研究虽然高度关注开发区产业转型发展等问题，也开始注意到开发区的创新文化和创新能力建设等，但大多还聚焦于开发区自身的发展，基本不涉及开发区建设与所在地区发展的互动关系。而当前开发区建设所面临的地方特色缺乏或社会矛盾复杂等突出难题，应该都与开发区建设对地方社会文化空间的影响有关，这就需要借鉴空间生产的相关理论来进行阐释和反思。本节拟借鉴列斐伏尔（Lefebvre）和哈维（Harvey）等关于城市社会空间生产的经典论述，从社会空间角度剖析中国开发区的建设机理，以便从产业空间角度对开发区建设机理进行分析，深入回答开发区建设改变了哪些地方的空间、怎样改变了那些地方的空间等问题。

一、空间生产的代表性研究简介

1974年，列斐伏尔出版了其代表性著作《空间的生产》，开启了西方理论界研究的"空间转向"，不仅形成了都市研究等新的理论热点，也促使空间成为人文社会科学研究的重要维度，空间认识论成为基本的方法论。从人文地理学的研究视角来看，空间生产与资本主义时代生产和市场的全球化以及对地方的消解密切相关。马克思很早就研究了一定空间和时间制约下的物质生产，认为缩短时间和消除空间障碍对于资本流通及实现剩余价值意义重大，而在资本逻辑的推动下，资本积累逐渐成为一个全球历史地理空间的问题。从内部来说，大城市的兴起和快速的工业化，使得城市统治了乡村；从外部来说，资本主义为了解决生产过剩和经济危机问题，不断扩大生产和销售市场，使得资本主义空间生产向全球化空间扩展（李秀玲和秦龙，2011）。

列斐伏尔开启的空间生产研究，主要探讨了资本主义的空间生产与空间形塑（孙琳，2013），改变了与空间相关的论述在社会科学中一直处于边缘地位的状况，开辟了空间论述新的可能性；之后，福柯（Foucault）提出空间是一个权力的场所或权力的容器，并以“异形地志学”区分虚构地点“乌托邦”和真实空间“异托邦”，强调“异托邦”是构成社会的真正基础；以哈维和索亚（Soja）等为代表的人文地理学学者则重点关注了居所空间的生产，哈维主要以资本的“三级循环”阐释了空间生产的机理，并提出了“时空压缩”“时空修复”等概念；索亚则阐释了“第三空间”，强调它既是生活空间又是想象空间，以经验或感知的第一空间和以意识形态为表征的第二空间为前提，这也是一种批判性的策略和创造性的理论重构；此外，Castells（1983）、Smith（1990）也就城市空间生产问题进行了深入探讨。

虽然空间生产的相关研究促进了理论视野、理论方法、理论范式的转换与创新，极大地丰富和完善了经典社会理论研究，开创了不少新的研究领域，强化了对城市化等现实问题的关注，但也存在问题和局限。例如，相对忽视了城市社会研究和资本批判的历史维度，对空间问题产生的根源认识模糊甚至存在矛盾，未能指明当代空间问题的未来趋势等。不过，本书无意全面探讨空间生产理论，而主要拟借鉴列斐伏尔和哈维等关于城市空间生产的经典论述，来推进对中国开发区空间生产问题的研究。

（一）列斐伏尔有关空间生产的基本思想

列斐伏尔的核心观点在于（社会）空间是（社会的）产物。包含四条基本规则：①物质（自然）空间正在消失；②社会空间包含生产关系和再生产关系，并赋予这些关系合适的场所；③空间的知识是对生产过程的复制和展示；④空间具有历史性，每一种生产方式都有自身的独特空间，生产方式的转换必然伴随着新空间的生产（赵海月和赫曦滢，2012）。

列斐伏尔强调，对生产的分析应由空间中的生产（production in space）转向空间的生产（production of space），空间的生产主要表现为城市的急速扩张、社会的普遍都市化、空间性组织等问题，其结果是现代经济规划倾向于成为空间规划。他同时强调，空间里弥漫着社会关系，它不仅被社会关系支持，也生产社会关系和被社会关系生产。他创立的“空间三元论”（spatial triad），也为日常生活批判中的空间批判提供了有益的视角。

列斐伏尔在历史语境的变迁中将马克思的空间异化批判思想创造性地发展为空间政治学，并以空间作为哲学批判的基点，实现了辩证唯物主义从时间向空间的转向。他的空间辩证法解构了权力关系/日常生活和空间关系（空间）/社会关系（时间）这两组重要的二元结构，是后结构主义方法的成功运用。虽然他的理论还存在许多不足，但在建筑、规划等城市经济社会研究的许多方面都产生了重要影响。

（二）哈维有关空间生产的基本思想

哈维主要从资本积累的角度对空间生产进行了大量研究。他提出的资本三级循环过程为解释资本运动与城市空间发展的关系提供了很好的分析框架。此外，他还提出了时空整理、时空压缩、时空修复等概念，并主要从时空压缩、弹性生产、空间竞争三个维度阐释了空间生产的效率问题，从而为研究空间生产的复杂过程提供了思路。他也观察到了空间差异性的丧失，并认为空间同质的原因在于以消费主义为指导思想的全球性空间生产模式正在被疯狂普及与复制。随着空间越来越广泛地被分割、制造、生产与出售，一个被制造出来的世界拔地而起，逐渐成为消除了所有差异的、均质的、任何元素都可以交换的商业空间。不仅自然界的丰富性与多样性被泯灭，原有的社会生活多样性与城市文化特色也被瓦解与颠覆，由此人的思想与心灵也被消费所操纵（车玉玲，2010）。

哈维较为系统、完善地对空间资本化、商品化机理进行了阐释，并得到了大量实证研究的支持。不过，其分析的对象主要是经过简化的抽象空间，从而掩饰了空间内部具体的、不平等的元素；但其分析的结果过于关注同质化的过程，而忽略了其他的可能性；同时，其微观视角的分析相对薄弱，与中国国情存在明显差异（王丰龙和刘云刚，2011）。尽管如此，哈维的理论对于我国正在经历的快速工业化和城镇化进程研究仍具有重要的借鉴价值。

（三）国内有关空间生产的研究进展

国内对空间生产的研究兴起于20世纪90年代末。早期主要是通过翻译和综述经典文献向国内学术界引介空间生产理论（包亚明，2003），但很快，人文地理、城市规划、社会学等相关学科的学者就开始在实证研究中应用空间生产理论解读我国城市社会空间的变革。例如，包亚明（2006）以上海“新天地”为例，探讨了消费主义下的城市空间生产；张京祥和邓华媛（2009）对上海近现代风貌型消费空间的塑造与生产进行了解读与批判；宋伟轩等（2009）通过对城市滨水空间生产的分析，探讨了空间生产过程中的效益与公平问题；马学广（2010）、刘天宝和柴彦威（2014）对单位大院的社会空间生产进程进行了探究；吴廷烨等（2013）解读了城中村的形成机制；孔翔（2011）、张敏和熊帼（2013）探究了城市的消费文化空间；桂榕和吕宛青（2013）、孙九霞和周一（2014）、郭凌等（2014）则考察了文化旅游空间的建构过程；姚华松（2012）、钱俊希和朱竑（2014）分析了外来农民工和同性恋等弱势群体的空间。这些研究成果丰富了城市空间生产的理论和案例，但主要还是结合消费空间的解读，较少结合资本控制下的制造业空间进行深度分析。梁晶等（2014）虽曾探讨过高新区建设中的空间生产机理，但重点只是证明了权力和资本对空间的生产起到了决定性作用，却并未基于该理论深刻探讨开发区建设中的问题和优化对策。

二、空间生产理论对开发区研究的启示价值

开发区在集聚加工制造活动的过程中，促进了经济空间和社会空间的改造，

是一种典型的空间生产活动。这至少可以从如下三方面进行阐释：

首先，开发区不仅是资本生产的产品，还是适合产业资本（特别是工业资本）追逐最大化利润需求的空间产品，因而开发区的建设过程是一个主要在资本的权力操控下，为满足资本获利需求而进行的空间生产过程。其成果主要是可以交换的商业化空间，商品的同质性替代了地方的独特性。这也使得开发区建设倾向于忽视对个性化的地方的保护，相对忽视了当地人的利益诉求，可能造成所在地区原有的地方性消解。而地方政府在此过程中，也往往热衷于学习国内外成功经验，主要关注经济增长指标，相对忽视地方特色，难以有效地抑制地方性的消解过程。

其次，开发区建设主要是在特定的地域范围内通过特殊优惠政策集聚外部资本和资源快速发展的成果，因而很难具有本地根植性，甚至与周边地区存在类似岛屿生态系统与周边海洋生态系统之间的隔离关系。由于与所在地区的管理体制和投资方式不同，与周边地区相比，开发区往往在产业发展水平、景观特征、人口结构和社会文化等方面都有更好的表现，但却与周边地区发展的联系不紧密，往往是相互脱离，而非相互嵌入的，因而无力带动整个区域的竞争力提升。当然，这种与周边地区的隔离关系在不同开发区的表现会不同，开发区的地理区位、发展模式和发展阶段等会对此有比较显著的影响。那些非农产业发展基础比较薄弱的地方，如果主要依靠政府的特殊优惠政策刺激了开发区的快速发展，就比较容易表现出明显的类似产业孤岛的效应。

最后，但也许最重要的是，开发区主要是资本和权力合谋的产物，相对忽视对人的关怀，因而往往存在复杂的社会矛盾，缺少开发区人对开发区空间的情感和认同，甚至成为“无根者”集聚的空间。在开发区建设实践中，为节约征地拆迁成本，更是为促进更多地方的经济发展，大多选址在城市远郊或特大城市周边的县城，进而以资本积累为基础推进以工业化、城镇化为目标的空间改造。这些改造不仅包括在物理空间中进行的土地前期开发、基础设施建设、生产生活空间建设，还包括招商引资过程中的产业结构、人口结构和景观形态变化、社会网络重构甚至技术引进和技术研发等，这都重塑了当地的社会关系。在此空间生产过程中，不仅发生了物理空间的巨大变化，改变了当地人熟悉的地理环境；更重要的是，重构了人口结构和社会网络，使当地人不得不面对陌生的交流环境，吸引了大量背井离乡的求职者。由此，开发区周边往往成为不同类型“无根者”集聚的空间，成为社会矛盾比较复杂的地方，这也是本书重点关注的主题。

总之，开发区作为我国非农产业（特别是工业）发展和新型城镇化进程中景观、功能发生迅速转变的特色空间，主要是服务于剩余产业资本在全球范围内谋取更大利润的需求，当然也受到政府政策的深刻影响。它们主要基于优越的区位条件和便利的基础设施环境吸引产业资本，基本上是一个割裂了发展历史、具有均质化、可复制特点的、可交换的空间产品，因而对开发区发展机理的思考有必要借鉴空间生产理论的分析思路。从空间生产理论的相关研究梳理中不难看出，空间生产是忽视自然条件和地方历史的，因而倾向于制造无特色的空间，这不仅可能会造成人地关系的紧张，也会造成不同地方之间的低成本竞争；同时，空间生产主要服务于资本的谋利需求，相对忽视对人的关怀，因而往往会导致复杂的社会矛盾，使当地人缺少对空间的情感和认同。值得强调的是，开发区的转型升级和持续健康发展，必须依赖互信交流的创新文化和相对深厚的社会资本积累，而复杂的社会矛盾、相对缺失的地方感、无特色的低成本竞争都不利于高素质人才的集聚和创新文化的培育。由此，以空间生产理论为指导，更好地剖析开发区建设的内在机理以及开发区对所在地区发展的深刻影响，不仅将有助于开发区的转型升级和持续健康发展，也将促进开发区更好发挥对周边地区的带动作用。

第三节　开发区建设对所在地区社会空间的可能影响

我国开发区主要是非农产业集聚的空间，主要集聚了某些生产过程可分程度较高产业的加工制造环节，不仅需要发挥在劳动力、土地等有形要素方面的比较优势，还需要着力塑造有助于外生和内生交易成本节约的投资环境，因而倾向于选择在交通条件比较便利的地方，通过基础设施环境和政策环境的优化，来吸引产业资本的进入。为此，开发区大多在提供财税优惠的同时，积极为企业提供“一站式”、全方位服务，以帮助开发区企业降低交易成本；同时，在开发区范围内，积极改善基础设施环境，努力实现“九通一平”等建设目标，并注重优化开发区与机场、车站、码头等交通干线的连接性。由此，发展绩效较好的开发区大多在东南沿海水陆空交通比较便利、发展基础较好的地方。通常开发区起步阶段的资本积累有限，为节约征地拆迁成本和促进城市新区建设，因而大多选址在大城市的近郊或县城周边，进而促使这些地方成为快速工业化、城镇化的空间载体。

空间生产理论强调，空间从来都不是空的。在开发区快速工业化、城镇化的进程中，不仅兴起了新的产业集聚空间，也发生了社会空间的重塑。在资本的主导下，首先生产了具有较少特色、能交换的产业空间产品；同时，也造成了开发区与所在地区的相对隔离或割裂，而投射于主体的感知或情感层面，主要表现为不同类型劳动者的集聚及其地方感缺失。主体的地方感是本书考察开发区和所在地区社会文化空间演变的重要指标，因而拟在第三章中对开发区建设对主体地方感的影响做具体深入的探讨，本节主要分析的是开发区建设在消解地方性和塑造空间隔离等方面的作用机理。

一、城郊开发区建设对所在地区地方性消解的影响①

（一）空间生产视角下的地方性消解机理

1. 地方、地方性与地方感

地方（place）无疑是人文地理学理论、实践研究中最重要的概念之一（Cresswell，2004）。虽然它也曾被忽视，但自 1970 年以来，人文地理学和人文社会科学的其他相关学科都对“地方”给予了高度关注，从而引发了人文科学的“空间转向”（Withers，2009）。虽然学者对“地方”的内涵存在不同的见解，但 Wright（1947）最早将其定义为承载主观性的区域；Tuan（1974）也认为地

① 本部分主要内容已发表，参见孔翔，陈丹. 2016. 城郊开发区建设对东道区域地方性消解的影响研究——以长沙经济技术开发区为例[J]. 人文地理，31（4）：26-32. 有删改。

方是"感知的价值中心"以及社会与文化意义的载体，地方的建构主要经由主观性与日常生活的体验；Harvey（1996）则强调地方是社会建构的产物，地方的存在和建构具有主观性；而在 Agnew（1987）对地方最具影响力的定义中，除了场所、位置，更强调人们对地方的情感联系。所有这些都表明，地方的建构更多依赖于主观的认知和情感。地方独特的区域特征、多样化的空间实践、特定的社会文化意义（Taylor，1999），是人们感知和认同的结果。在由抽象的空间转变为特定地方的过程中地方被赋予文化意义，对相关主体形成归属感具有决定性影响（周尚意等，2011）。

地方性（placeness）是指一个地方的特殊性，主要表现为特定地方长期积累的文化和人们长期形成的文化认同（迈克·克朗，2003）。人文主义学者认为，地方性的建构在很大程度上依赖于主体对地方的情感需要，这会刺激地方运用多种策略、逻辑和知识建构本地独特的"地方感"（朱竑，2005）。一般地说，尊重地方历史文化会强化地方性，而破坏其真实性则将削弱甚至消除地方性（唐顺英和周尚意，2011）。这就是说，地方性的形成不仅离不开客观的自然环境和独特的文化积累，还依赖于主体对地方的主观认知和情感认同。地方的建构和维持不仅需要独特的地理景观以及语言、地名和影像等可视化文化符号，而且需要主体在长期与景观等文化符号的密切接触中无意识产生的对特定地方的某种情感，这正是 Relph（1976）所说的油然而生的意识，也就是地方的本质。可见，对地方的情感不仅是地方性水平的表征，还是地方性形成和延续的基础。

地方感（sense of place）是以对地方的主观性体验为基础形成的人在情感上与地方的联结（Pretty et al.，2003）。它源自主体与所处自然、社会环境之间的持续互动（Relph，1976），不仅能给人稳定的安全感和归属感（张中华等，2009），还可能有助于培育地方特色发展环境（Stedman，2003）。由于本书第三章还将对地方感做进一步阐释，这里不再赘述。但必须强调的是，当地人总体的地方感水平不仅可以反映地方性形成或延续的状况，还能表征人口或产业根植于当地发展的自觉性。

2. 空间生产与地方性的消解

随着科技进步和全球化的发展，地球似乎越来越“平”（Friedman，2005），西方世界的地方性消解也随之蔓延。Lefebvre（1991）曾慨叹，创造已成为过去，复制在几乎所有地方都击败了独特，人造、非天然驱走了原生态和天然，而这在一定程度上可归因于资本将地方转化为可交易的产品。资本积累促成了大城市的兴起和资本主义生产向全球的拓展（李秀玲和秦龙，2011），而空间本身也成为一种生产资料，需要以抽离了质的差别的价值量作为交换标准，空间的同质化也就不可避免（王丰龙和刘云刚，2011）。另外，在空间被开发、规划、使用和改造的过程中，服务于资本的逐利逻辑，经济空间与政治空间倾向于汇合一起，而消除所有的差异（包亚明，2003）。而以消费社会发展为指导的全球性空间生产模式的复制，更促成了完全均质的、任何元素都可以交换的商业空间，带来了自然、城市文化乃至人的生存方式的同一（车玉玲，2010），“机械复制”成为时代的主旋律，空间不再是上帝的作品（work），而只是标准化的产品（product）（Benjamin，1992）。换句话说，资本操纵下的空间生产不仅扼杀了自然界的丰富性与多样性，瓦解了原有的社会生活和特色文化，更重要的是，它还颠覆了地方感建构和延续的地理景观与社会网络基础，造成了地方感的断裂和缺失。

（二）城郊开发区建设对所在地区地方性的影响机理

截至 2011 年底，我国共批复设立了 341 个国家级开发区，批复范围内的土地总面积为 3546.47 平方千米，已完成土地开发 2947.99 平方千米[①]。它们大多地处区位条件比较好的城郊未开发地块，通过规划论证和征地拆迁，主要依靠政府和企业的大规模投资，由以农业和农民为主的地块迅速转变为非农产业和非农人口集聚的空间。其中，开发区的建设规划主要是由政府部门适应工业企业的发展需求主导编制的，在编制过程中较为注重借鉴国内外成功开发区的建设经验，但较少吸纳当地人参与；征地拆迁则改变了当地原有的自然环境和人

① 国家级开发区土地集约利用评价情况（2012 年）[EB/OL]. http://lr.hainan.gov.cn/xxgk_317/0200/0202/201812/t20181201_1377952.html[2019-07-14].

文景观，进而为开发区企业创造了现代化的基础设施环境；同时，这些企业还能享受不少财税、金融优惠、其他政府提供的服务便利，从而获得较高的利润空间，这也是开发区能较大规模地吸引海内外投资的重要保障。不过，开发区建设由此成为一类典型的由资本控制的空间生产活动，其主要成果是适应资本逐利需求的标准化、可交易的空间产品。随着空间产品的兜售（主要表现为引资规模的扩大），越来越多的外地劳动者进入开发区就业，从而使开发区周边地区的人口结构和文化习俗等都发生了显著变化。

地方的第一本性是不可移动的自然条件，第二本性是历史上积累的实体要素，第三本性是根植于此的社会文化（Mayowa，2014）。这三个本性正是地方性和地方感的建构基础。在开发区建设中，地理景观、居民结构和社会网络的变化会对居民地方感产生影响（孔翔和张宇飞，2014），这不仅因为地理景观的变化消解了地方的第一本性和第二本性，更重要的是，人口结构和社会网络的变化会对根植于此的社会文化（即地方的第三本性）产生负面影响。具体地说，在地理景观改造方面，为实现“七通（甚至九通）一平”，开发区大多必须改变原有自然环境中地貌、水文、土壤、植被等的特点，在一定程度上破坏了原有不可移动的自然条件，使人们熟悉的山水面貌变得陌生；为给产业发展提供集聚的空间，还必须大规模拆除农舍和其他乡村人文景观，从而使历史上积累的实体要素很快荡然无存；以学习少数样板为基础编制的规划，大多会生产出地势平坦、道路宽阔、标准厂房林立、配套设施完善、公共空间宽敞、园林景观优美、各功能区明显分隔的现代化工业区，它们的面貌极具相似性，在自然条件和人文景观上都缺乏明显的地方特征，从而使主体难以从感知物理环境中建构鲜明的地方意识。在社会文化方面，开发区建设首先改变了当地人的谋生方式，要求失地农民必须适应非农产业的就业要求和居民小区的楼宇生活，导致其无法施展原有的生产技能、不得不从相对自给自足转向更多参与不确定的市场交易，甚至有许多失地农民因为找不到合适的工作沦为赤贫（刘乐和杨学成，2009）；更重要的是，昔日的邻里交往模式也随着“上楼生活”而悄然变化，传统的农耕文化活动难以传承，当地人之间的人情味变淡，容易缺乏安全感。与此同时，外来劳动力的涌入也会改变当地人原有的社交网络，给地方文化习俗的传承造成更大困难。外来劳动力的经济收入和社会地位不高，且面临文化交流的障碍，很可能更为焦虑，从而使开发区周边成为“无根者”集聚的空间，不仅缺乏深刻的地方认同，更存在复杂的社会矛盾。尽管开发区人口的集聚会在一定程度上扩大公共服务需求，带动餐饮、休闲娱乐等的发展（张志斌和师安隆，2008），并可能因为经济总量的增长提高当地人的社会福利水平（彭开丽，2008），但这对建构具有显著自然、人文环境特色和情感认同的“地方”作用不大。

由于开发区建设消解了所在地区原有的地方性，居民和企业根植于开发区发展的自觉性不高。“无地方性”的开发区不仅面临招商引资中的削价竞争，也缺乏不可移动的特色垄断优势，因而企业的根植性不强。只要生产经营的成本明显上升，企业就可能迁址，企业所雇佣的外来劳动力也会离开，而本地失地农民则可能不得不外出谋生，毕竟他们已经不再从事农业活动，而企业的迁出意味着就业机会的减少，同时，这里也已不再是他们熟悉的、具有安全感的家园，外出对其而言也少了许多故土难离的情感。这对于所在地区的持续发展是巨大的潜在威胁。而要重构城郊开发区的地方性，就必须尊重和满足主体对地方的情感需求，基于当地的地理环境和历史特点，塑造具有地方特色的“宜业宜居”空间。

总地来看，我国的城郊开发区建设是便利招商引资的空间生产过程，不仅改变了当地的地理景观，也改变了人口结构和社交网络，从而破坏了当地人原有地方感的建构基础，消解了其地方性，同时，又无法以“千区一面”的新景观和“无根者”集聚的空间为基础，建构新的地方感和地方性。这就使得居民和企业都缺少根植于开发区发展的自觉性，威胁到开发区和所在地区的持续健康发展。

（三）长沙经济技术开发区的地方性消解与重构

1. 案例地概况与研究方法

长沙经济技术开发区（简称长沙经开区）位于湖南省长沙市东郊，创建于1992年，2000年被批准为经开区。据《长沙经济技术开发区志（1992～2011）》，截至2011年，其规划面积已达100.59平方千米，建成区面积约38平方千米，累计引进企业934家，其中规模以上企业104家，世界500强企业25家，实际利用外资超过18亿美元，市外境内投资超过180亿元，基本形成了以工程机械、汽车及零部件为主导的产业格局，是中部地区经济发展绩效较好的开发区，但也面临地方特色和竞争优势不足等问题。本研究拟结合长沙经开区的实地考察，初步验证城郊开发区对所在地区地方性消解的机理。

据《长沙经济技术开发区志（1992～2011）》，长沙经开区的规划范围内，原本多为丘陵山地和农田，但在开发区建设过程中，不少小山丘被推平，大量农田被征收，大批农舍和其他乡村景观被拆除。1992～2002年，长沙经开区共征用水田4223.62亩[①]、林地5313.6亩、旱地681.23亩、园地817.48亩、水域953.72亩、宅基地953.72亩、道路688.88亩，共支付征地拆迁补偿费1.46亿元。2003年以后，长沙经开区逐年拆迁的面积和人口总体仍呈上升趋势。2014年，长沙经开区已基本实现“九通一平”，大量工业厂房在长永高速以南地块建成，并建设了不少拆迁安置小区和商品住宅。由于景观发生了显著变化，在对长沙经开区规划范围内的板桥安置小区、泉塘安置小区和星城国际小区的居民进行实地访谈中，仅有18%的受访者表示仍能较多地记起过去的景观，而64%的受访者表示已经不太记得原有的景观面貌，同时，几乎所有的受访者都表示，“现在的开发区长的和其他地方的开发区没什么大的差别”。另外，长沙经开区还吸引了大量外来人口，2013年，常住人口为41.86万人，户籍人口仅8.99万人（长沙县史志档案局，2015）。

考虑到地方感可以成为评价地方性的重要指标，2013年3月，以上述三个居民小区作为案例调查的地点，采用利克特五级量表的方法测度当地人的地方感状况。以随机抽样的方式共完成有效问卷174份，并在各小区分别对10位受访者进行了20～30分钟的访谈。三个小区分别是板桥安置小区（完成问卷64份）、泉塘安置小区（58份）和星城国际小区（52份），受访者中男性和女性分别占52.2%和47.8%，各年龄段受访者比例与当地户籍人口年龄结构大体相当，

① 1亩≈666.7平方米。

受访者的总体收入水平不高，84.9%的受访者月收入在5000元以下，在小区的居住年限大多在10年以下（占比为72.1%），这与近年来拆迁规模持续较大有关。

2. 案例地受访者地方感状况

地方感测度大多基于多个维度的利克特五级量表，如Pretty（2002）基于地方依赖、社区感和地方依恋等对个体的地方感研究，以及其他以Relph（1976）地方感七层次理论为基础的测度模型等。本研究拟通过地方感反映开发区建设对地方性消解的影响，因而更关注居民对地方三个本性变化的态度。问卷共包括两部分18个陈述项，其中1～10依次反映的是受访者对地方自然环境、历史景观和社会文化变化的认识，11～18依次反映的是受访者对长沙经开区的感知、依赖和依恋（表2-3）。在评分上，1～5依次表示对陈述项非常不同意、较不同意、较中立、较同意和非常同意，如果平均得分为1～2.4，显示大多数受访者对陈述项表示反对；如果平均得分为2.5～3.4，显示大多数受访者对陈述项表示中立；如果平均得分为3.5～5，显示大多数受访者对陈述项表示赞同（Tosun，2002）。采用SPSS 22.0软件进行统计分析，结果显示18条表述的克龙巴赫α系数（Cronbach's alpha coefficient）为0.835（>0.8），信度较高，说明问卷的内部一致性较强，测量结果可信。

表2-3 长沙经开区受访者地方感状况

序号	测量变量	平均值	标准差
1	我熟悉长沙经开区的地理环境	2.82	0.523
2	长沙经开区建设对当地自然环境的改造不大	2.32	0.385
3	我对这里曾经的山水和植被都有感情	3.62	0.736
4	这里原来的人文景观承载了我许多美好的记忆	3.72	0.878
5	长沙经开区建设注意保留了较多的标志性人文景观	2.23	0.378
6	我仍能在长沙经开区深刻感受到长沙文化的特点	3.02	0.514
7	我的亲戚朋友大多仍居住在附近	3.58	0.849
8	我与小区的其他居民相处很融洽	2.92	0.498
9	长沙经开区很有地方特色	2.45	0.635
10	长沙经开区呈现出我想象中开发区的样子	3.44	0.551
11	我经常参与长沙经开区举办的各项活动	2.82	0.427
12	长沙经开区的发展前景比较好	3.19	0.585

续表

序号	测量变量	平均值	标准差
13	我已经是长沙经开区的一分子	3.21	0.615
14	我以在长沙经开区生活或工作为荣	2.99	0.778
15	如果让我重新选择，我仍会留在长沙经开区发展	2.96	0.619
16	我愿意为长沙经开区的发展贡献更多力量	3.24	0.701
17	我乐意推荐亲戚朋友来长沙经开区工作或生活	3.02	0.659
18	我感觉长沙经开区的企业愿意长期留在这里发展	3.11	0.771

从统计结果看，受访者明显感受到了长沙经开区建设对自然环境的改造，总体上对相关陈述持反对态度（2.32），普遍不认为自己熟悉长沙经开区的地理环境（2.82），但普遍赞同曾经的山水和植被是寄托情感的载体（3.62）；同时，受访者普遍不认为长沙经开区建设注意保留了较多的标志性人文景观（2.23），而那些已经被拆除的景观也被不少受访者视为记忆的载体（3.72），不过该陈述项的标准差最大，受访者的态度存在较大差异；在社交网络方面，受访者的亲友圈子维护得较好，亲戚朋友居住在附近的较多（3.58），但受访者与小区其他居民相处的融洽度不高（2.92），显示集中安置虽在一定程度上维护了原有社交关系，但大量外地人的进入仍然降低了社交活动的效率。受访者对长沙经开区的长沙地方文化特点认同度并不高（3.02），并且认为长沙经开区已经开始呈现出大多数开发区共同的样子（3.44）。而在地方感的相关陈述中，受访者参与开发区活动的积极性不高（2.82），但对其发展前景谨慎乐观（3.19）；虽然他们并未普遍以在此工作或生活为荣（2.99），却在一定程度上将自己视为长沙经开区的一分子（3.21）；在地方依恋层面，受访者愿意留在长沙经开区发展的自觉性不高（2.96），愿意推荐朋友（3.02）或支持企业长期在长沙经开区发展（3.11）的意识也不强，这些都说明长沙经开区居民的地方感层次不高，缺少地方依恋。

从访谈信息看，长沙经开区建设的确改变了当地的交流模式和风俗习惯。例如，“本地人之间现在不会串门，一般在公共场所聊天，红白喜事也不像以前办好几天，1～2 天就结束了”（BQ-8[①]，男，62 岁）；他们大多不仅怀念往昔的

① BQ-8：板桥安置小区的第八份访谈记录。

地理景观，也怀念以前的生活，“以前种田种菜为生，现在主要靠收房租，日子清闲了，但是娱乐消遣的活动很少”（QT-2[①]，女，41 岁），于是不少受访者会利用小区绿化用地和周边空地种菜；而谈到与外地人的相处，认为“小区内的外地人来自五湖四海，大家的语言和口音都不一样，无法顺畅交流，与湖南省外的人之间更是如此”（XCGJ-5[②]，女，28 岁），这也会降低社交效率。总之，长沙经开区受访者的地方感层次不高，这与地理景观和社交网络的变化有关，也是地方性在很大程度上被消解的表现。

3. 居民地方感状况对长沙经开区未来发展的影响

居民地方感的缺失对于长沙经开区的持续健康发展构成挑战。因为居民缺乏地方感，就会缺少参与地方建设的积极性（许振晓等，2009），也会影响企业根植于当地发展的自觉性。2012 年底，三一重工股份有限公司宣布将总部迁往北京，2013 年长沙经开区工程机械产业产值就同比下降 8.55%（长沙县史志档案局，2015），这表明企业迁址对长沙经开区发展的负面影响可能很大。因此，很有必要积极吸引当地人参与长沙经开区建设，并通过打造地方特色景观、传承地方特色文化、构建地方特色交流网络来增强长沙经开区的地方性和居民的地方感。

（四）城郊开发区重构地方性的总体思路

城郊开发区建设倾向于生产同质化、可复制、可交换的商品化空间，这会导致所在地区的地方本性发生显著变化，物质环境无特色、居民地方感薄弱、地方性在很大程度上被消解。虽然从表面看，资本控制下的空间生产会有助于工业生产效率和资本利润率的提升，但一个具有包容性、创造力并能集聚高学历人口的空间，对工商业活动更具吸引力。研究表明，明显的地方特色越来越成为政府和商业领导者推销城市的重要因素（Kearns and Philo，1993）；而随着交换、迁移和交流的空间障碍消除，与地方相联系的认同也变得愈发重要（Harvey，1996）。这就重新确认了地方性的积极价值。开发区建设的“无地方性”，常常使得开发区在招商引资中处于同质产品竞争的弱势地位，不得不竞相

① QT-2：泉塘安置小区的第二份访谈记录。

② XCGJ-5：星城国际小区的第五份访谈记录。

比拼优惠政策，导致土地资源的低效开发和财政收入的损失，并面临产业和人口缺乏地方根植性的挑战。可以说，开发区对所在地区地方性的消解不仅造成了开发区缺乏地方特色，也威胁到开发区的持续健康发展。

地方本身是不确定的东西（Casey，1997），关键是使特定空间在日常生活中被特定人群及其组织所关注并赋予情感，从而成为一个“被关心的场域”，而非毫无主体情感的竞技场（Tuan，1977）。因此，以尊重和适应相关主体的空间情感需求为基础，可以重构开发区地方性。为此，在注重经济利益的同时，开发区建设还要更多地关注当地人的发展需求，更好地保护当地独特的自然环境、珍惜具有符号价值的地方人文景观，更好地传承具有时代生命力的地方社会文化，把开发区塑造成具有所在地区地方特色的“宜业宜居”空间，从而使对地方的认同和情感有载体，使凝聚主体智慧更好地建设开发区有基础，这正是开发区增强特色竞争力和持续发展能力的基础与保障。

二、中国开发区与周边地区的空间二元结构现象探讨①

地方政府积极支持开发区建设，不仅是为了促进当地非农产业的发展，还希望能以此推动整个地区经济发展水平和竞争力的提升。然而，我国大多数开发区与其地域范围以外的周边地区，在产业结构、人口结构、技术水平和社会文化氛围等方面均存在较明显的差异，彼此间也较少要素流动和产业创新合作，这就使得开发区成为“悬浮”于周边地区的孤岛，无力带动区域的整体协调发展，这在以高新技术成果研发和产业化为主要目标的高新区表现得特别明显。为此，有必要借鉴二元结构的相关研究成果，深度解析开发区与周边地区存在结构性断层的内在机理及影响。

（一）二元结构的相关研究

二元结构一般是指发展中国家在政治、经济、文化等方面出现的结构断层

① 本部分内容已发表，参见孔翔，纵旭，顾子恒. 2019. 高新区与周边地区的空间二元结构现象研究——以上海市张江高科技园和紫竹高新区为例[J]. 城市问题，(5)：4-10，20. 有删改。

或分化（张利痒，2007），其实质是在现代与传统并存过程中发生的结构分裂（谭崇台等，2008）。Boeke（1942）最先用“二元结构”来刻画印度尼西亚传统社会与荷兰殖民主义者输入的现代“飞地经济”并存的现象；但Lewis（1954）对发展中国家由于现代资本主义部门与传统农业部门并存而产生的二元经济结构问题的研究影响更大，并经Ranis和Fei（1961）的拓展，成为发展经济学重要的基础理论。在刘易斯等看来，经济结构断层主要归因于两类产业部门的产出效率差异及其引致的分配模式差异，这是技术与市场共同作用的结果（梁小民，1982）；受新兴古典经济学的影响，有研究认为，二元经济结构源于两部门间分工水平的差异（高帆，2005），同样关注的是经济技术层面的成因。但Myint（1985）认为，传统部门与现代部门在产品市场、资本市场、劳动力市场、政府行政和财政机构等方面的联系松散，才是二元性的主要成因，这就更突出了制度和政策层面的影响；不少研究发现，刘易斯等的分析隐含着生产要素自由流动作为前提（陈学法，2009），而世界经济的发展史表明，发展中国家普遍存在城市偏向的政策，不仅帮助城市精英获得了更好的公共服务，还通过扭曲产品和要素市场价格攫取了大量租金（Lipton，1977）。可见，制度和政策层面更可能是二元结构的形成基础，二元结构是一个由政治过程内生决定的现象（王永钦和高鑫，2016）。

刘易斯主要阐释了工业和农业部门间的结构刚性，加上我国城乡差异显著，因而城乡二元结构成为不少研究的关注重点。一般认为，我国存在传统农业与现代工业对立、农村与城市相分离的“双二元结构”（王国敏，2004），这是造成城镇化滞后于工业化、市场有效需求不足的总根子（赵力，2002）。在改革开放以来的快速工业化、城镇化进程中，不仅未能消除传统的城乡二元结构，还出现了由农民工阶层与城市居民共同构成的“城市二元结构”（侯力，2007），由此形成了两者叠加的二元结构（崔占峰，2014）。不少研究从户籍等社会管理政策（朱志萍，2008）以及劳动力市场、社会保障体系等经济管理政策层面分析了其成因（马宝成，2004），认为人为固化的“城乡政策偏向”造成了我国复杂的城乡二元结构（韦伟和傅勇，2004）。在改革开放前，主要表现为与重工业优先发展相适应的、偏向城市的稳定政策；在改革开放后，主要表现为城乡之间的资源配置机会不平等（蔡昉，2003），从而使农民处于“二等公民”的地位（厉以宁，2008），生产要素在城乡间正常、合理的流动受到阻塞（何立胜，2010），户口类别及其属地对居民发展机会的影响显著（李骏和顾燕峰，2011），农民身份转化滞后于就业转移，并使城乡二元结构进一步向“新二元结构”转化（顾海英等，2011）。当然，也有研究认为，影响交易效率的“硬条件”和“软条件”差异是中国城乡二元结构固化的重要原因（赵红军和尹伯成，2006），城乡经济二元结构与金融二元结构之间存在互为格兰杰因果的关系（韩正清等，2010），就是城乡二元结构固化的体现。因此，正确理解中国的城乡二元结构必须关注双重制度变迁的背景（赵红军和孙楚仁，2008），破解经济层面的空间二元结构也必须不断推进制度创新。

总地来说，二元结构的研究源于经济层面现代与传统并存的结构性问题，但其内因往往是差异性制度环境导致的经济技术效率差异和生产要素的流动障碍。因此，不仅在城乡之间，而且在其他空间尺度上，区域发展只要存在差异性的制度环境，就可能生成空间二元结构。开发区（包括高新区）作为实行特殊优惠政策的地方，很可能与周边地区存在制度环境差异，并可能由此产生二元结构现象。例如，有研究显示，在开发区发展初期，城乡收入差距会有所扩大（王争和沈捷，2004）。而作为以促进高新技术研发和产业化活动为目标的特殊类型的开发区，高新区与其周边地区的经济技术差异可能更为明显。

（二）开发区与周边地区空间二元结构的内涵与形成机理

我国的开发区建设主要是在划定的地域范围内，以特殊优惠政策推动基础设施条件的改善和企业经营成本的节约，从而迅速集聚了不少加工制造活动。在高新区还有不少高新技术企业的研发、产业化活动，同时也为各类经营管理人才和高素质人才创造了不少就业、创业机会，带动了相关服务业的发展。但是，由特殊优惠政策引导的资本、人才和技术等的集聚，不仅中断了当地经济社会发展的原有进程，更造成了开发区与周边地区的发展环境差异，很可能会产生现代与传统并存的空间二元结构现象。

1. 中国开发区与周边地区的景观差异与空间联系

由于我国开发区大多布局在城郊地理环境相对较好的地方，在开发区范围内通过基础设施投资较快地改善了交通区位和产业发展环境，同时，为招商引资提供了较多的特殊优惠，因而能较快地发展起技术、人才密集度相对较高的产业部门。这就使得开发区范围内的产业结构与周边地区存在较明显的差别，人才结构也会明显优于周边地区。虽然开发区能在一定程度上改善周边地区的产业发展环境，但周边地区毕竟缺乏产业基础，即使能吸引到一些投资，也在产业和技术能级上与开发区，特别是高新区企业存在很大差距；至于租住在周边的开发区企业员工，大多文化层次和收入水平相对较低，他们的进入往往使开发区周边成为本地失地农民与外来劳动力集聚的空间，不仅削弱了当地的原有文化特色，也使社会矛盾趋于复杂（孔翔等，2015），而在开发区，特别是高新区内部，因为跨国公司、高科技企业和人才的集聚，往往逐步营造出创新创业的文化氛围，这也使得开发区与周边地区在文化环境方面呈现出现代和传统的差异。

开发区是实行特殊优惠政策的地方，因而与周边地区在管理模式和政策环境上的差异较为明显，这也削弱了开发区与周边地区的要素联系。具体地说，在资本要素方面，开发区的投资环境明显较好，投资回报率明显较高，因而有实力的企业都会选择在开发区发展，缺少有从开发区向周边地区主动溢出的意愿。在技术方面，开发区企业不少是跨国公司的子公司，而高新区对企业技术含量有较高的要求，因而其总体技术实力明显优于周边地区的企业，同时，不少企业会与跨国公司的母公司或其他子公司、著名高校、科研院所等开展技术合作，却较少有与开发区周边企业开展技术合作的动力，这也与两者之间的技术势差过大有关（黄宁和丁清旭，2015）。在人才流动方面，开发区的高素质、高收入人才很少会到周边技术水平相对落后的企业就业，同时，也很少选择在教育、医疗和休闲娱乐设施匮乏的周边地区居住生活，这使得开发区与周边地区的人员和文化交流受到限制。其结果是，开发区企业的高素质、高层次员工很少接触周边地区的居民和文化，周边的当地人也很少能了解开发区的发展状况，而居住在周边地区的低学历、低收入的开发区企业员工又不容易被当地人接受，他们在周边地区的居住生活并未有效促成开发区和周边地区的文化联系。当然，这也与两个群体的语言、习惯、价值理念和文化发展需求不同有密切的关系。

总地来看，开发区与周边地区在产业结构、人口结构或社会文化环境等方面都存在显著差异，同时，开发区与周边地区还缺乏有效的资本、技术、人才等生产要素的交流和产业合作，从而抑制了开发区发展对周边地区的引领带动作用。这正是开发区与周边地区存在空间二元结构的基本表现。它不仅造成了传统与现代并存的景观差异，还割裂了两者间的合作交流，形成了结构性的断层。因此，判断这类空间二元结构现象，不仅要观察开发区与周边地区在土地利用等景观层面的差异，也要考察开发区员工与周边地区居民在情感、认同等方面的联系。不过，不同类型、不同地域、处于不同发展阶段的开发区，与周边地区在二元结构方面可能表现出较为明显的差异。位于城市近郊的高新区在快速发展阶段，可能更容易出现这种空间发展中的结构性问题。

2. 中国开发区与周边地区空间二元结构的成因及影响

中国开发区与周边地区的空间二元结构现象，首先是管理体制上的二元结构造成的。以高新区为例，美国硅谷等高新区大多位于科技、人才资源较丰富的地区，主要是通过自下而上的市场机制作用，进一步集聚高科技产业的创新、创业活动，但我国高新区主要选择了政府积极参与的、自上而下的发展模式。虽然政府在开发区的区位选择上重视当地原有经济实力和智力资源状况，但对征地拆迁成本、新区开发等更为关注，因而我国高新区大多起步于大城市郊区非农产业发展较为薄弱的地块，周边缺乏高科技产业的发展基础和创新文化资源。在发展路径上，则主要通过在特定地域范围内的特殊优惠政策和“特事特办”来吸引国内外高科技企业的入驻，从而形成了高新区与周边地区在管理体制和政策环境上的显著差异。这种主要依靠外部支持的发展模式，不利于高新区企业，特别是不少投资于此的跨国公司建立本地联系，必然存在与母公司和其他子公司的技术合作网络，使得高新区倾向于成为技术的孤岛。同时，以管理委员会或产业地产开发公司为主的高新区特殊管理体制，也不利于高新区与周边地方政府的平等合作交流；两者在产业、技术基础等方面的巨大鸿沟，限制了它们之间的要素流动；高新区周边地区如果缺少高品质的生活服务设施，则会导致在高新区创业、就业的高端人才不愿意就近居住生活，从而限制了高新区与周边的文化交流以及高新区社会文化资本的优化。由此，中国的大多数高新区目前还不能像硅谷那样，成为所在地区发展的创新增长极。它们既无法凭借周边原有的丰富高校资源和创新、创业文化健康发展，也难以真正带动周边地区的创新、创业文化建设以及人力资本、社会资本环境的改善，可能会陷入高新区悬浮于周边地区发展的困境。

当然，开发区的独特空间生产机理也是造成二元结构的重要内因。开发区本质上是国内外剩余产业资本跨越行政区边界以谋求更大利润的空间载体，其建设的主要目标是提供可交换、可复制、可用来盈利的产业空间（梁晶等，2014），因而倾向于消解地方特色，造成开发区与周边地区的差异较为明显，联系被削弱；而其通过引入加工制造环节嵌入全球价值链的产业发展路径，往往使其产业发展更多与外部机构（如跨国公司的其他分支机构等）发生联系，较少与周边企业进行联系。同时，正如大卫·哈维（2010）所言，一个地方的繁荣总是以另一个地方的萧条为代价的，高新区的快速发展依赖于较高的投资强度和开发力度，这就可能造成周边地区的投资强度不足，并可能在为开发区提供配套服务的过程中遭受损失，由此造成的权责不对等，可能会削弱周边地区与开发区进行全面合作的意愿（龙朝双和王小增，2005）。

开发区与周边地区的二元结构现象，不仅抑制了开发区对周边地区的引领、带动作用，也制约了开发区在更大范围内获得各类要素资源和社会文化环境的支持，造成开发区产业和高素质人才根植于开发区发展的自觉性不强，创新能力建设的根基明显不足，特色竞争力和可持续发展能力较弱。这对地处城市远郊的开发区挑战更大。不过，如果开发区内的高素质企业员工能较多依赖周边的生活服务设施，则可能逐步增强其对地方的嵌入；而如果开发区企业能逐步由主要依靠外部技术、人才转向主要依靠自主创新能力，也会进一步增强企业和人才发展的地方根植性，以及开发区与周边地区的联系，从而逐步破除空间二元结构。也就是说，开发区与周边地区的空间二元结构现象是可以逐步消除的，但由于发展历程不同，不同开发区应该采取差异化的举措。

（三）上海高新区与周边地区空间二元结构现象调研

1. 研究对象与研究方法

考虑到与其他类型的开发区相比，高新区的技术水平和产业结构更为高端，更可能出现与周边地区的二元结构，故拟通过对上海两个高新区的实地调研来验证开发区与周边地区的空间二元结构。应该说，经过20多年的发展，以上海市张江高科技园区（简称张江园区）和紫竹国家高新技术产业开发区（简称紫竹高新区）为代表的上海高新区取得了显著的成就。高新区范围内高科技产业和人才的集聚态势已经显现，土地开发强度以及单位土地面积的研发投入和产出都明显较高。但另外，高新区周边的产业发展形态还比较传统，土地开发强度不高，高科技产业的研发、制造活动都比较缺乏。

为探究上海高新区与周边地区空间二元结构的发展现状，2017年3月，笔者和顾子恒等研究生分别对张江园区和紫竹高新区的土地利用情况进行了实地考察，并对高新区企业员工和周边居民进行了感知和情感状况的调研。其中，对土地利用景观的考察，主要为探究高新区与周边地区发展的现实差异，主要方法是选择高新区的若干主干道，以自行车骑行的方式，观察、记录道路两侧土地利用的现实情况。在张江园区，选择的主干道是南北走向的金桥路—张江路—泗北路—申江路—申江南路、金科路—金科南路以及东西走向的高科中路；在紫竹高新区，重点观察的是南北走向的莲花南路以及东西走向的东川路。对高新区及其周边相关人员感知和情感状况的调研，主要采用利克特五级量表，测度相关主体对高新区与周边地区发展差距及相互交流状况的了解程度与态度，以获悉高新区员工与周边地区居民的情感交流状况。利克特五级量表共包含15个陈述项以及性别、居住年限、受教育程度等受访者基本信息。对张江园区企业员工的调查主要在传奇商业广场和长泰广场进行，对周边居民的调研主要在花木街道的世纪公园—龙阳路沿线以及唐镇的高科东路沿线，各发放问卷

200 份；对紫竹高新区企业员工的调研集中在园区食堂，而对周边居民的调研集中在永德路步行街和永平路（东川路—德宏路）一段，各发放问卷 200 份。从受访者信息来看（表 2-4），相较于周边地区，两个高新区内部的受访者都更为年轻、学历层次更高、收入较高者（8000 元/月以上）的比例也更高，但大多居住年限较短，男性占比较高。这符合高新区的发展特点，在一定程度上反映了高新区与周边地区在人口结构上的二元性。

表 2-4　上海高新区及周边地区地方认同状况调研的受访者信息　（单位：%）

项目		张江园区内部	张江园区周边	紫竹高新区内部	紫竹高新区周边
性别	男性	56	53	61	51
	女性	44	47	39	49
年龄	25 岁及以下	22	16	28	20
	26～45 岁	74	52	70	48
	46～60 岁	4	25	2	22
	61 岁及以上	0	7	0	10
居住年限	5 年以内	45	0	52	25
	5～10 年	32	38	33	36
居住年限	10 年以上	14	26	9	22
	本地人	9	36	6	17
受教育程度	初中及以下	0	3	1	9
	高中	8	16	0	15
	大专	14	24	16	35
	本科及以上	78	57	83	41
收入	小于 3 000 元/月	4	9	3	6
	3 000～8 000 元/月	28	44	38	44
	8 000～15 000 元/月	55	42	50	42
	大于 15 000 元/月	13	5	9	8

2. 上海高新区与周边地区的土地利用方式调查

调查显示，高新区内的土地使用类型以教育科研用地和污染较小的一类工业用地为主（刘勇等，2013），而其周边地区则保留了较高比例的农业用地和污染较大的二类工业用地；在居住用地中，高新区范围内以条件较好的一类居住用地和二类居住用地为主，而高新区周边地区则以低矮的三类居住用地为主（表 2-5）。

表 2-5　高新区与周边地区土地利用调查情况　　（单位：%）

高新区	路名	路段	方向	各类土地利用类型在沿街路段的长度占比													备注
				R1 一类居住用地	R2 二类居住用地	R3 三类居住用地	A1 行政办公用地	A3 教育科研用地	A33 中小学用地	B1 商业设施用地	B2 商务设施用地	M1 一类工业用地	M2 二类工业用地	G1 公园绿地	E2 农林用地	E3 其他非建设用地	
紫竹高新区	莲花南路	黄浦江—剑川路	东侧			15	7	55			8			5		10	高新区内部
			西侧			8	7	52			8					26	
		剑川路—申嘉湖高速	东侧		9	25				40			26				高新区北侧
			西侧					74					26				
	东川路	沪金高速—黄浦江	北侧			27		55							18		高新区内部
			南侧	9		18	16	40							17		
		安宁路—沪金高速	北侧		50			24		19			7				高新区东侧
			南侧		94					6							
张江园区	高科中路	罗山路—外环高速	北侧	16	44			17	10	2		11					高新区内部
			南侧		25	8		16	7	5	3	31	5				
		外环高速—齐爱路	北侧		29	34				22			15				高新区东侧
			南侧		29	57							14				
		镇中心路—外环高速	北侧			60				40							高新区西侧
			南侧		30	70											
	金科路	龙东大道—外环高速	东侧		15	12		45		12	8	5			3		高新区内部
			西侧	8	11	12		45			8	10	3		3		

续表

高新区	路名	路段	方向	各类土地利用类型在沿街路段的长度占比													备注
				R1 一类居住用地	R2 二类居住用地	R3 三类居住用地	A1 行政办公用地	A3 教育科研用地	A33 中小学用地	B1 商业设施用地	B2 商务设施用地	M1 一类工业用地	M2 二类工业用地	G1 公园绿地	E2 农林用地	E3 其他非建设用地	
张江园区	金科路	龙东大道—张家浜路	东侧	100													高新区北侧
			西侧								100						
		外环高速—秀沿路	东侧		54	26									20		高新区南侧
			西侧		54	26									20		

注：土地分类标准来源于《城市用地分类与规划建设用地标准》（GB 50137—2011）

具体地说，在张江园区，由于骑行观察的道路较长且土地利用类型比较复杂，只能截取代表性路段进行报告：东西走向的高科中路，在金科路以西路段，在高新区范围内，沿街主要分布着多层和高层住宅、学校（上海中医药大学、上海外国语大学附属浦东外国语学校）以及高科技企业或软件产业园（中兴通讯股份有限公司、金蝶软件园和半岛科技园），在高新区范围外，道路骤然变窄，两侧主要分布低矮的农舍和以建材加工为主的工业用地；而在高科中路的东段（张东路以西），两侧主要为低矮的农村建筑。在南北走向的金科路，北段（祖冲之路以北）两侧主要分布着集成电路企业、创业空间（如上海浦东软件园、长泰广场、金科中心、创智空间、日月光集团、中国芯科技园、上海超级计算中心、信源张江广场等）和高档住宅；而在高新区范围外，则主要分布着高档别墅区（东郊壹号别墅区）和高端旅店（上海东郊宾馆），与高新区内集成电路（integrated circuit，IC）产业集聚的景观有很大差别。而金科路南段和张江路—沔北路—申江路南段的两侧，主要是农业用地和建筑工地交错分布，这与张江园区南区开发较晚有关。在张江路北段，高新区范围内的沿路两侧，主要分布着中芯国际集成电路制造有限公司、上海医药集团、上海上药新亚药业有限公司等高科技企业；而张江园区范围外，金桥路—张江路两侧主要分布着别墅（东方别墅）和少量的物流企业。

在紫竹高新区，东西走向的东川路两侧，在 S4 高速公路以西（高新区范围外），主要分布着多层和高层住宅小区（如金榜世家、好第坊、交大新村、沧源二村等）以及上海联合滚动轴承有限公司，土地利用类型以二类居住用地和工业用地为主；而在 S4 高速—虹梅南路之间（紫竹高新区范围内），北侧是上海交通大学和华东师范大学校区，南侧则分布着不少跨国公司和大型国有企业的研发中心（如意法半导体）以及紫竹信息数码港，明显以教育科研用地和行政办公用地为主；在虹梅南路以东（规划为紫竹高新区的配套区），东川路两侧目前主要是紫竹半岛小区以及其他在建工程和未利用地。可见，科技研发和高等教育等高新区核心功能主要集中在高新区内部相对成熟的地块。而在南北走向的莲花南路两侧，在紫竹高新区及周边地区也出现了土地利用的明显差异。在剑川路（高新区北界）以北，莲花南路西侧主要为中国航发商用航空发动机有限责任公司、汽修厂和建筑公司，东侧以新建的万乐城及相关配套小区为主；在剑川路—东川路之间，莲花南路两侧主要是上海交通大学和华东师范大学校区；在东川路—江川东路之间，莲花南路两侧分布着大量研发企业，包括微软（中国）有限公司上海分公司、上海国家动物医学研究中心、中国商飞上海飞机客户服务有限公司等；而在江川东路以南，则主要是建设储备用地，土地利用类型主要为在建工程和未利用地。

由此可见，上海两个高新区与周边地区的土地利用景观均存在明显差异，不同程度地表现出空间上的二元结构。在高新区范围内，土地利用以教育、研发和高科技企业为主，而在高新区周边，则主要是居住生活用地、传统工业用地和未利用地，土地开发强度明显较低。

3. 上海高新区与周边地区居民的情感状况调查

基于实地调研的结果，运用 SPSS 22.0 软件进行信度和效度检验，发现两个高新区主体地方认同状况调研结果的信度系数均在 0.90 以上，15 个选项与总和之间的相关系数在 0.585～0.852，且在 0.01 的显著性水平下均呈显著相关，表明利克特五级量表的效度较好。调研结果显示（表 2-6），无论是张江园区还是紫竹高新区，园区内受访者对各项陈述的得分普遍偏低，这可能与高新区员工素质较高，独立思考意识较强有关。具体到各个维度，高新区周边居民对高新区企业的发展状况评价不高，普遍认为高新区企业与周边地区的联系较少，而受访员工则对否定高新区企业竞争力以及高新区企业与周边地区企业合作的相关陈述项总体上持中立态度，对高新区企业与外部的合作倾向于持积极态度；高新区周边受访者普遍认为高新区周边人口文化素质普遍较差，但高新区员工对此持中立甚至否定态度，这可能与部分受访者租住在周边有关；关于高新区周边的人居环境，受访者普遍认为其生活气息更浓，但对其卫生状况和休闲娱乐环境并不满意。调研结果同时显示，高新区周边居民造访高新区的机会不多，到高新区企业就业的欲望不强，两地联系有限；而在情感维度上，受访者参与另一方文化活动的机会不多、积极性不高，他们普遍对在高新区周边居住生活持中立态度。

表 2-6　受访者对上海高新区及周边地区空间二元结构现象的感知和情感状况

维度	陈述项	平均得分			
		张江园区内部	张江园区周边	紫竹高新区内部	紫竹高新区周边
产业发展	高新区周边的企业普遍缺乏国际竞争力	2.60	3.33	2.53	3.51
人口结构	高新区周边人口的文化素质普遍较差	2.29	3.98	2.14	4.08
	高新区周边以普通劳动力为主	2.52	3.94	2.46	3.64
	高新区周边说方言的人较多	2.42	4.09	2.48	4.13
	印象中高新区周边的卫生状况一般	2.84	3.52	2.51	3.63
	高新区周边的休闲娱乐业档次总体较低	3.26	3.43	2.82	3.61
	高新区周边拥有比高新区更浓厚的生活气息	3.11	3.46	3.22	3.47
交流障碍	我很少有机会造访高新区周边地区	2.99	3.09	3.15	3.22
	高新区与其周边分属不同的部门管理，与我关系不大	3.07	3.66	3.30	3.83
	高新区企业大多与周边地区的企业缺乏产业联系	2.76	3.33	2.88	3.66
	高新区企业更多与国内其他地区甚至国外的企业合作	3.12	3.22	3.52	3.62
	我不会考虑在高新区周边的企业工作	2.65	3.06	2.33	3.33

续表

维度	陈述项	平均得分			
		张江园区内部	张江园区周边	紫竹高新区内部	紫竹高新区周边
情感隔离	我没有兴趣了解高新区周边地区的文化	2.45	2.67	2.42	2.62
	我基本没有机会参加高新区周边社区组织的文化活动	2.43	2.53	2.45	2.46
	我不愿意在高新区周边社区居住生活	3.14	3.15	3.42	3.69

可见，无论是从土地利用还是从受访者的情感调查来看，上海两个高新区与周边地区确实存在较明显的景观差异，同时也较少有人员交流和情感联系，也就是说，两个高新区都存在空间上的二元结构现象。但是，由于张江园区距离市区较近，发展时间较长，二元结构现象相对不明显；紫竹高新区发展时间较短，且定位为研发中心，吸引了优质高校资源，因而与周边地区的二元结构现象更为显著。

（四）以协同规划破除开发区与周边地区的空间二元结构

开发区与周边地区的空间二元结构，表面上是投资强度和投资方向的差异，但实质上，主要受到政府管理体制和开发规划的制约，是开发区与周边地区在管理体制、政策环境等方面存在显著差异而造成的隔离效应。因此，在开发区发展规划编制中，要避免局限于开发区地域范围的倾向，推动开发区与周边地区的协同规划，这可能有助于破除两者间的二元结构。在此过程中，要注重为开发区与周边地区的政策协调搭建平台，为开发区及周边各类主体参与规划过程创造条件；也要重视交通基础设施等硬件环境的协同规划；同时，还要着力改善城市服务功能和人居环境，为资本、技术、人力资本等无形要素的流动创造有益的平台。就上海的两个高新区而言，如果能有效推动协同规划，将推动开发区创新、创业文化和创新发展模式的传播，为上海的科技创新中心和卓越的全球城市建设发挥更积极的作用。具体地说，建议在条件成熟时，着手编制开发区与周边地区协同发展的规划方案，要把产业功能与生活服务功能协调好，着力改善开发区与周边整体的人居环境和产业发展环境；要搭建开发区管理委员会、开发公司与周边各镇（街道）、大学合作交流的制度平台（如联席会议制度）；要进一步改善开发区与周边地区的通达性，加强交通运输网络、信息网络等的系统设计和协同管理；要积极完善开发区与周边地区的公共服务水平，注重提高教育、医疗、娱乐、休闲等服务设施的质量，重视保护和修复生态环境，使开发区与周边地区真正成为宜业宜居的空间，从而促使更多高素质人才自觉根植于当地发展。

总之，破除开发区与周边地区的空间二元结构，绝不是简单地消除两者之间的产业结构和景观形态差异，而是要着力构建两者协同发展的格局，增进两者之间的联系，促进开发区真正成为所在地区持续健康发展的重要增长极。

第三章

开发区及周边居民的地方感

地方感是人与地理环境之间经过长期相互作用而产生的一种特殊的人地关系（朱竑和刘博，2011），是以人类地方体验的主观性为基础，对特定地方产生的情感依附与认同（Eyles，1985）。也就是说，主体对客观环境的认知是地方感建构的基础，而主体对特定地方的理性认同和情感依恋则是地方感的具体表现。Wright（1966）的敬地情结（geopiety）和Tuan（1974）的恋地情结都强调了地方感对主体精神和情感层面的价值；Breakwell（1986）则认为，地方感对主体的独特性、连续性、自我效能和自尊等都具有指导性功能。从认同的视角看，地方感是构建个体与社会互惠关系的重要基础。按照Dixon和Durrheim（2004）的认识，地方感虽是内隐的心理结构，却可能在迁居等变化过程中表现得相当明显，迁居过程中地方感的断裂和重构，也体现了地方感研究的实践价值。

一般认为，地方感的建构首先是个体与特定地方以及该地方人群长期相互作用的成果，只有当特定地方对主体而言具有强烈的意义和深刻的印象，以至于这些意义和印象成为认定自己身份最重要的因素时，地方感才真正形成（Rose，1995）。不仅如此，地方感还总处于动态变化之中，承载记忆的地理景观和人们分享记忆的社会网络都会不断变化，只是这两者变化的速度一般较缓慢，同时主体的适应能力也有助于保持地方感的连续性。此外，个体能力、经验、价值观等也将影响主体收集地方信息并进行综合分析的水平，从而对主体间的地方感差异具有很强的解释力。例如，长期居住会增强地方感（Tuan，1977），居住的满意度也会影响地方感（Bonaiuto et al.，1996）。

开发区在建设过程中，不仅较大程度地改变了所在地区的原有景观，也改变了当地的人口结构和社交网络，因而可能会对当地居民的地方感产生复杂的影响。同时，我国各地开发区建设的基础条件不同，发展模式和发展绩效存在显著差别，不同类型的开发区在功能定位上存在差异，因而不同开发区对所在地区居民地方感的影响应该也有所不同，这也属于地理学家特别关注的地域差异问题。本章主要以开发区建设对周边居民地方感影响的一般机理研究为基础，结合对不同地方、不同类型开发区周边居民的调研，分析开发区建设对周边居民地方感的差异性影响。这既体现了一般机理与地域差异的统一，也有助于更全面、细致地探索地方感在表征开发区与周边地区社会文化空间状况方面的可能价值。

第一节　开发区建设对周边居民地方感的影响机理[①]

我国开发区在迅速推动工业化进程的同时，还吸引了大量非农产业和非农人口的集聚，而伴随着“七通一平”“九通一平”等基础设施建设，我国开发区土地利用形式也发生了快速变化。开发区在引导和带动区域经济社会发展、推进产业结构调整升级、促进土地高效利用和转变发展方式等方面均发挥了重要作用，并早已成为各级政府推动经济建设最为流行的政策工具之一（Johnston et al.，2000）。然而，政府或学术研究都更多关注了开发区的产业发展和经济规模扩张，却相对忽视了与之伴生的社会空间重构进程。事实上，在地域文化景观和人口结构的快速转变中，当地人熟悉的景观和生活方式被消解，传统的邻里交往模式被打破，地方感难以延续；外来人口则面临异域文化和新生产方式的双重挑战，难以快速建构起对新空间的认同。由此，开发区人都很难对新的空间形成认同和情感依附，从而使开发区建设缺乏凝聚力，开发区人之间的矛盾较为复杂，可能不利于开发区的持续健康发展。本节拟以居民地方感建构的相关理论为基础，结合对上海闵行经济技术开发区（简称闵行经开区）周边典型社区的实地访谈，初步探讨开发区建设对居民地方感变动的影响机制，以期对优化开发区的社会发展环境有所裨益。

一、居民地方感的建构机理

（一）地方感的内涵与研究价值

在人文地理学者看来，地方感是以人类地方体验的主观性为基础，对特定地方产生的情感依附与认同（Eyles，1985）。Wright（1966）的敬地情结和 Tuan

---

① 本节主要内容已发表，参见孔翔，张宇飞. 2014. 开发区建设中的居民地方感研究——基于上海闵行开发区周边社区的调研[J]. 城市发展研究，21（6）：92-98. 有删改。

（1974）的恋地情结可以被视为对地方感的初期认识，它们都是主体对地方的感知、情感和价值观、世界观的总和。狭义的地方感主要表现为情感上对地方的依恋，尤其是理性认同基础上的地方根植性，具体表现为以特定地方建构自己的认同和社会认同。根据《人文地理学词典》的解释，地方感有两种含义：一是指一个地方具有高度可想象性的特色；二是指人们意识到的对自己具有意义的地方（Johnston et al.，2000）。在 Relph（1976）看来，地方感就是“是这里而不是那里，是被包含在内而不是被排除在外，是感到安全而不是受到威胁”，这就强调了“在地”（insideness）的而不是“局外”（outsideness）的感觉，是真正让我们具有归属感的一种共同的分享（Jackson，1996）。它实际上是个体依托特定空间建构社会属性的基础。Relph（1976）还进一步指出，在现代社会中，人们对地方的积极情感正面临逐渐退化或丧失的危机，在标准化或一致化的地区、因战争被破坏的地区、持续开发不稳定的地区都存在“无地方感”的问题。Holloway 和 Hubbard（2001）也认为，觉得“在地”或者“在家”是人与地方建立情感联系的重要标志。国内地理学者在引介地方感的过程中，较为关注地方本身的特性以及人与地方相互作用产生的情感联结（肖潇等，2012）。

Jorgensen 和 Stedman（2001）认为，地方感应包括地方依恋、地方依赖和地方认同三个维度，分别反映人们对地方的情感、欲求和认知成分。但笔者以为，作为能够影响主体空间行为的内在机制，地方感的情感成分应是理性的和相对稳定的，而主体与地方在长期相互作用中形成的认知结构则是稳定情感的建构基础，主体与地方的利益关系则会通过认知结果得到反映。这就表明，主体对地方的认知和认同才是地方感的内核，也是地方感研究的价值所在。Proshansky 提出的“地方认同”（place identity）能成为环境心理学中的核心概念（庄春萍和张建新，2011），就是因为它抓住了地方感研究的核心。在 Proshansky 等看来，地方认同是自我的一部分，是通过人们意识和无意识中存在的想法、信念、偏好、情感、价值观、目标、行为趋势、技能等的复杂交互作用，确定的与物理环境有关的个人认同（personal identity），是“客观世界自我的社会化”（physical world socialization of the self），并在认知空间、建构地方意义、表达对地方的需求、适应现实环境、减少焦虑情绪等方面均具有重要作用（Proshansky et al.，1983）。在 Breakwell（1986）看来，地方认同对主体的独特性、连续性、自我效能和自尊等都具有指导性功能。因为主体对一个地方产生归属感，会对个人认同提供正性的强化（Twigger-Ross and Uzzell，1996）；地方与主体自我认同之间的长期交互作用则可以增强认同的连续感，如对景观的记忆会帮助人们与自己的过去建立联系（Hidalgo and Hernandez，2001）；熟悉、温馨的空间有助于增强人们完成任务的信念，这也就提高了自我效能感；至于自尊，则主要是主体对所认同的自我和群体给予的正面评估，这种良好的感觉更容易在熟悉并具有理性依恋情感的空间中获得。由此，地方感能够帮助主体调节自我、积极地适应客观环境，并在此环境中追求自我一致性（self-coherence）、自我价值（self-worth）和自我表达（self-expression）（Korpela，1989）。它可以被视为一种内隐的心理结构，虽然在日常生活中常被忽视，但当人们改变位置时就会变得明显（Dixon et al.，2004）。从认同的视角看，地方感是构建个体与社会互惠关系的重要基础；而如果将地方视为特定人群集聚的空间，地方感还将会是个体归于特定社会群体的归属感，将倾向于以该群体的行为规范约束自己的空间行为（Hogg et al.，1995）。由此看来，地方感能约束个体甚至群体的空间行为。如果一地民众普遍拥有积极的地方感，无疑将有助于优化当地经济社会持续协调发展的环境。

在空间尺度上，地方感研究“可以是任何事项、地物或景观”，但人们须得在相互作用中“对地方产生情意”（蔡文川，2009），而这种情意既是相对稳定的，又是动态变化的，它能使人们的空间行为得到解释和调控。国内外不少研究都关注旅游者的地方感，这可以更好地促进旅游资源开发。然而，就主体与地方的长期相互作用而言，居民的地方感更有研究价值，而且也对区域经济社会发展具有更深远的影响。国内研究在此方面相对不足，很可能是近年来的持续大规模拆迁给稳定的居民地方感研究造成了困难。不过，随着开发区建设取得积极进展，当地人或外来人口都急需在新的空间重构地方感。因此，通过调研分析开发区及周边地区居民地方感的重构机理不仅能丰富开发区建设相关社会问题的探讨，也有助于丰富居民地方感的形成机理研究。

（二）居民地方感建构机理的相关研究

环境心理学家广泛地将地方感定义为“人—地—过程”的三维组织框架（person-place-process，PPP）（图 3-1），这对于认识地方感的形成机理具有启示价值。这一框架中的“人”不仅包括个体，也包括群体，显示地方感既可以基于个体重要的或有意义的经历而产生，也可以基于群体共享的文化和价值观而形成。“地”包含多种地理尺度，如房间、社区、城市、区域乃至全世界（Cuba and Hummon，1993），而且还可以进一步分为社会和物质两个维度（Riger and Lavrakas，1981）。社会维度的地方感主要基于社会场所和社会符号等，主要表现为社会联系、熟悉感和归属感等，物质维度的地方感主要基于自然和建筑，主要表现为住房持有状况、居住时间、留居意愿等；“过程”关注的是“人”与“地”的关联方式，可划分为情感、认知和行为三个心理维度（Scannell and Gifford，2010）。

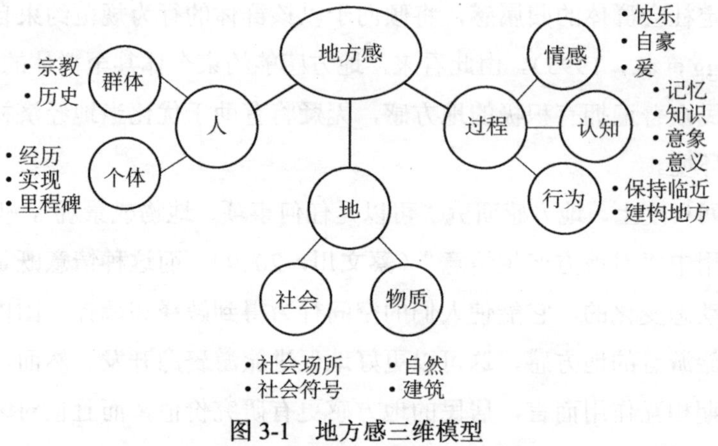

图 3-1 地方感三维模型

资料来源：Scannell 和 Gifford（2010）

在地理学家看来，主体地方感既是特殊的人地关系，也反映着人与人之间的关系。它是个体与特定地方以及该地方人群长期相互作用的结果，是一个复杂而动态的过程。Seamon（1980）提出，“身体芭蕾”（body-ballets）结合“时空惯例”（time-space routines）产生了对地方的感知。“身体芭蕾”是人们在日常生活中各种具有连续性和重复性的身体动作，“时空惯例”则是人们在时间和空间上的惯例行为，这两者的结合，就是在固定的时间和地点，人们经常性、有规律的动作，也称“地方芭蕾”（Seaman，1980）。因此，“地方芭蕾”反映的是主体与特定地方长期、反复的接触，并由此感知到地方的丰富信息，从而对特定地方变得熟悉，并在其中感到安全、舒适。但“地方芭蕾”仍只是地方感建构的基础，只有当特定地方对主体而言具有强烈的意义和深刻的印象，以至于这些意义和印象成为认定自我身份最重要的因素时，地方感才真正形成（Rose，1995）。这时，地方感已经是主体认同的基础，是区分“我们”与“他人”的重要内容。而“我们”则通常会“共同生活，共同工作，在同样的时间去祷告，拥有同样的习惯和风俗”（Jackson，1996）。由此，我们也都成为地方故事的一部分，而这些“故事的力量在于帮助我们‘居住’在一个地方”（Sanders，2001）。实际上，这就显现出了个体地方感与分享集体记忆之间的关系。此外，地方感还总是处于动态变化之中，因为承载记忆的地理景观和分享集体记忆的社会网络都在不断变化，但景观和社会网络的变化一般是相对缓慢的，而地方感作为相对稳定的认知结构则更会通过主体的适应能力尽量保持其连续性。

应该说，地方感的建构过程与“空间”转换为“地方”的过程密切相关。与可复制、可交换的空间相比，地方的独特性往往因其包含历史、经验、情感、符号等文化含义，对主体具有特殊的意义。这就意味着，从空间向地方的转变，是以人们基于对特定空间的深入了解并赋予其意义而实现的。Tuan（1997）曾以荒野向农庄的转变为例，分析了有意义的地方是如何被建构的。Pred（1983）提出由空间转变为地方可能需要经历如下某种或某几种过程：①居住和经常性活动的涉入；②亲密关系和记忆的积累；③意象、观念及符号等意义的赋予；④充满意义的经验或动人事件，以促成主体建立对地方的认同感和安全感。Butz 和 Eyles（1997）认为，地方感是基于社会与物质条件建构的，并受到意识形态的影响，同时这些社会与物质条件会被转换和再生产。

以不同方法论为指导，学者对地方感建构的认识大致可以分为三类：一是先验的“现象学”（phenomenology）研究，认为地方感源自日常生活中的经验与知识，是个人建构的过程；二是结构主义的视角，认为地方感是经由实践与结构诠释的“结构历程”（structuration），是通过个体与社会、实践与结构的相互影响而形成的；三是认识倾向于“进展式地方感”（progressive sense of place），即强调地方感是动态且多元的，主要通过与外界的联结得以建构，源自多元主体的复杂构造过程（黄礼强，2008）。综合各类观点不难发现，地方感源于人在特定环境中的经验及由此产生的有意识的和无意识的反应，人的价值观、生活方式、情感经历等都是建构地方感的重要基础（Steele，1981；Soini et al.，2012），这是一个人与地方互动的过程（盛婷婷和杨钊，2015）。有学者甚至认为，在特定地方熟悉、安全和舒适的感觉不过是地方感建构的表层，只有当地方对于主体而言具有重要意义且成为建构身份的要素时，地方感才真正形成（Rose，1995），这也是部分研究将地方感与地方认同混用的原因。

从地方感建构机理的已有研究看，个体能力、地理景观和社交网络都是地方感建构及变化的重要影响因素。因为人与地或人与人的相互作用，都需要通过主体的感知和加工才能转化为地方感。因此，个体能力、经验、价值观等对地方感水平具有重要影响，它们会决定主体收集地方信息并对其进行综合分析的水平，因而对不同主体在同一地方拥有不同水平的地方感具有很强的解释力。Proshansky 等（1983）认为，地方感会因个体的性别、年龄、社会阶级、人格和其他个体特性而变化。同时，地方感是主体与地理环境长期相互作用的结果，而主体对特定地方情感上的倾注往往会随时间而变化（Giuliani and Feldman，1993），由此在一个地方长期居住会倾向于增强地方感（Tuan，1977），并增加分享集体记忆的可能性，但人们的居住满意度也会与其地方感水平相关（Bonaiuto et al.，1996）。此外，由于地方感研究大多关注总体水平，个体属性差异往往在大量样本的统计分析中被忽略。即便如此，总体的地方感水平仍与特定地方的群体属性密切相关。或者说，特定地方的人口社会结构、文化程度、收入水平、需求状况等都会对地方感有深刻影响。本节拟探讨开发区快速空间重塑中的居民地方感变动，在此过程中，变化的不仅是地理景观和社交网络，也是人口的社会结构特征，它们共同影响着开发区周边居民的地方感特征。

二、开发区建设对居民地方感的可能影响

开发区建设大多选择在大城市近郊的农村地区，主要吸引了面向出口的劳动密集型加工制造部门，因而往往伴随大规模的农村居民点拆迁、农地开发、基础设施建设、工业企业发展、外来劳动力涌入、环境污染等现象。这使得当地的人口社会结构发生巨大变化，农业和乡村景观迅速转变为工业和城镇景观，传统农村社区交往模式和交流网络也被迫重构。在此过程中，不仅当地居民被迫重构地方感，外来人口也急需在新的空间建构对新地方的认同。变化了的地方人口结构特征、地理景观和社交网络等都可能削弱居民的总体地方感。

（一）居民结构变化对居民地方感的可能影响

开发区建设促成了非农产业的集聚，极大地改变了居民的社会结构。当地居民由务农为主转变为主要到企业任职或提供生活性服务，外来劳动力也主要到加工制造企业或周边服务设施从事非农生产。由此，当地人口结构由以本地农民为主转变为以本地和外地非农人口为主。基于我国目前的生产力水平，非农产业比农业的技术水平和产出效率总体上都更高，而非农产业发展带来的人口集聚还能促进规模经济效益，从而使开发区居民无论是务工还是从事传统服务业，收入水平都较以往普遍提升。但是，在拆迁安置的过程中，本地人口由相对自给自足的自然经济状态转向更多参与商品经济发展，而外来人口更是主动融入市场经济，这都提高了地方的市场消费能力。同时，外来劳动力大多更为年轻，对外部世界和新的信息充满好奇，因此更有利于对新的空间建构地方感。不过，由于我国开发区大多发展的是劳动密集型加工制造活动，员工的总体收入水平不高，文化素质有限，这就使得该群体获取地方信息并进行加工整理的能力有限，地方感层次可能不高。此外，在经济收入有限的条件下，无论是本地人还是外来劳动力都可能面临较明显的生存压力，感受到收入波动的潜在风险，容易产生紧张和焦虑，难以在开发区寻找到安全、舒适的感觉。由此看来，地方人口结构的变化既可能有助于居民建构对开发区的地方感，也可能使之停留在较低的层次。

（二）地理景观变化对居民地方感的可能影响

开发区建设使厂房和居民楼替代了农田和农舍，使传统农村风貌转变为现代城镇景观，并且这些景观的规划建设往往是在资本和地方政府的强势话语下迅速完成的，更多追求了经济效益和效率，忽视了当地人的文化诉求。这就很容易割裂当地人的地方记忆，而“千区一面”的新景观也难以帮助居民建构新的地方感。不过，宽阔的马路、气派的楼宇、便捷的生产生活设施和大气的开发区广场、雕塑等也会让人强烈感受到现代化的气息，和昔日贫穷落后的地方风貌相比，现代化的景观很容易让人建构起对新建起来的开发区的认同。只是这些全球化的符号可能难以长期承载对地方的独特记忆。如果工业发展造成了大气环境和水环境的污染，则可能会破坏人居环境，降低当地人对地方的情感依恋，并可能成为建构新地方感的障碍。由此可见，开发区建设中的地理景观变化虽然可以使居民享受到更为便利的生活，却难以成为居民感知特色空间的有效载体。因此，它可能短暂地增强居民的自信，但很难成为居民与地方建立长期、稳定的情感联系的纽带。

（三）社交网络变化对居民地方感的可能影响

在原有居民点拆建的过程中，当地居民不仅原有的社交网络被打破，而且在由农家小院进入公寓楼生活的过程中也不得不改变原有的邻里交往方式，从而使社交网络的重构变得困难。同时，在外来劳动力大量流入的过程中，开发区周边也往往成为本地人与外地人杂处的空间。不同的文化背景、同样地面临身份转变带来的焦虑，使得这两类人群倾向于形成行为与情感空间上的分异（孔翔，2011）。而这不仅会使外地人更难建立对新地方的好感，经常感觉到无助，也会使本地人生活在紧张的社会环境中，倾向于追忆昔日的美好生活，难以感受到“家”的安全和舒适。由此，开发区常常成为孤独的“无根者”集聚的空间，充满着社会隔离和社会矛盾，许多人都把这里仅仅当作暂住地，急于逃走，而无法形成积极的认同，更不愿意主动奉献。这就是说，原有社交网络的解体和新网络构建的困难，很可能会削弱开发区周边居民的地方感。

总地来看，在开发区推动的快速工业化和城镇化进程中，不仅当地的人口社会结构发生了巨大变化，而且本底文化也遭受“现代化”和“全球化”的冲击，诸多能承载地方集体记忆的景观迅速消失，这使当地人难以重构对地方的集体记忆；而当地人的焦虑和社交网络重构面临的困难则使外地人难以摆脱“他者”的感觉。开发区对所有居民都是新的空间，虽然它可能增加居民的就业机会和经济收入，也会使生产、生活条件更为便利，但它仍只是低收入者集聚的空间，不少人仍面临生存的压力，而无地方性的景观特征和相对复杂的群体间矛盾则会进一步削弱居民对开发区的感知和认同，这不利于开发区的凝聚力建设和持续、协调发展。

三、闵行经开区周边社区居民地方感调研

（一）闵行经开区的基本情况

闵行经开区地处上海西南近郊，创建于 1983 年，1986 年 8 月经国务院批准为国家级经开区，园区总面积 3.5 平方千米，是当时占地面积最小的经开区。至 2013 年底，闵行经开区每平方千米吸引外资超过 10 亿美元，累计销售收入达 5361.57 亿元，企业利润 558.15 亿元，上缴税收 468.45 亿元，持续名列经开区单位土地面积上缴税收和销售收入排行榜前列。全球上市公司 500 强企业直接投资的项目占开发区企业总数的 37%，其主要经济指标在开发区所占比重超过 80%。2013 年，园区业已形成以机电产业为主导、医药医疗产业和食品轻工产业为辅的三大产业板块[①]。闵行经开区虽然在引进外资、促进出口、发展劳动密集型加工业等方面成就显著，但主要聚集的仍是价值链低端的加工制造环节，外来劳动力较多，员工工资水平不高，不少外来劳动力及随迁家属与本地失地农民混居，社会矛盾比较复杂。这正体现了开发区空间重塑的一般特点，因而本研究拟通过对闵行经开区周边典型社区的居民地方感调研，验证开发区建设对居民地方感变动的可能影响，进而为闵行经开区的优化发展提出建议。值得

① 上海闵行经济技术开发区简介[EB/OL]. http://ezone.mofcom.gov.cn/article/ao/201210/20121008402186.shtml [2019-07-14].

指出的是，闵行经开区虽地处城市近郊，但也紧邻闵行区政府原驻地，周边地区自20世纪中叶即开始发展工业。因此，调研涉及的部分社区并非开发区建设后的新建社区，不少当地居民也非失地农民。

（二）调研方案设计

调研拟通过对周边居民的深度访谈，判断其地方感的总体状况，并了解影响开发区居民地方感变动的主要因素。调研通过半结构化访谈的方式进行。访谈提纲除收集受访者个人信息外，还包括与地方感知、地方依赖、地方依恋等相关的21个提供备选项的问题以及5个开放式问题。这样的设计不仅因为问卷调查仍被视为地方感研究最有效的方法（de Bres and Davis，2001），也是为了能在综合评判地方感水平的同时，深入考察个体经验、地理景观、社交网络等对地方感变动的影响。为使调研人群覆盖闵行经开区周边主要居民群体，调研分别在昆阳新村、红旗新村、马桥西街 3 个小区进行。其中，昆阳新村紧邻闵行经开区，而红旗新村和马桥西街距闵行经开区均约为 2 千米。昆阳新村多为吴会村或市区居民的拆迁安置房，红旗新村多为江川路街道国有企事业单位早期分配的住房，马桥西街则既有拆迁安置和单位分配的住房，还有居民的自购房。根据当地派出所 2013 年 1 月提供的数据，外来人口比例在昆阳新村约为22.7%，红旗新村约为14.8%，马桥西街约为50.6%。由于部分流动人口未到派出所登记，这3个小区的实际外来人口比例都更高。

（三）调研结果及机制分析

本次调研于2012年11月至2013年1月在3个小区以随机抽样的方式进行。访谈中两名调研人员分别负责与受访者交流和记录。每份访谈持续30～60分钟，受访者共91人。考虑到小区人口规模，昆阳新村的访谈量较少。从样本的社会属性看，受访者中离退休和年龄较大的比例较高，就业地点在开发区内的比例不高，在私企和外企工作的比例也不高，这表明闵行经开区员工在周边社区的影响力有限，而这应该与闵行经开区面积较小、当地原为闵行区政府驻地、国有工业发展历程较长等有关。受访者中自有住房者的比例较高，居住 5 年以上以及拥有上海户籍的均超过半数，显示这些小区主要还是当地人的空间。不过，受访者的文化程度总体偏低，受教育程度为初中及以下的占到1/3以上，这可能与开发区主要发展加工制造业有一定关系（表3-1）。

表3-1　闵行经开区周边社区受访对象的基本信息

项目		人数/人	比例/%	项目		人数/人	比例/%
居住地	昆阳新村	17	18.6	年龄	18～30岁	9	9.9
	红旗新村	37	40.7		31～40岁	20	22.0
	马桥西街	37	40.7		41～50岁	16	17.6
性别	男	48	52.7		51～60岁	19	20.9
	女	43	47.3		61～70岁	18	19.7
受教育程度	初中及以下	34	37.4		71～80岁	9	9.9
	高中或专科	27	29.7	住房形式	自有住房	71	78.0
	本科以上	30	32.9		租房	20	22.0
岗位类型	国有企业	17	18.7	居住年限	1年以内	12	13.2
	私企及外企	27	29.7		2～5年	27	29.7
	个体经营	24	26.3		5～10年	17	18.7
	离退休	23	25.3		10～20年	16	17.6
就业地点	开发区内	18	19.8		20年以上	19	20.8
	开发区周边	29	31.8	户籍所在地区	上海	55	60.4
	其他地区	21	23.1		外地	36	39.6
	离退休	23	25.3				

资料来源：根据访谈记录整理

尽管从访谈者信息来看，开发区员工和直接受影响的失地农民比例并不高，但受访者的地方感总体较弱。根据对访谈记录的整理，发现有64.8%的受访者对于开发区的发展状况“不大了解”，他们中的绝大多数人甚至表示开发区建设对自己没有什么影响；虽然半数以上的受访者居住年限超过5年，但仍有57.1%的受访者表示基本不认识所在小区的其他居民，表示“能认识一半以上的”只有24.2%，而与小区其他居民基本不来往的占比达39.6%，只有约22%的受访者表示会经常与邻里来往，这在本地户籍人口和自有住房者比例均在六成以上且大多居住时间较长的条件下，显然是偏低的。在对开发区建设的满意度方面，有74.7%的受访者表示“没感觉”，有9.9%和59.3%的受访者对小区的现状表示满意和基本满意。不过，69.3%的受访者表示会支持开发区建设，认为这有可能会提高经济收入，但有32.9%的受访者表示开发区的发展前景与自己关系不大。由此看来，受访者对开发区的感知、认同和情感依附都是非常有限的，这可能与开发区过度关注产业发展、缺少“产城融合”的举措有密切关系，当然也可能因为此次调研的受访者和开发区建设的直接关系不大。

总之，结合访谈记录和对相关问题的调查，可以发现人口结构、地理景观和社交网络的变化的确会对开发区居民的地方感产生影响，但影响机制与预想的并不完全一致。

1. *居民结构变化未必提高居民对地方的认同*

开发区建设促进了地方产业结构的升级，当地人或外来劳动力都因此获得了增加货币性收入的机会，这也是近七成的受访者支持开发区建设的原因。有不少受访者表示，“支持开发区建设，因为能提供就业”（HQ-10[①]），而且“如果开发区建设得好，应该有助于改善我们的生活”（MQ-20），它不仅能“改善居住地周围的环境，对自己的收入提高也是有帮助的”（HQ-16）。受访者同时提出，“就业增加当然会带来收入的增加，而人们的思想也会比较积极，有助于社会的稳定”（KY-08），这就进一步揭示了产业发展、就业增加对地方经济社会的广泛影响。不过受访者也认识到，开发区建设增加了大量外来人口。虽然有受访者表示，“上海少不了外来人口，不然上海建设不了，自己的生活也会很不方便”（HQ-02），而且“从国家的发展看，他们（外来人口）来是好的，对国家有贡献，帮助上海建设……但是觉得他们……素质不好（高）”（KY-16）。不过大多数受访者的心态“还是都有各自的事情做，也不会有什么太大的问题”（MQ-17）。由此看来，闵行经开区主要集聚的是加工制造业，并未带来大量高文化素质的外地人，这就难以普遍提高周边居民的文化素质和个体经验，因而居民结构变化对地方感建构的积极影响有限。正如一位受访者所言，“开发区建设给生活带来的影响说不太清，基本上就是生活质量比以前好了”（MQ-17）。较好的生活质量能增进居民的地方感，但与外地人的隔阂以及对货币性收入不

① HQ代表红旗新村受访者，数字是按访谈顺序产生的编号；相应地，KY代表昆阳新村，MQ代表马桥西街。

确定性的担忧，也会削弱对地方的认同。

2. 地理景观变化并未削弱居民的地方感

地理景观的变化会使人感到熟悉的空间变得陌生，这被大多数本地受访者一再提及，但他们对基础设施和居住环境的改善表示满意，并不怀念过去破旧的景观。例如，不少受访者认为上海轨道交通 5 号线“救活了红旗小区，以前这里……交通很不方便，房子卖不出价钱，5 号线通了之后，这里的房价还不错”(HQ-02)；不仅如此，“最近几年这里变得更加现代化，建筑都在变高，并且时尚、规范了很多……道路都拉直了，出行也方便很多”(HQ-27)；不少受访者甚至表示，周边“最具代表性的景观或建筑是轻轨，(它使) 交通方便了很多，周围的商店也多了一些”(HQ-13)，但这也折射出开发区较少保留地方特色景观的问题。不过，由于当地工业点的建设比较早，老房子原本比较多，因而受访者普遍表示，“虽然以前的房子拆迁了，但是可以住公房了，心里还是很开心的”(HQ-20)；“虽说街道两旁和房子的样式等确实是变了，(但) 这种改变挺好的，老的东西拆了重建会更好”(MQ-22)，并未流露出对原有景观的留恋。同时，虽然当地距上海吴泾化工有限公司较近，但大多数受访者对闵行经开区带来的环境污染感觉并不明显，还有少数受访者甚至认为当地空气质量不错，不过也有不少居民意识到工业污染的存在，尤其是马桥西街的受访者对空气污染的意见最大，认为“附近空气质量不好，到处都在闹 $PM_{2.5}$，与厂房、工业区比较多有关”(MQ-03)；这里“以前的生活环境比较好，(现在) 空气质量太差”(MQ-21)；而在紧邻开发区的昆阳新村，也有受访者表示，“常常飘进黑色的灰尘，这一点对开发区印象不好，对空气质量不满意”(KY-11)。值得指出的是，虽然少数受访者对过去景观的留恋不多，但对拆迁政策的满意度也不高，仅有 21.6%的本地受访者表示对拆迁安置满意或基本满意，有 39.6%的本地受访者表示很不满意。由此看来，由于开发区大多选择在相对贫穷落后的地区进行建设，居民对地理景观的变化大多持积极态度，并未因景观重构产生很大的心理不适应。同时，大多数开发区居民收入水平和文化层次不高，因而主要关心与生存需求密切相关的变化，而对环境污染、地方文化保护等与较高层次需求相关的因素不敏感。地理景观变化总体上并未如假想的对地方感有明显的削弱作用。

3. 社交网络变化的确会削弱居民的地方感

开发区建设的确改变了本地人原有的社交形式和社交网络，特别是当地农民在搬入新的公寓楼社区以后，会觉得与其他人的交流不那么方便，因为“现在这个住房，进门一关就没了（交流），无法像农村那样敞开式的交流”（KY-10）。另外，无论本地人或外地人都感觉交流网络发生了变化，外地人虽然也有同乡一起来打工并在附近居住，但大多数均表示亲戚朋友都在老家；至于本地人，也有 52.7%的表示经常联系的亲友“基本不在本小区及周边半小时的步行范围内”，仅有 16.5%的表示“基本在本小区，联系比较方便”。这就使得不少受访者感觉到孤独和恋旧，即使那些和同村故友一起迁入的受访者也会表示，“主要就认识同一个楼道里和住在附近的人，其他居民是后来拆迁搬过来的，基本不认识”（KY-16）；“还是之前居住的小区认识的人多，人际关系比较好”（HQ-03）；而“现在的生活缺少亲情”（MQ-23），“很想念那时候朋友在一起的感觉，现在有些人都找不到了，偶尔联系上一个就很高兴”（KY-16）。“以前的朋友土生土长，对周围的环境都熟悉”（HQ-12），但现在虽然“已经住了十年了……（可）小区里认识的人不多，和别人交流也不多”（MQ-27），反映出重构社交网络面临很大困难。从访谈获取的信息看，由于大量外来人口的涌入，本地人和外地人之间存在明显的隔阂。

由于原本居住在附近的不少亲戚朋友被安置到不同小区，本地人必须重新建立自己的社交网络。而此时若与外地人的交往存在隔阂，则会使本地人的社交圈被明显压缩。调研中，很多居民表现出对以往社交网络的怀念之情，认为熟悉的朋友已经都不在身边，高比例的流动人口使得人们无法形成新的社交网络。不仅语言、生活习惯、文化观念等差异会给两个群体的交流带来困难，更重要的是，群体间的误会和歧视会带来行为和情感空间的分异。虽然有受访者表示，两个群体“说话都不一样，听不懂的，我们跟他们之间也相互不搭嘎（没关系），不怎么说话”（KY-16）。但更多的信息显示，本地人有的认为“外地人平时会有很多不文明的行为”（KY-1）；甚至有受访者提及，“近两年外地人变多了……平时失窃现象严重”（MQ-08），这就倾向于将外地人的进入与小区安全面临的威胁联系在了一起，加深了本地人与外地人之间的误会和隔阂。而外地人也认为，“你瞧不起我，我也不理你”（KY-15）。这导致所有居民之间的交流都大大减少，甚至本地人之间的沟通也非常少。不过，受访者普遍认为本地人与外地人之间的冲突并不明显，因为他们更倾向于“人不犯我，我不犯人”（HQ-21）。但这对老年人而言，容易造成心理上的孤独。调研发现，老年人普遍表现出对从前生活的怀念，在46位50岁以上的受访者中，有27位受访者对往日生活表达出怀念之情，认为“虽然现在生活条件改善了，但是没有以前那个时候过的舒服”（MQ-03），甚至认为“现在的生活很糟糕，十分想要回到以前的日子”（HQ-16）。由此看来，社交网络的变化的确会削弱居民的地方感，尤其是外地人与本地人之间的情感分异更是对社交网络的重构造成了困难。

四、开发区周边居民地方感重构的可能路径

伴随着开发区建设，所在地区的人口结构、地理景观、社交网络等都发生了巨大变化，这在一定程度上造成了开发区和周边居民地方感的缺失。从对闵行经开区周边社区的调研来看，虽然产业结构升级有助于提高居民的生活质量，但大量普通劳动力的集聚可能会削弱居民对地方的认同；而地理景观的变化却由于改善了居民的生活条件有利于增进居民的地方感；同时，当地居民更关注生存层次的需求因素，因而对开发区建设造成的环境污染和地方特色消失并不敏感；不过，居民社交网络的重构会使周边社区面临本地人和外地人之间情感分异造成的困难，因而会使居民普遍感到孤独，难以建构对地方的依恋。这就是说，开发区建设造成了地方空间的快速重构，总体上不利于居民形成对地方的积极认同和情感依附。当然，闵行经开区主要是在国有老工业基地附近建设起来的一个面积较小的开发区，因而当地居民的地方感调研也反映出一些具有地方特色的信息。例如，居民对所在小区的地方感明显强于对开发区的地方感，显示开发区的“产城融合”非常有限；而开发区居民对小区人口老化、治安状况恶化等的关注也与当地的发展特点密切相关。居民地方感与开发区的凝聚力

和创新活力存在紧密联系，因而重构所有开发区人对开发区的共同地方感，将不仅有助于提升开发区的人力资本水平和创新活力，也将促进开发区的社会和谐稳定。

基于对开发区周边居民地方感影响因素的分析，不难发现居民素质、地方发展状况和社交网络状况对于加快重构开发区人的地方感是极为重要的。为此，建议开发区在建设和发展过程中，重视优化人口素质，不仅要做好征地拆迁中的矛盾协调工作，也要增进本地失地农民的文化知识水平，吸引他们参与开发区的规划建设，避免“拆二代”由于占有较大数额的征地拆迁款而成为“失去的一代”；在吸引外来劳动力进入的过程中，也要注重为他们提升文化素质创造条件；同时，可以面向开发区各类居民（包括本地人和外地人）做好当地历史文化发展和开发区总体建设情况的教育，让所有人都有了解当地过去（历史）、现在（现状）和未来（规划）的机会，为地方感建构奠定个体经验层面的有益基础；在地方景观的变化中，既要注重做好整体规划，尽量保护有价值的地方人文景观，改进交通设施和人居环境，也要提升产业根植于当地创新发展的自觉性，保持开发区经济持续较快增长的态势，还要避免工业化进程中伴生的环境污染等问题，让开发区周边居民切实从开发区发展中获益；在社交网络的重构方面，要更多地创造周边居民沟通交流的机会和场所，为本地人重构社交网络以及与外地人建构新的社交网络提供便利，以尽量减少本地人与外地人之间的隔阂。总之，研究开发区建设对周边居民地方感的影响机理，是为了更好地探寻增进开发区周边居民地方感的有效路径。本章第二节和第三节还将继续结合不同类型、不同地方开发区的发展特点，比较分析开发区周边居民地方感的地域差异。

第二节　开发区发展绩效对周边居民地方感的影响

本章第一节主要探讨了开发区建设影响周边居民地方感的一般机理。正如研究所显示的，主体素质、地方景观、社交网络的变化情况等，都是影响周边居民地方感的重要因素。而不同地方的开发区，由于本底条件、建设模式、发展时间、对当地生产生活环境的改造程度、吸引的劳动力状况等都存在很大差异，其周边居民的地方感状况必然会有很大的不同。因此，希冀通过对某一个开发区周边居民的调研来反映大多数开发区周边居民的地方感状况可能是不合适的，对不同地方的开发区周边居民的地方感状况进行比较分析可能提供许多有益的启示。考虑到开发区的本底条件、建设模式、发展时间、对当地地理环境和人口结构的改造都可能对开发区的发展绩效有影响，并与开发区的发展目标、功能定位等密切相关，因而本节和第三节拟分别基于对典型开发区的比较分析，分别探讨开发区发展绩效和类型对周边居民地方感的可能影响。其中，开发区的发展绩效既是诸多因素复杂作用的结果，能显示开发区本底的社会文化和产业发展条件、建设历程与模式等的综合影响，又是开发区对周边地理环境和人口结构改造状况的表征，同时，对其未来的产业发展和人口结构也可能具有深远影响。

一、开发区发展绩效影响周边居民地方认同的机理分析

（一）Breakwell 等有关个体地方认同建构的分析框架

Breakwell 有关个体建构地方认同的心理机制被广泛认为是有效的（Speller et al.，2002）。根据他的观点，认同是社会性的产物，是在动态的、有意识的、有组织的交互作用下形成的。Breakwell 的地方认同与本书地方感的概念内涵基本一致，考虑到本节研究主要以 Breakwell 的理论为基础，因而使用地方认同的概念。在 Breakwell 看来，认同既是一种状态，也是一个过程。作为一种状态，主要通过个体的想法、行为和情感体现出来；作为一种过程，会受到不同的原则导向，有些原则可能会随时间变化或横跨几种状况（Hauge，2007）。

Breakwell（1986）认为，认同形成过程中的首要原则是区别性。之后，Feldman（1990）对居住认同的研究、Hummon（1990）对社区认同的研究，都将区别性视为地方认同的基础。这里的区别性可能体现为某种生活方式或特殊的观点，但都是个体基于与地方的特殊关系和互动形成的，可能用来将自己区别于别人。

由此，地方扮演的角色就类似于社会类别（social category），而地方认同成为某种社会认同。

Breakwell（1986）认为，维持自我概念的连续性是形成认同的第二条动力机制（形成认同的第一条动力机制是区别性）。Twigger-Ross 和 Uzzell（1996）认为，Breakwell 所说的连续性包含地方指引（place-referent）连续性和地方同质（place-congruent）连续性。前者强调，地方是过去自我的参考，个体维持和地方的联系，便维持了自我认同的连续；后者则倾向于将地方视为可变的或具有特征的，人们倾向于寻找能代表其价值观的地方去建立认同。连续性原则表明，地方连续性被意外中断时可能会威胁到主体的自我认同。

如果说 Breakwell 的前两项原则（区别性和连续性）重点强调的是地方与个体的关系，那么，后两项原则（自尊感和自效感）则更多是从心理层面讨论认同形成的机制。自尊感是指个体在自我价值和社会价值体系下对自己的积极评估，被认为是维持积极自我概念的核心动力。Korpela（1989）研究发现，孩童在压力下会通过待在自己的房间获得较积极的自尊感，说明主体钟爱的环境会支持自尊感的塑造；类似地，Lalli（1992）也发现住在历史名城的居民更容易有自豪感。就开发区而言，"住在开发区让我感觉自己很不错"应该就是自尊感的显现。

自效感的概念是从 Bandura（1977）的社会学习理论中发展而来的，原指个体对能够做好某件事情或完成某项任务有信心。Breakwell（1986）将其定义为个体对自己能够适应环境要求的信心，以此来测量个体的能动性。Winkel（1981）也曾提出可控环境（manageable environment）这一相近的概念，生活在可控环境中意味着个体能够实现自己的选择，在日常生活中感受到自我效能（self-efficacious）。Twigger-Ross 和 Uzzell（1996）研究也发现，"不可控的环境"可能会威胁到个体的自效感。

总之，在 Breakwell、Uzzell 和 Twigger-Ross 等构建的理论框架下，个体建构地方认同的过程是以人地互动和心理机制两方面、四大原则为指导的。由于我国大部分开发区在建设过程中都通过征地拆迁的方式整合土地资源，从而或多或少地剥夺了当地居民原有的空间，并将其"裹挟"入新空间的生产中（张京祥和邓华媛，2009)，因而可能从行为和心理层面都对居民的地方认同有影响。开发区发展绩效不仅与心理层面的自尊感、自效感有紧密联系，也与人对区别性和连续性的感知和态度有关，因而 Breakwell 等的概念框架很适合用以分析其对周边居民地方感的影响。

（二）开发区发展绩效对居民地方认同的可能影响

以地方作为管理对象的绩效评价研究并不少见，它们主要关注的是地方环境与企业绩效的关系，通常会将生态环境等非经济因素引入绩效体系中，由此组成了描述地方发展成果的多重绩效体系。这也是本研究基于“经济–社会–生态”复合系统框架考察开发区发展绩效的基本遵循。具体地说，经济层面主要包含开发区的成长历程、经济实力、创造的就业机会等，体现的是效率要求；社会层面包含开发区周边社区居民的生活水平、社会保障情况等，体现的是公平层面的要求；生态绩效包含环境治理、生态保护等，体现的是可持续层面的要求。

应该指出的是，开发区经济发展取得的任何成就都应该成为经济绩效评价的内容。但对周边居民而言，并非所有指标都有现实意义。在开发区建设过程中逐步形成的开发区特色面貌、优势品牌、良好发展态势可能会对 Breakwell 等提出的地方认同建构原则有影响，因而有必要受到关注。同时，社会绩效是经济绩效的有益补充（杨东宁和周长辉，2004；贺远琼等，2007)，两者间还存在关联互动的关系（苏蕊芯和仲伟周，2010；程巧莲和田也壮，2012)。如果考虑到我国开发区有别于建制县（区），但又是工业化和城镇化快速发展的空间，在管理体制上偏重产业发展，但又集聚了相当多的人口，因而更需要考察其社会绩效，特别是评估其能否让周边居民有参与感，或（且）感受到真正的实惠。近年来，生态文明建设的理念和要求日益深入人心，这也促成了对生态绩效的更多关注，开发区的环境污染状况和管理、治理水平都可能对开发区周边居民的地方认同有比较直接的影响。

（三）居民对开发区发展绩效的感知对地方认同的可能影响

地方认同的建构是一个社会性的过程（Krupat，1983；Proshansky et al.,

1983），其结果是主体将自己定义为某地的一分子（Stedman，2002），或将特定地方内化为自我的一部分。因此，人地互动是地方认同形成的重要基础。即使开发区的发展绩效不错，但如果居民和开发区之间缺乏密切的联系和互动，那么居民也难以感受到开发区的特征。而居民与开发区的紧密联系是进行人地互动的基础，因而主体与开发区的联系状况会对其地方认同在区别性和连续性层面的表现有显著影响。

不同居民从开发区发展中获得的利益会有明显不同，基于数据的可得性，拟从个人收入和对开发区环境的感知两方面，探讨居民获得感对地方认同的影响。其中，个人收入易于被居民直接感受到，并可能通过与本人过去的收入或其他个体收入的比较进行评估，其影响主要体现在自尊感和自效感层面；对开发区环境的感知则与个体的素质、经验等相关。虽然主体也可能会与其他地方和（或）历史时期的状况进行对比，但考虑到开发区周边居民的总体收入水平不高、环境意识不强，因而很可能较少自觉地进行这种比较，而环境感知对地方认同的影响可能也会在自尊感和自效感层面有显著影响。

基于以上分析，就开发区发展绩效对周边居民地方认同的影响提出如下三个假设。假设 1：开发区周边居民的地方认同水平受开发区总体绩效的影响，其中经济绩效、社会绩效和生态绩效都会发生作用；假设 2：开发区周边居民建构地方认同的过程受居民与开发区互动关系的影响，这在认同的区别性和连续性层面更为突出；假设 3：开发区周边居民的收入水平和对环境的感知会对认同的自尊感和自效感层面有显著影响。

二、案例研究的方法与调研的实施情况

（一）调研方案的设计

本节所讨论的地方认同与地方感有密切联系，因而可以考虑使用利克特量表进行测度。在这方面，Lalli（1992）采用了包含外部评价、总体依恋、延续性、熟悉度和承诺 5 个层面的量表，测量居民对所居住地区的认同程度；赵宏杰和吴必虎（2013）采用了历史文化、环境、区别性、依恋、自效感、承诺六

分量表结构，测量中国大陆赴台湾游客的地方认同，考虑到游客身份的临时性，该研究未涉及延续性的层面。本研究主要借鉴 Twigger-Ross 和 Uzzell（1996）提出的地方认同研究框架，将地方认同测量量表分为区别性、延续性、自效感、自尊感 4 个层面（表 3-2）。

表 3-2 地方认同测量量表

层面	符号	陈述项
区别性	D1	我认为开发区和其他地方有很大不同
	D2	我认为开发区是自我世界里的重要一部分
	D3	开发区承载了我很多特别的记忆
	D4	出门在外时，我经常怀念开发区
延续性	C1	我认为开发区符合我印象中开发区的样子
	C2	开发区的发展现状和趋势符合我的人生发展规划
	C3	建设开发区会让我更喜欢这个地方
	C4	如果让我重新选择，我依旧会在开发区发展
自效感	EF1	我很适应在开发区的生活
	EF2	我认为在开发区发展会比在其他地方好
	EF3	我认为我是开发区的一分子
	EF4	我觉得在开发区会感到安全、稳定与放松
自尊感	ES1	当我在开发区工作或生活时，我觉得很快乐
	ES2	我以在开发区生活或工作为荣
	ES3	在开发区工作或生活让我觉得自己是个有价值的人
	ES4	我很满意自己在开发区工作或生活的状态

表 3-2 中各陈述项的设置，参考了相关研究的量表，并结合开发区居民的特点进行了改造。其中，区别性层面，主要考察居民是否认为开发区是特殊的空间，是否可能因为与开发区的某些特殊联系，更好地建构对开发区的地方认同；延续性层面，主要为反映开发区发展进程对主体地方认同的影响；自效感层面，主要关注个体是否有信心拥有能满足环境要求的能力（Bandura，1977）以及环境可控的感觉（Winkel，1981）；自尊感层面，主要涉及个体对自我的积极评估，它一直是认同的核心所在。

（二）调研地点的选择

本研究选择闵行经开区和长沙经开区作为调研对象。它们的功能定位相似（都是经开区），但地理位置不同，分别能代表我国东部和中部发展较好的经开区。在发展历程上，东部沿海地区的不少经开区发展起步较早，闵行经开区就属于最早的一批，而中部地区的经开区大多起步于 20 世纪 90 年代中后期。从产业和资本结构看，东部地区的经开区多吸引外资企业，发展的主要是电子信息和机电等行业，而以长沙经开区为代表的中部经开区，则集聚了较多的国有企业或民营企业，发展的是工程机械等重工业部门。例如，长沙经开区自建设以来，集中了三一重工股份有限公司、山河智能装备股份有限公司、中联重科股份有限公司等一批内资优势企业，力图打造“中国力量之都”的地区品牌，成为中部经开区的重要标杆。

本书第三章第一节和第二章第三节已经分别介绍了长沙经开区和闵行经开区的相关案例研究，这里仅补充它们在发展历程方面的一些信息，并以此比较两者的发展特点（表 3-3）。闵行经开区属于第一批经开区，始建于 1986 年，1987 年引入了中国的第一家外商独资企业（格蕾斯中国有限公司）。在建设初期，闵行经开区以上海电机厂、上海汽轮机厂、上海锅炉厂和上海重型机器厂“四大金刚”为基础，以发展机电产业为主要目标，在闵行区江川路街道的碧江路至碧溪路之间征收了不少农地。作为面积最小的经开区，截至 2014 年，闵行经开区在近 3.5 平方千米的土地上集聚了 115 家企业，且几乎全部具有外资背景，包括 29 家外商独资企业[①]。长沙经开区是第三批经开区，位于湖南省长沙县，离长沙市区较近，但在开发前工业基础薄弱，主要靠三一重工股份有限公司、山河智能装备股份有限公司等自主品牌的孕育和崛起，才逐渐形成以重型机械、汽车制造、机械电子等为主导产业的产业结构体系，可以说是“无中生有”地从长沙县星沙街道的丘陵地中开辟出了中国工程机械制造基地。调研结果还显示，两者的发展历程十分贴合上海和长沙的地方文化。闵行经开区在袖珍地块上集聚起大量外资企业发展外向型工业，体现了上海“螺蛳壳里做道场”的精

① 《闵行年鉴 2015》。

致和较早向西方积极学习的文化特点；而长沙经开区在各级政府的共同助推下，培养了一大批“吃得苦、耐得烦”的本地企业家，凭借“舍我其谁”的霸气和“凭什么我不行”的自信将三一重工股份有限公司（前身湖南省涟源市焊接材料厂）培育为全球上市公司 500 强企业，这体现了湖湘文化精神的影响。总之，闵行经开区和长沙经开区都是发展较好的经开区，能够代表我国大部分经开区建设所遇到的共性问题，但又各有发展特点。通过比较这两个经开区周边居民的地方认同情况，不仅有助于探究不同地方的开发区建设对周边居民地方感的影响，也能为更多开发区优化发展提供借鉴。

表 3-3　闵行经开区和长沙经开区情况对比

项目	闵行经开区	长沙经开区
开发时间	20 世纪 80 年代	21 世纪初
开发背景	改革开放、吸引外资、扩大出口创汇	经开区建设经验向中西部地区扩散
开发基础	重型机械研究与制造	缺乏制造业基础
发展定位	现代化外向型工业园区	领军中西部的“中国力量之都”
主导产业	以机电产业为主，辅以医药、轻工等	以重型器械为特色，辅以汽车、电子等
人才需求	劳动密集型逐步转向智力密集型	劳动密集型为主
文化环境	海派文化和精致情怀	湖湘式自信霸气的文化传统和担当精神

（三）调研工作的实施

为比较分析发展绩效对开发区周边居民地方感的影响，笔者和陈俊彦等研究生于 2014 年先后三次前往长沙经开区、两次前往闵行经开区进行了预调研，又分别于 2014 年 12 月和 2015 年 1 月分别前往闵行经开区和长沙经开区进行正式调研，正式调研的时间分别为 6 天和 12 天。

在具体调研地点的选取上，为尽量保证被测者在取样上有最大的相似性，研究分别在两个开发区各选取两个居住人口较多的社区，并尽量保证在两地选取的被调研社区在规模、性质上较为接近。在闵行经开区，选择的是昆阳新村和红旗新村两个社区。前者是闵行经开区的老社区，目前已成为闵行区江川路街道的商业中心；后者毗邻开发区东部。两个社区都是本地人和外地人混居的社区。在长沙经开区，选择的是星沙小区和泉塘小区。其中，星沙小区是长沙经开区最早建设的社区，其所在地区已是星沙的商业中心；泉塘小区毗邻开发区东南部，是最早迁来星沙的居民集中居住的社区，有大量的拆迁安置户。这两个社区也都是本地人和外地人混居的社区，星沙小区流动人口的占比更高。在 4 个社区中，调研据点基本选择在社区的广场、公园与商业街、店铺，主要因为这类地方人员来往较多，调研比较方便。

由于问卷基于认同建构理论设计，具有较好的内容效度。在两地分别成功回收了 153 份和 140 份问卷，受访者的基本情况见表 3-4。经整理，问卷 16 条陈述项的克龙巴赫 α 系数分别达到了 0.933 和 0.945，信度较高，表明问卷的内部一致性较强，陈述项的设置基本围绕同一主题展开，适合用于表征地方认同的总体情况和统计分析。

表 3-4　受访者的基本情况

项目		闵行经开区		长沙经开区	
		数量/人	百分比/%	数量/人	百分比/%
性别	男性	75	49.0	73	52.1
	女性	78	51.0	67	47.9
年龄	25 岁以下	34	22.2	25	17.9
	25～35 岁	65	42.5	74	52.9
	35～45 岁	35	22.9	28	20.0
	45～60 岁	13	8.5	10	7.1
	60 岁以上	6	3.9	3	2.1
在开发区周边居住时间	1～2 年	37	24.1	18	12.9
	3～5 年	35	22.9	53	37.9
	6～10 年	31	20.3	30	21.4
	11～20 年	26	17.0	14	10.0
	20 年以上	24	15.7	25	17.8
当地户籍	无	124	81	58	41.4
	有	29	19	82	58.6
原籍（非本地人迁入开发区前的户籍地）	较远的外省	82	53.6	12	8.6
	周边邻省	47	30.7	32	22.9
	市内其他区县（省内其他市县）	5	3.3	39	27.8
	区内其他镇（街道）（市内其他区县）	4	2.6	17	12.1
	江川路街道（长沙县）	15	9.8	40	28.6

续表

项目		闵行经开区		长沙经开区	
		数量/人	百分比/%	数量/人	百分比/%
收入水平	2 000 元以下	21	13.7	29	20.7
	2 000～5 000 元	84	54.9	90	64.3
	5 000～10 000 元	42	27.5	18	12.9
	10 000 元以上	6	3.9	3	2.1

三、案例地居民地方认同的总体情况

根据统计结果，在量表的四个层面，长沙经开区周边居民的地方认同水平普遍高于闵行经开区（表 3-5）。具体来说，在区别性层面，大多数闵行经开区周边居民认为开发区对他们而言是特别的，也承载了很多的集体记忆，但并不是重要的地方，而是可有可无。但长沙经开区周边居民则普遍认为星沙街道是一个特别的地方，也是建构自我身份的重要部分。在延续性层面，闵行经开区周边居民不太认可开发区的发展态势，并认为开发区应该是发展特别快的区域。闵行经开区发展历程较长，目前已经基本完成形态开发。同时，接受调研的本地居民在开发区企业就业的比例不高，因而大多表示闵行经开区的发展与自己心目中的开发区距离较远。当然，他们还是能感受到经开区建设为其生活带来的便利，欢迎在闵行建设开发区。而长沙经开区正处于快速发展的过程中，与居民对开发区建设的期望基本相符，使得周边居民更加认同星沙街道。在自效感层面，闵行经开区周边居民倾向于认为在开发区生活不一定比其他地方好，从访谈中得知这与拆迁过程中产生的矛盾有关。闵行经开区建设起步较早，当时的土地征收补偿较少，使得拆迁居民的生活质量相对下降，且普遍感觉话语权有限。而长沙经开区周边居民在开发区工作的机会更多，因而更倾向于认为自己是开发区的一分子。在自尊感层面，闵行经开区周边居民认为在开发区生活、工作是不错的选择，可是开发区让自己感到光荣或光荣的意识不强。而长沙经开区周边居民更愿意将自己和开发区联系起来，自尊感较强。

表 3-5 闵行经开区和长沙经开区周边居民地方认同量表统计结果

层面	陈述项	闵行经开区			长沙经开区		
		均值	标准误	标准差	均值	标准误	标准差
区别性	我认为开发区和其他地方有很大不同	3.20	0.079	0.976	3.43	0.089	1.054
	我认为开发区是自我世界里的重要一部分	3.04	0.089	1.106	3.48	0.080	0.948
	开发区承载了我很多特别的记忆	3.22	0.093	1.152	3.53	0.086	1.021
	出门在外时，我经常怀念开发区	3.07	0.097	1.198	3.54	0.084	0.999
	小计	3.13	0.065	0.806	3.49	0.073	0.864
延续性	我认为开发区符合我印象中开发区的样子	2.97	0.086	1.070	3.62	0.076	0.893
	开发区的发展现状和趋势符合我的人生发展规划	2.81	0.093	1.151	3.62	0.076	0.901
	建设开发区会让我更喜欢这个地方	3.48	0.096	1.181	3.87	0.079	0.936
	如果让我重新选择，我依旧会在开发区发展	3.08	0.103	1.275	3.79	0.079	0.935
	小计	3.08	0.073	0.909	3.73	0.061	0.722
自效感	我很适应在开发区的生活	3.35	0.081	0.997	3.71	0.082	0.971
	我认为在开发区发展会比在其他地方好	2.90	0.087	1.078	3.68	0.077	0.916
	我认为我是开发区的一分子	3.13	0.089	1.098	3.86	0.080	0.949
	我觉得在开发区会感到安全、稳定与放松	3.31	0.088	1.085	3.75	0.079	0.930
	小计	3.18	0.069	0.854	3.75	0.061	0.721
自尊感	当我在开发区工作或生活时，我觉得很快乐	3.34	0.088	1.083	3.83	0.072	0.856
	我以在开发区生活或工作为荣	3.10	0.083	1.031	3.54	0.086	1.013
	在开发区工作或生活让我觉得自己是个有价值的人	3.17	0.078	0.965	3.64	0.082	0.975
	我很满意自己在开发区工作或生活的状态	3.29	0.089	1.104	3.71	0.083	0.978
	小计	3.22	0.071	0.881	3.68	0.066	0.784

四、案例地居民地方认同与开发区绩效的多层次分析

（一）开发区总体绩效对居民地方认同的影响

闵行经开区与长沙经开区处于不同的发展时期，在经济、社会、生态等方面的现实表现会对居民地方认同产生复杂影响。

1. 经济绩效对地方认同的影响分析

闵行经开区是全国面积最小的经开区，其所在的江川路街道拥有较为雄厚的工业发展基础。早在1950年，号称“四大金刚”的上海电机厂、上海汽轮机厂、上海锅炉厂和上海重型机器厂就在此建设，带来了大量市区的技术人才，造就了驰名上海的闵行工业卫星城。1982年，江川路街道又新建、扩建了一批大型国有企业和合资、独资企业，为经开区建设夯实了产业基础。闵行经开区作为一个工业卫星城，具有自主研发的基础和传统，2010年上海世博会的标志性烟囱建筑中就安装了来自闵行经开区的双水内冷汽轮发电机，该产品当年是闵行区和中国的骄傲。

长沙经开区的发展始于1992年，当时长沙县准备将县城搬至星沙镇望新乡，并同步开始建设开发区，因而缺乏工业基础，主要是从山丘地带填挖而建的新县城。长沙经开区在星沙镇的发展，如旱地拔葱，主要依靠政府的支持，1992～1996年，基本建成新城的框架。2000年后，配套设施和投资环境不断优化，吸引了大量“中国企业500强”上榜企业。其中，三一重工股份有限公司成立于1994年，主要研制生产拖泵、泵车、成套机械等，在2011年跻身全球上市公司500强；山河智能装备股份有限公司成立于1999年，2003年搬至星沙镇，主打智能机械；中联重科股份有限公司成立于1992年，位于泉塘工业园，主打起重机。由此可见，该园区的发展离不开工程机械行业龙头企业的集聚。除重型机械外，园区还配套发展了信息科技、汽车制造等产业。

据统计，闵行经开区的工业企业销售收入从1986年的3225万元增长到2012年的508.17亿元，增长了1500余倍，同期税收收入从109万元增长到49.94亿元，增长了4500余倍（图3-2）。而长沙经开区的工业企业销售收入则从1999年的33.77亿元增长到2011年的1470.63亿元，同期税收收入从1.78亿元增长

到 70.18 亿元（图 3-3）。虽然从增长速度来看，闵行经开区更大，但由于长沙经开区的经济体量更大，就当地居民的感受而言，发展更明显。

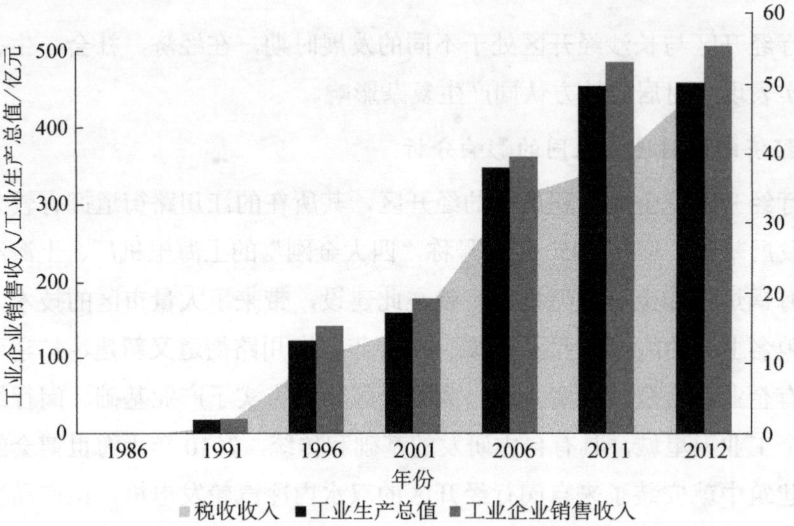

图 3-2　闵行经开区经济发展历史状况

资料来源：根据上海闵行经济技术开发区官方网站 http://www.smudc.com/数据整理

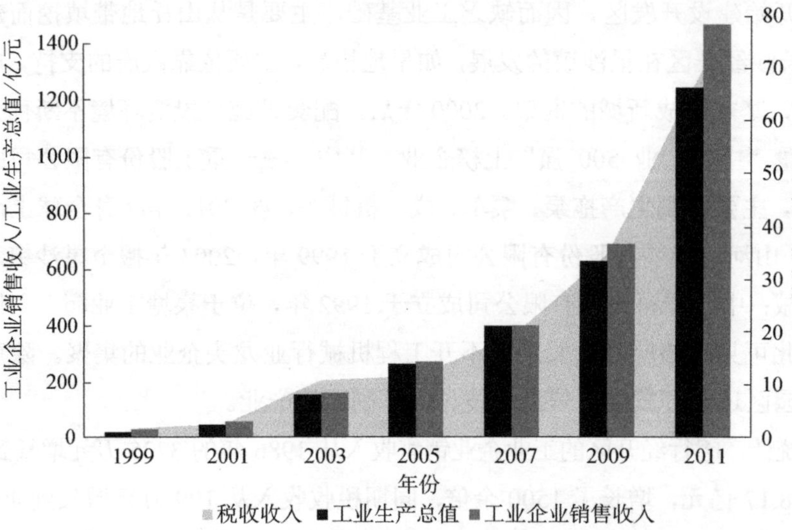

图 3-3　长沙经开区经济发展历史状况

资料来源：《长沙经济技术开发区志（1992～2011）》

由图 3-2 和图 3-3 可以发现，两个开发区在建设初期都有着较大的增长率。闵行经开区主要是在 1986～1991 年，抓住了改革发展的黄金期，三项指标的年均增长率均达到 130%以上；而长沙经开区是在 2002～2003 年年均增长率最快，三项指标的年均增长率均超过 50%。但 2007 年以来，闵行经开区的工业生产总值和工业企业销售收入增速明显下降，增长率不足 10%，但税收收入增长较快，而长沙经开区三项指标的年均增长率均呈上升态势。这就是说，闵行经开区在发展初期通过大量引入外资企业曾取得经济业绩的迅猛增长，但近年发展动力不足；而长沙经开区则依然处于持续、较快的增长过程。综上可知，总体经济数据有助于从经济绩效角度揭示长沙经开区周边居民地方认同水平较高的原因。

2. 社会绩效对地方认同的影响分析

在社会建设方面，闵行经开区和长沙经开区也经历了不同的发展轨迹。闵行经开区初建于 1982 年，而开发区周边的昆阳新村、红旗新村等在社会主义改造完成时期就已开始兴建（表 3-6），闵行一条街的建设更是当年上海工业卫星城建设的新标杆。它于 1953 年开始规划，1959 年破土，建设总面积为 7.29 万平方米，包括住宅、商店、学校等设施，沿街开设食品、百货、银行、服装、照相、图书、理发等 20 余种服务业态，是老闵行的商业中心。闵行一条街建设 11 幢楼的工期仅 78 天，成为卫星城建设的神话（图 3-4）。因此，闵行经开区的建设是在传统工业卫星城的基础之上推进的，开发区的社会保障建设主要集中在失地农民的住房安置、就业安置、待业人员管理等方面，由于失地农民数量较少，开发区针对本地居民的社会保障关注不足。1983～1991 年，共计安置失地农民不足 1 万人。而从调研看，闵行经开区周边居民对社会保障工作中最不满的也是失地农民的住房安置。据当地失地农民介绍，当时的拆迁安置标准很低，每户按人头计算补偿面积，人均面积仅为 12 平方米，且在拆迁安置后，缺乏配套的生活补偿措施，失地农民不得不自寻出路。而被安置在企事业单位的失地农民，大多从事保安、保洁等岗位，收入相对不高且不稳定。至于当地外来务工人员，则更缺乏社会保障。

表 3-6　闵行经开区居民新村建设情况

建设年份	建设单位	建设内容
1953 年	上海汽轮机厂、上海电机厂	单身职工宿舍 3.3 万平方米，职工住宅 3.4 万平方米；形成汽轮新村、电机新村
1957 年	上海汽轮机厂、上海电机厂	建职工宿舍 43 幢、4.9 万平方米，现电机新村
1957 年	上海电机制造学校（上海现电机学院）	建设职工住宅和宿舍 1.31 万平方米
1959 年	上海县	辟建东风新村、瑞丽新村、红旗新村等
1961 年	上海县	统建住宅 23 万平方米、集体宿舍 5.32 万平方米
1973～1978 年	上海县	辟建昆阳新村 3.75 万平方米
1980 年	上海锅炉厂、上海电动工具厂、上海华银机器厂、上海重型机床厂、新中华机器厂、新民机器厂等	红旗新村，联建 6 幢混合结构住宅，1.35 万平方米
1982 年	上海滚动轴承厂、上海轴承滚子厂、上海发电设备成套设计研究所、上海重型机器厂等	兰坪路 301 弄，联建 8 幢住宅，1.15 万平方米
1984 年	闵行区集资建房领导小组	新建兰坪新村、新闵新村，扩建红旗新村等住宅小区
1984～1992 年		闵行始建商品房，达 12.56 万平方米
1985～1992 年	闵行区政府及企事业单位联建	高层住宅 7 幢，达 7.62 万平方米

资料来源：《闵行区志（1992—2011）》

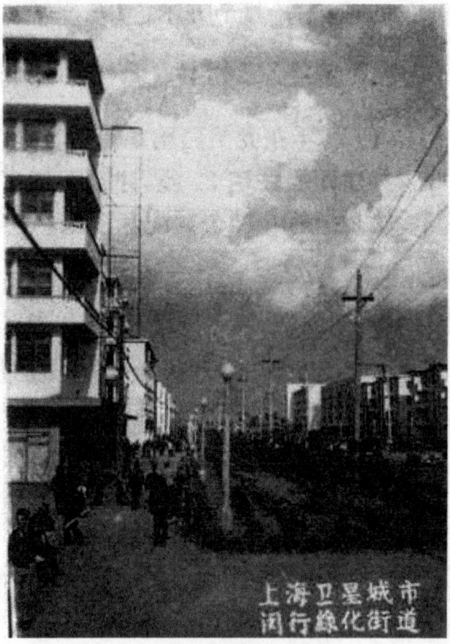

图 3-4　1959 年刚建成的闵行一条街

资料来源：《闵行区志（1992—2011）》

长沙经开区周边社区建设与开发区建设联系较为紧密，开发区社会保障工作的重点也在拆迁安置方面，以拆迁户劳动力再就业为重心，不仅注重逐步优化对居民的社会保障服务，也积极动员长沙经开区企业和政府行政部门，多管齐下保障拆迁农民的安置。从具体的成果来看，当地的长沙望新建筑工程公司、湖南星大建筑股份有限公司等建筑建材企业，不仅吸纳了大量转移劳动力，而且成为职业技能培训基地。在拆迁户中还涌现了不少大小包工头，如长沙望新建筑工程公司在2009～2011年就安置劳动力达8000人。此外，湖南金沙利彩色印刷有限公司、湖南光南摩托车有限公司、三一集团有限公司、山河智能装备股份有限公司等开发区企业安排了1000多名失地农民的再就业，区（县）行政机关、星沙自来水厂等单位也安排了400多人再就业。在居民自主创业方面，拆迁安置户利用自建房屋的整体出租或门面出租、自己开店经营等，也获得了固定的房租或经营性收入。此外，相对完善的拆迁安置举措（表3-7）也为失地农民的生活提供了有效保障。总地来看，长沙经开区周边居民较高的社会保障水平和较合理的拆迁举措，都显示了开发区社会绩效对地方认同的积极效应。

表3-7 长沙经开区针对失地农民的生活安置举措一览

措施主题	措施内容	完成情况
办理“农转非”	省政府、计委、公安厅拨放经开区农转非指标	1992～1997年完成6350人的农转非手续
供应平价粮	建区初期，委托安沙粮站提供平价粮	发放粮卡1530户，政策于国家粮价放开时终止
发放生活费	1993年二季度开始发放，大人每月50元、小孩减半；1994年初调整为大人每月60元；1994年末调整为大人每月70元	1993年共发放生活费78 680元；开发区建区10年共发放1520.56万元
一次性安置补助费	男性16～50岁、女性16～40岁每人发放7000元；超过年龄分别发退养费6750元、6950元	1995～1999年共发放608.8万元；1999～2004年共发放7668.3万元；2008年补贴标准再次提高

资料来源：《长沙县年鉴2014》

3. 生态绩效对地方认同的影响分析

在生态环境建设方面，闵行经开区和长沙经开区的表现也有所不同。近年来，闵行经开区以发展循环经济为依托，积极打造国家级生态工业示范园。在传统重型机电工业的基础上，通过生态工业示范园的报批和开发区生态化改造两大重点工作（表3-8），推进生态环境的修复。在2012年的区域环境监测结果中，开发区空气质量[据《环境空气质量标准》(GB 3095—1996)]基本维持在一级水平，地表水环境质量[据《地表水环境质量标准》(GB 3838—2002)]基本维持在四类和五类，环境质量较好①。

表 3-8　闵行经开区生态环境建设工作一览

工作内容	重点项目
生态工业示范园的报批	生态工业示范园申报动员
	生态工业示范园环境共建平台
	区校环境保护培训活动
开发区生态化改造	低碳制造为引领，优化产业结构
	探索绿色用地和土壤修复制度

资料来源：根据《国家级上海闵行经济技术开发区 2013 环境报告书》整理

长沙经开区生态环境建设的重点集中在环保治理工作和两型园区建设两方面（表 3-9），并通过举办工业污染治理技术交流会等“区企合作”的方式，共同优化开发区的环境服务。此外，开发区也积极推进国家级生态工业示范园的创建工作，2014 年投资 17 937 万元建设污水处理工程，扩容生化处理系统 6 万吨/天，环境监督和提质工作成绩突出。

表 3-9　长沙经开区生态环境建设工作一览

工作内容	重点项目
环保治理工作	污水处理的提质、改造
	污染源在线监控与实时监测
	创新环境管理，开展第三方委托处理
	浏阳河污染整治
两型园区建设	对园区企业进行独立能评审评及备案
	推动“环保三年行动计划”

资料来源：《长沙经济技术开发区年鉴 2014》

由此可见，两个开发区都高度重视生态环境建设。其中，闵行经开区靠近老的工业区，生态环境基础薄弱，环境治理难度高，凭借推广循环经济建设经验和企业联合治理，已经成为开发区环境治理的榜样。而长沙经开区的发展时

① 《国家级上海闵行经济技术开发区 2013 环境报告书》。

间相对较短，积累的环境污染和环境风险不严重，在长株潭“两型社会”试验区建设的要求下，重视区内企业污染监测和开发区环境提质等工作，取得了不错的成绩。值得指出的是，开发区的生态建设还应关注管理模式对生态环保管理效率的影响。虽然闵行经开区和长沙经开区都实行管理委员会和街道办事处分离的管理模式，但管理效果存在明显差异。由于长沙县开展了“门前三包”责任书签订工作，星沙、湘龙、泉塘、榔梨、长龙街道基本实现了责任书签订全覆盖，城区基本实现网格化管理，每季度以社区为单位对长沙经开区所在的街道进行专项工作打分，通过同级竞争，有效地提高了环境管理的效率。而闵行经开区由于面积较小，不具备实现管理效率评比竞争的条件，基层动员的能力有限。这大概是两地都高度重视生态环境问题，但生态绩效不同的重要原因。

总地来看，长沙经开区周边居民的地方认同在各方面都显著较高，这与经济、社会、生态 3 个层面的开发区发展绩效密切相关。在经济层面，长沙经开区建设吸取了东部开发区的经验教训，配套设施先行，重视围绕重型机械的龙头企业打造产业链，为产业持续发展和结构转型升级创造了有利条件；而闵行经开区虽然凭借产业基础和区位优势在发展初期取得了高增长，但在转型升级发展中显得后劲不足。在社会层面，长沙经开区遵循以开发区促进长沙县城建设的指导思想，坚持“以县为主”的管理方式①，重视社会建设，尤其是对失地农民的安置和社会保障提供了较多的政策扶持，取得了较明显的效果；但闵行经开区主要依靠老工厂周边的工人新村承接新增的外来务工人员，对本地失地农民的拆迁安置关心不够，导致较多的社会矛盾。在生态层面，虽然两个开发区对生态环境和可持续发展都高度重视，但在管理方式上，长沙经开区受益于“以县为主”的管理制度，形成了网格化管理和同级竞争的态势，环境管理的效率较高，对居民的直接影响也更显著，但闵行经开区在管理上仍采用与周边街道分离、开发区级别高于街道的管理模式，因而存在环境管理的盲区，开发区对周边居民环境管理的直接作用不明显。

---

① 根据《长沙经济技术开发区志（1992～2011）》，在长沙经开区的发展中，仅在 2000～2003 年采用以市为主的管理体制，其他时间为调动地方管理的积极性和有效性，采用省市县三级共管和长沙市委托长沙县管的开发区管理体制。

（二）个体层面开发区发展绩效对地方认同的影响

理论探索表明，个体和地方之间的关系是否密切以及能否从地方发展中获利对个体的地方认同影响较大。本节拟采用结构化的定量分析与访谈内容引证相结合的方法，验证相关假设。为此，分别将人地关系、个人收入、环境感知作为自变量，将居民地方认同水平作为因变量，通过不同自变量组中居民地方认同水平与居民总体地方认同水平的差值，研究不同自变量对居民地方认同的影响。在此基础上，分别基于地方认同的四个层面，绘制其对自变量变化的响应水平，并用虚线框将相关性强的认同层面标记出来。

1. 个体感受开发区影响的程度与其地方认同的关系

为考察人地互动情况对居民地方认同的影响，问卷中以“开发区的发展对生活的影响”设问，根据居民的选择将受访者分为五组，分别将五组居民地方认同测量值与所在开发区居民地方认同的总体平均水平进行比较，发现闵行经开区受访居民的地方认同水平与开发区的发展对生活的影响虽未显示出显著的相关关系，但认为开发区对自己生活影响很大的居民在区别性和自效感方面都显著高于平均水平（图 3-5）。而长沙经开区中，两者的正相关关系比较明显，尤其是认为开发区的发展对自己生活影响很大的居民地方认同水平明显较高（图 3-6）。

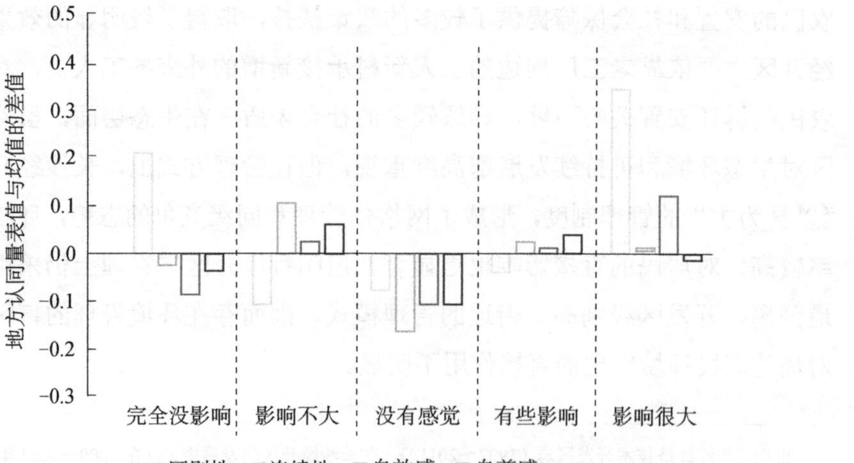

图 3-5　闵行经开区周边基于开发区影响感受分组的各组居民地方认同状况

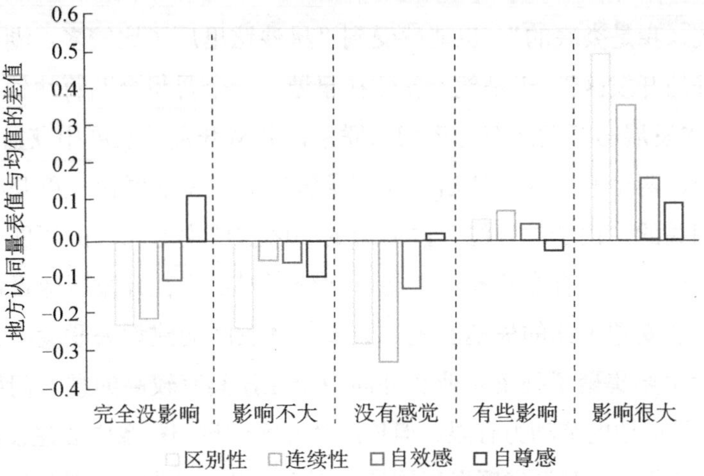

图 3-6　长沙经开区周边基于开发区影响感受分组的各组居民地方认同状况

结合在闵行经开区的调研，发现不少受访居民知晓经开区有一批全球上市公司 500 强企业。例如，不少受访居民表示，“开发区有名的企业很多，以前的大厂都逐步关掉了，外国的公司来了一些，像强生公司（医疗器械制造公司）、百事可乐（饮料生产公司）等等”，但“我们（居民）不了解这些单位，像这种现代的工厂怎么可能要我们这样大年纪的去找生活（工作）”，而且“我们的小孩都不住在这里了，他们到上海（市区）去了，这里太远（偏僻）了，他们玩的地方也没有，不愿意住在这里，回来也住不了几天。这里也就适合我们（年纪大的人）住”。这表明，闵行经开区的产业发展与居民生活的联系并不紧密，开发区对于他们而言只是一个无关痛痒的地名。但长沙经开区的受访居民普遍表示与经开区的发展有较多交集，由于园区企业的员工相对集中地居住在泉塘小区和星城社区，在上下班和午休时段，连接蓝思科技（长沙）有限公司和泉塘小区、星城社区的公交车上几乎挤满一片蓝色制服的员工。例如，有受访居民表示，“我们以前就住在星沙，前两年搞开发区，我们被安置到泉塘来。以前这里什么都没有的，但开发区要建很多厂子，就统一来这里建安置房了”，“住泉塘的、在开发区上班的人不少，因为这里（住房）租金便宜……我们这里环境是差些，但人气还比较足，一楼开店子（店铺）还能搞点收入”，可见开发区发展与其个人发展有紧密联系。即使是外地来的，如另一位受访居民所言，“我不是长沙人，我是娄底的”，也能感受到“星沙这里厂子比较多，湖南别的地方没有那么好的开发区”，于是他“就住在泉塘，一个月租金四百块钱，离厂子也近”，其个人发展与开发区有着密切的联系，并从开发区发展中获益。

应该说，两个开发区周边居民与开发区发展联系的紧密程度是与其发展历程和特点相关的。由于闵行经开区周边的小区主要由老闵行的“四大金刚”等国有企业和地方政府合资建设、改造，部分新村居民在开发区建设前就已经在此居住，除了安置于此的失地农民，大多与开发区的建设关联度不大。同时，开发区建设主要集聚了外资企业和外向型企业，具有较高的技术门槛和进入壁垒，因而吸纳周边的劳动力有限。但长沙经开区建设与行政中心建设同步，社区居民的生活变化大多和开发区发展同步，因而对开发区发展绩效的感受更直接。

而对各组居民在地方认同四个层面的调研结果进行相关分析，会发现主体与开发区联系的紧密程度在地方认同不同层面的影响有所不同。在闵行经开区，居民和开发区的联系程度对地方认同的区别性有明显影响（图 3-7）；在长沙经开区，则在区别性和连续性两个层面影响较大（图 3-8）。这可能同样与长沙经开区建设和县城建设同步有密切联系。它促使居民认识到对所生活的地方具有清晰的独特定位，也让他们看到许多期盼成为现实。但闵行经开区对周边地区

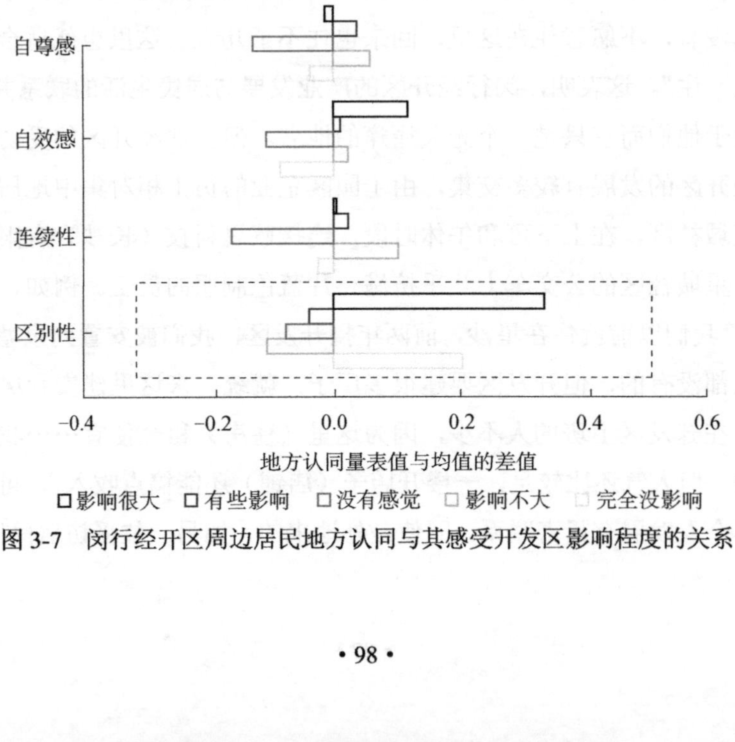

图 3-7　闵行经开区周边居民地方认同与其感受开发区影响程度的关系

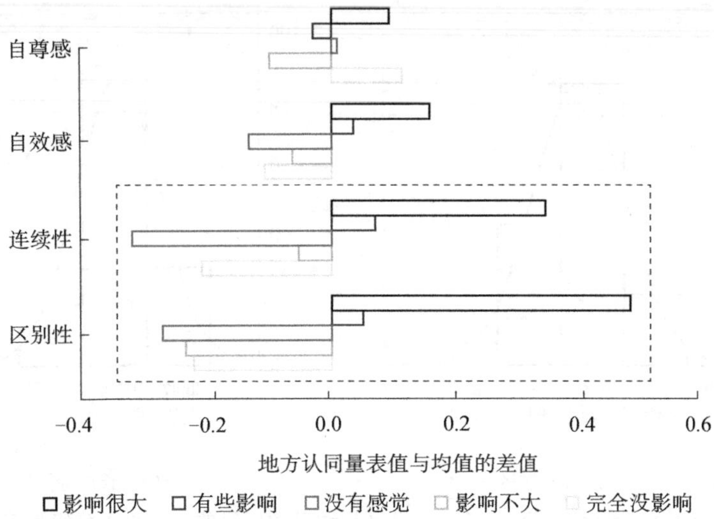

图 3-8　长沙经开区周边居民地方认同与其感受开发区影响程度的关系

的经济社会发展影响有限，江川路街道还在行政区划调整过程中失去了作为区级行政中心的地位，这都不利于增进居民的认同。

2. 个人收入与其地方认同的关系

个体的地方认同与能否从开发区建设中获得经济利益也有密切联系。为便于研究收入水平对地方认同的影响，分别以月均收入 2000 元、5000 元、10 000 元为分界点，将受访居民分成四组，并分别命名为低收入组、中等收入组、中等偏上收入组和高收入组。从受访居民的属性统计来看（图 3-9），闵行经开区受访居民的月均收入水平基本呈正态分布，中等收入组和中等偏上收入组的比例较高，而长沙经开区居民的月均收入水平呈偏正态分布，中等收入组和低收入组的比例较高，高收入组居民数量很少，并且不多的高收入居民地方认同水平差异较大，平均值不能代表总体水平，故对长沙经开区居民的研究，将高收入组去除。

调研的统计结果显示，月均收入水平对居民的地方认同的确有显著的正面影响。在闵行经开区，低收入组居民的地方认同明显低于平均水平，中等收入组和中等偏上收入组则徘徊在平均水平附近，而高收入组居民的地方认同大幅

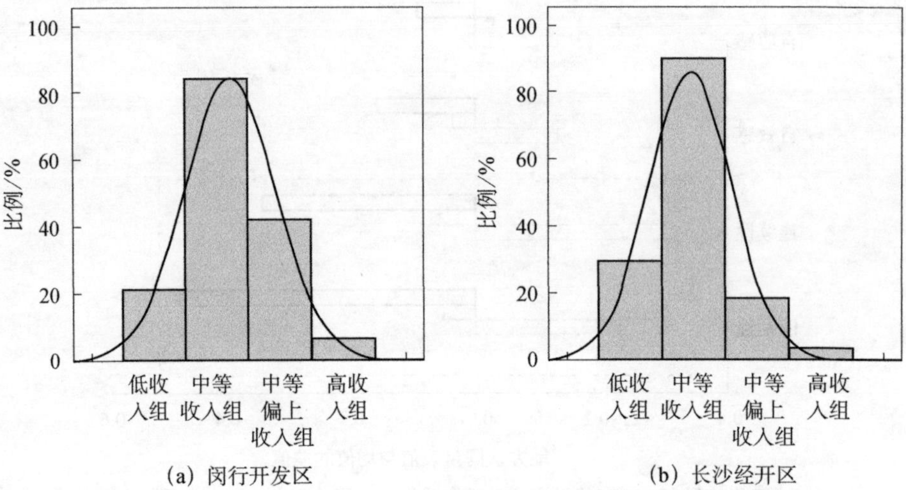

图 3-9　闵行经开区和长沙经开区周边受访居民的个人收入分组情况

高于平均水平（图 3-10）；而长沙经开区各组居民的地方认同与平均水平也有相似的关系（图 3-11）。

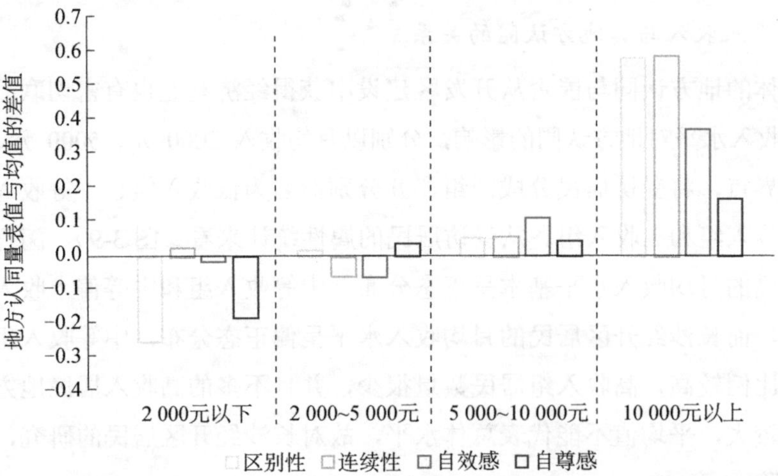

图 3-10　闵行经开区周边不同个人收入组居民的地方认同状况

进一步地，分析闵行经开区和长沙经开区受访居民收入情况与其他社会属性的关系，包括性别、年龄、居住时间、户籍、原籍、工作地点、职业类型，除职业类型为次序变量，其余均转换为连续变量。在此基础上进行的方差分析

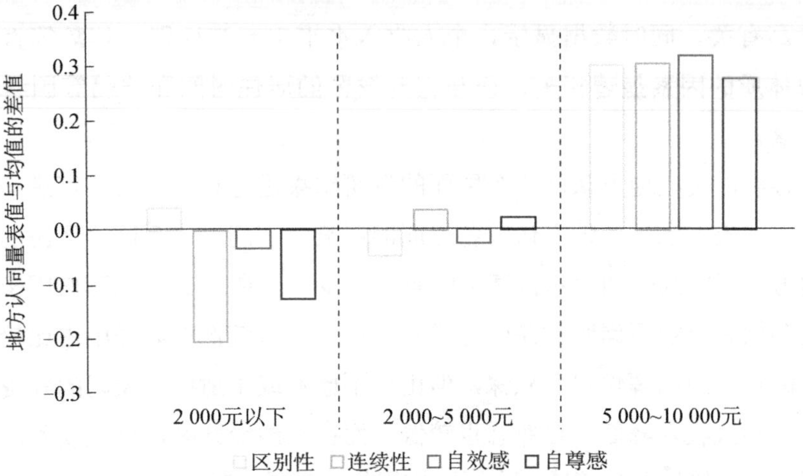

图 3-11　长沙经开区周边不同个人收入组居民的地方认同状况

结果（表 3-10）显示，闵行经开区居民的收入与年龄、居住时间和原籍（即从何处迁来）相关，也就是说，在闵行经开区周边，年龄越大的居民收入可能越低；在开发区居住时间越长，收入水平越高；离上海较远的外省人和上海周边来闵行经开区发展的居民收入水平较高，老闵行本地人的收入水平较低。这与闵行经开区的发展模式有一定关系。当地外企较多，本地居民（主要是退休人员和失地农民）很少在开发区工作，因而本地居民从开发区建设中直接收获的经济利益不多，对开发区的认同程度较低。

表 3-10　闵行经开区和长沙经开区周边居民个人收入与其他社会属性的相关性

地点	性别	年龄	居住时间	户籍	原籍	工作地点	职业类型
闵行经开区	1.363	2.625*	2.288*	1.996	2.429*	0.887	1.643
长沙经开区	2.940**	4.189**	1.131	2.021	0.782	0.380	0.654

注：所列数据为单因素方差分析 ANOVA 结果的 F 值，*表示 90%可信度下的相关关系；**表示 95%可信度下的相关关系

在长沙经开区，周边受访居民的收入水平主要与性别、年龄显著相关。具体而言，男性的收入水平明显高于女性，居民收入水平的正态拟合曲线随年龄的增加而右偏，即 35～45 岁的受访居民收入水平最高，25 岁以下的受访居民收入水平最低。这应该与长沙经开区受访居民比较年轻、在开发区工作的

比例较高有关。同时数据显示，个人收入水平主要与性别、年龄等直接体现劳动力体质的因素显著相关，而与在开发区的居住时间和户籍等因素的相关性不显著。

对各组居民在地方认同四个层面的调研结果进行相关分析，可进一步分析受访居民的收入水平对地方认同各层面的影响。在闵行经开区，居民的收入水平对地方认同中的区别性和自尊感层面影响显著（图 3-12），这可归因于本地失地农民和国有企业下岗职工在闵行经开区周边收入较低的居民中占比较高，他们对老闵行曾经的辉煌记忆颇深，但由于不愿意或不适应开发区的外资企业用工需求，导致收入降低，自尊感也较低。而在长沙经开区，个人收入水平对地方认同中的连续性和自尊感两个层面作用相对明显（图 3-13）。收入较高的居民在地方认同各个层面都有较好的表现，而收入较低的居民则在连续性和自尊感层面认同程度明显较低。总地来看，个人收入水平的高低对其地方认同中的自尊感层面的确有显著影响。而对于发展速度开始下降的开发区而言，个人收入水平的高低对其地方认同中的区别性影响显著；对于快速成长的开发区，个人收入对居民认同的连续性层面有积极的影响。

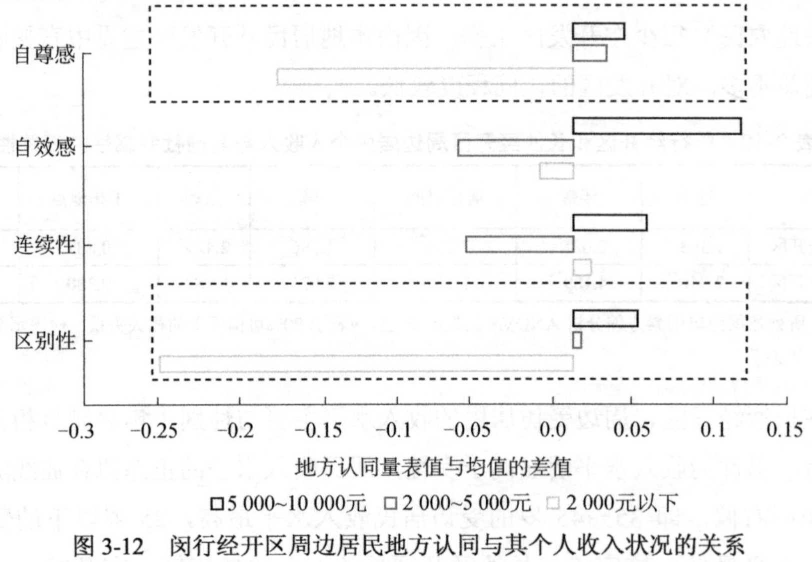

图 3-12　闵行经开区周边居民地方认同与其个人收入状况的关系

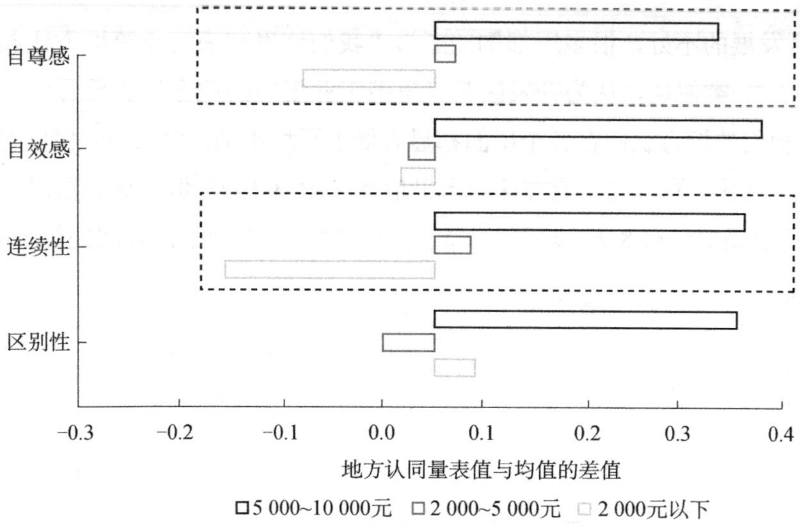

图 3-13　长沙经开区周边居民地方认同与其个人收入状况的关系

3. 个体对开发区环境的感知与其地方认同的关系

为验证居民对开发区的总体环境评价与地方认同的关系，在问卷设计中，提供了开发区“有很多年代久远的老厂”（考虑到长沙经开区缺乏产业基础，此陈述项变形为“有很多新建的工厂”）、“重型工业集中的地方”、“现代化的工业区”、“商业发达的新城（卫星城）”和“环境优美的工业区”这五个选项，涵盖了开发区可能具有的工业化、现代化、环境治理、商业配套等方面的特色，进而以居民选择的开发区环境特点为依据进行分组。结果显示，认为开发区工业化特征明显的受访居民，地方认同水平大多低于平均水平，而认为开发区具有现代化特色或商业发达的受访居民，地方认同水平显著高于平均水平。

在闵行经开区，接受问卷调查的 153 名居民中，认为开发区“有很多年代久远的老厂”的占比最高，多达 51 人，他们的地方认同除了区别性层面，其他层面都明显低于平均水平，这可能与老闵行地区在中华人民共和国成立后很长一段时间内工业化成就显著有关。老工业区形象使得部分居民虽然地方认同水平不高，但是其中的区别性水平较高。例如，在调研中就有部分居民表示，“闵行区是上海重工业的标志，以前闵行区的‘四大金刚’国内外都很有名”，但是

“开发区发展的不好，很多厂都倒闭了”，“我们这里和漕河泾等地方比起来，发展落后了”。类似地，认为开发区是“重型工业集中的地方”的受访居民也多达45人，他们的地方认同在各个层面都显著低于平均水平；而认为开发区是“商业发达的卫星城”的居民，地方认同水平最高（图 3-14），但是这类居民的占比最小，受访居民中仅有8人。这说明，较好的商业配套有助于提升居民的地方认同。

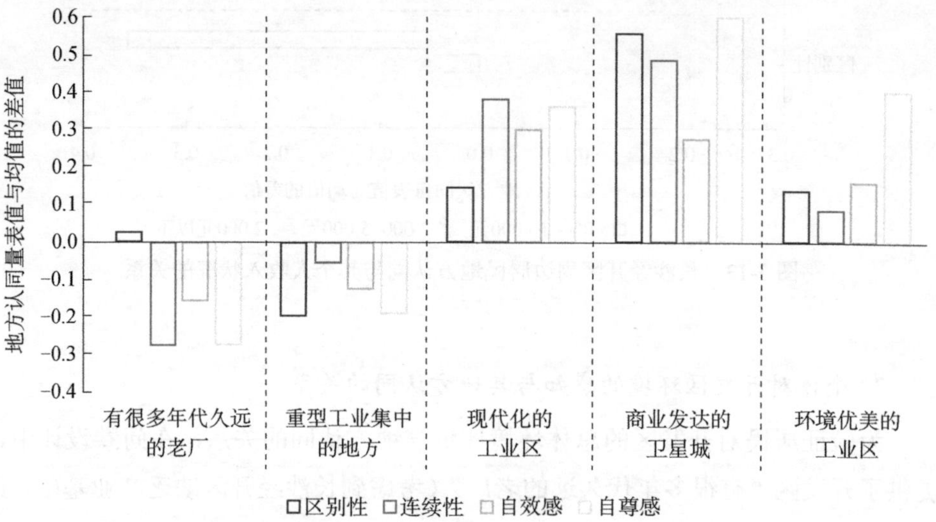

图 3-14 闵行经开区基于环境感知分组的各组居民地方认同状况

长沙经开区周边居民认为开发区是“重型工业集中的地方”的人数最高，达48人，这与其打造“工程机械之都”的宣传有关，不过这对受访居民的地方认同并未产生积极影响；其他 4 个选项（有很多新建的工厂、环境优美的工业区、现代化的工业区、商业发达的新城）的人数大体相仿，分别为 29 人、22人、22人和18人。其中，认为开发区“有很多新建的工厂”的居民地方认同水平最低，明显低于平均水平；而认为开发区是“现代化的工业区”的居民地方认同水平最高；选择“环境优美的工业区”和“商业发达的新城”的居民地方认同水平也较高（图 3-15）。长沙经开区从一开始就以建设长沙辅城为目标，因而商业等服务设施建设较多。经初步统计，开发区范围内就有步步高、卜蜂莲花、新一佳等 5 家以上的大型超市，芙蓉兴盛、锦和连锁等社区商店的密度也较高。调研中，就有居民告诉笔者，“星沙发展的很好，购物很方便”，而且“各种档次的商店都有……要逛街的话，像通程商业广场也很方便”，“小店的商品都是正规的，它们也是连锁店，虽然是住在这里的人开的，但是卖的东西都是由公司统一配送的，质量和价格都有保障”。正是由于星沙逐步成为宜业宜居的辅城，不少受访居民认为开发区的商业发达，其地方认同水平也高，尤其是在区别性层面，大幅高于平均水平。访谈中，有居民表示，“我家住在张公岭附近，虽然过浏阳河就离市区不远了，但我经常来星沙，这里已经不是郊区了，很多生活设施都比我们那边好”。

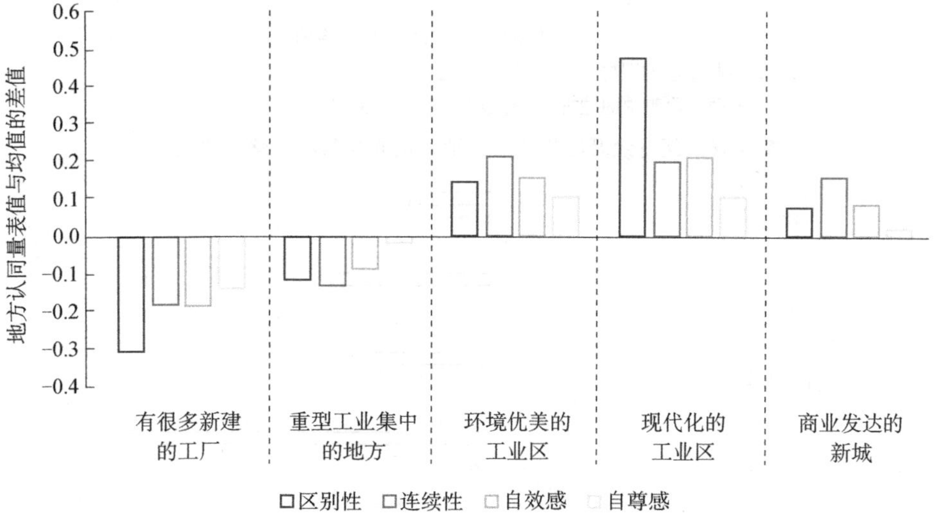

图 3-15　长沙经开区基于环境感知分组的各组居民地方认同状况

而对各组居民在地方认同四个层面的调研结果进行相关分析，发现认为开发区是“现代化的工业区”的受访居民地方认同水平普遍低于平均水平；而认为开发区是“商业发达的卫星城”的受访居民地方认同各个层面的水平普遍较高。这表明，虽然开发区的工业化水平是其经济效益的基础，但对周边居民而言，安居对地方认同的影响最显著。此外，开发区的总体环境特征对地方认同的区别性层面也有重要影响。例如，闵行经开区周边不少受访居民都感受到老旧厂房是闵行的特色，即使他们的地方认同水平不高，但在区别性层面仍然明显高于平均水平（图 3-16）；而在长沙经开区，由于促进了周边的城市化，也使得区别性层面的影响明显较高（图 3-17）。

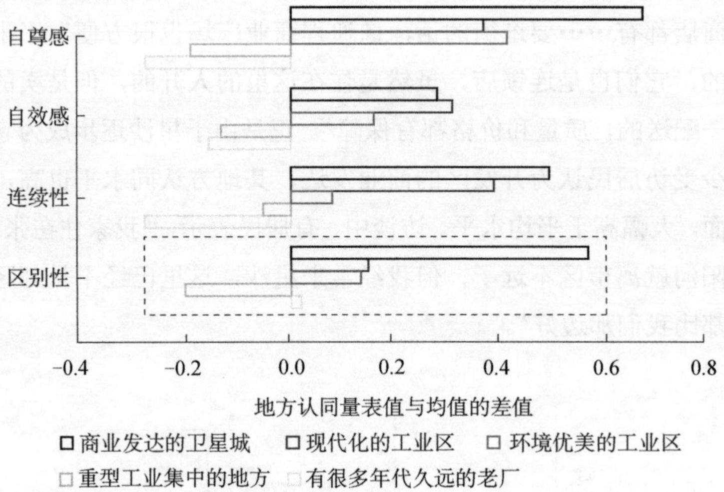

图 3-16　闵行经开区周边居民地方认同与其环境感知的关系

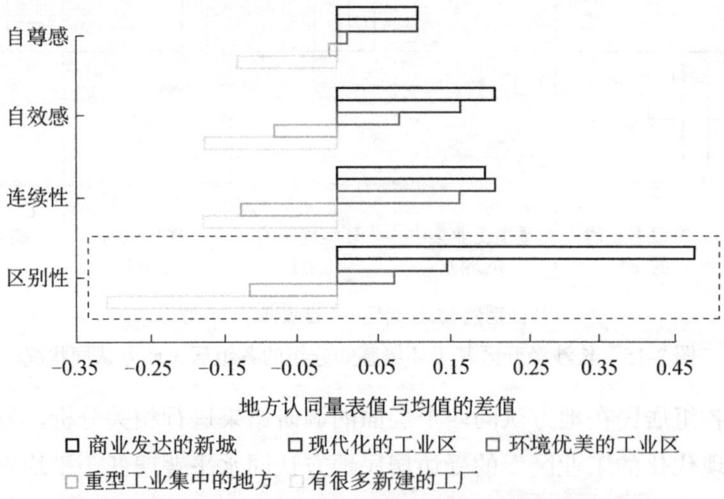

图 3-17　长沙经开区周边居民地方认同与其环境感知的关系

总地来看，长沙经开区一直注重开发区产业发展与所在县城的城市建设相协调，因而大部分周边居民认为开发区对其生活有正面影响，地方认同的各个层面与主体感知开发区影响的变量呈正相关关系；而在闵行经开区，周边居民地方认同的部分层面显示出开发区建设的负面影响。也就是说，开发区建设若能积极影响周边居民的地方认同，则会在认同的区别性和连续性层面显著地体现出来，这部分验证了本节所提出的假设 2。

关于居民个体所感知的开发区绩效，本节主要分析了个人收入和对环境感知两方面。结果显示，它们并未明显地通过自效感和自尊感影响居民的地方认同，即假设 3 未得到验证。具体来看，个人收入对地方认同有积极影响，而在环境感知中，对居民地方认同有最大积极影响的是“商业发达的新城（卫星城）”，其次是“现代化的工业区”和“环境优美的工业区”。

五、基于居民地方认同的开发区绩效优化路径思考

闵行经开区和长沙经开区的实地调研结果表明，地方性因素对居民地方感的影响比较明显，产业与经济发展绩效、社会公共服务水平或生态环境状况，都会对居民的地方感产生重要影响。目前来看，发展时间较长、面积较小的开发区可能受到的发展限制较多，能带给周边居民的经济利益相对有限，社会矛盾和生态矛盾相对复杂，居民地方感水平不高；反倒是开发时间较晚、正处于快速发展期的开发区能给周边居民带来较多实惠，加上可以借鉴的社会管理和公共服务经验比较丰富、生态污染防控意识有所增强，周边居民地方感水平有可能较高。在招商引资方面，如果扩大当地居民的就业机会，将有助于增强居民的地方感。

研究同时表明，开发区的总体绩效仅仅提供了对居民地方认同水平的宏观解释，理解影响居民地方认同的微观机理还必须从居民能够直接感知到的绩效来分析。开发区周边居民对开发区影响程度的感知状况、个人收入水平、对开发区环境的感知等都对地方认同有显著的影响。居民与开发区的联系越紧密，感知开发区的影响越深刻，居民地方认同中区别性和连续性的得分越高，而个人收入水平的提高则有助于自尊感层面的地方认同水平提升。至于对环境的感知方面，与居民生活关系密切的商业配套环境、卫生环境、现代化水平等对地方认同有正面影响，而开发区的工业化特征对周边居民的地方认同有负面影响。

为此，建议各地在开发区建设过程中，不必过分强调技术、资本密集型产业活动的集聚，而要适应当地居民的文化素质和就业需求，同时，要重视商业配套和公共服务设施建设，重视生态环境的保护和修复。对于那些已经进入成

熟期的开发区，尤其要重视加强与周边居民的联系，更多地为他们提供多样化的就业机会，使周边居民切实感受到开发区建设的实惠。总之，能给当地居民带来实实在在的好处，才是增进开发区周边居民地方感的基础。

第三节　开发区功能定位对周边居民地方感的影响

第二节主要考察的是不同地方（城市）同一类型开发区对周边居民地方感的差异性影响。考虑到不同城市同一类型的开发区虽然在功能定位上有相似之处，但在产业基础、发展历程、发展模式、社会文化环境、生态环境等方面都有显著差异，因而第二节主要基于发展绩效这一相对综合的视角来展开研究。同时，因为绩效与利益、认同等联系紧密，所以主要基于 Breakwell 等（1986）的地方认同建构框架进行研究。本节重点关注的是同一城市不同类型开发区对周边居民地方感的影响，主要体现的是开发区功能定位对开发区社会空间生产过程及结果的影响。在各类国家级开发区中，经开区与高新区数量最多、影响力最大，因而本节拟对经开区和高新区展开比较研究。

一、开发区功能定位对周边居民地方感的影响机理

（一）地方感层次评价的相关研究

地方感涉及人与地方的关系脉络，是一个内涵丰富且动态变化的概念（Nanzer，2004）。评价主体地方感的水平，常常需要从不同层次或维度加以分析。例如，Hashemnezhad 等（2013）将地方感划分为认知、行为和情感 3 个层次，其中认知层为基础层，是对地方状况的基本了解；行为层是指基于对地方的认知而采取的为满足某种需求的行动；情感层是对地方的认同和满意程度，是地方感的最高层。Shamai（1991）从渐进转变的视角，建议将地方感由弱至强分为 3 个阶段，分别是归属于地方、依附于地方、承诺于地方，且每个阶段可以再细分成两级，再加上无地方感，则构成连续的七个层次，分别如下：①无

地方感（no sense of place），不能理所当然地认为每个人都有地方感；②知道所在的地方（knowledge of being located in a place），即能够辨别地方的特征，但缺乏与地方的情感联系；③归属于地方（belonging to a place），即尊重地方的特征和事件，与地方荣辱与共；④依附于地方（attachment to a place），即强调地方的独特性和意义，对地方具有较高层次的情感依恋；⑤认同地方的目标（identifying with the place goals），即忠于地方，服从地方的利益与需求；⑥参与地方的活动（involvement in a place），即从行动上支持地方，参与地方的活动或组织；⑦愿意为地方牺牲（sacrifice for a place），即愿意为地方牺牲自己的财富、自由甚至生命，为地方的利益而放弃个人或集体的利益。

Relph（1976）从人地互动视角提出了地方感的七层次/种类。他认为地方是行动和意图的中心，对于主体的存在来说，是经历有意义事情的场所。与独特的区位、景观和社群相比，地方的内涵应该更多关注人在特定环境下的经历和情感。他同时强调，将地方从空间中区分开来的是内在的特殊性和内在的经历。当然，对地方的内在经历也会有不同的层次，并与人们在特定地方直接经历的多少、对地方的融入（参与）程度、对地方精神的认知和接受水平相关。如果地方对主体而言是“非内在的”，则可能产生无地方性。这也表明，维持或唤起人们的地方精神，重要的可能不在于保护某一历史时期的地方景观形态，也不在于自觉回归场所营造的传统方式，而应该积极促使主体为满足自身需求产生与有意义的地方发生关联的意识，从而避免特定地方对主题而言是“非内在的”或者说“无地方性”的。因为在Relph看来，如果一个人感觉到内在于一个地方，那么他/她会知道他/她在那里，而不是别处，他/她是安全的、轻松自在的，越深入内在，他/她的地方认同感就越强烈，这种认同感，不仅包含对环境的感知，还有人与人之间的互动。可见，Relph对地方感内涵的理解也主要是认同层面的。

在Relph看来，地方感的建构，从直接经历而来的先验观念，到形成稳定的印象，对主体而言，乃是将外部世界“同化”到业已形成的心理结构，再将其调节为内部世界的过程，其间包含一系列复杂、渐进的平衡。因此，地方感不能被简单地理解为物理的或观察的特征，也不只是态度，而是两者不可分割的结合。它由相互关联的多个因素组成，这些因素之间又存在非常多的组合方式，因而地方感具有多样性。对于每个地方和每个人而言，可以存在多种地方感以反映不同的经历和态度。Relph 认为，地方感可划分为如下七个层次：①存在的外在（existential outsideness）；②客观的外在（objective outsideness）；③偶然的外在（incidental outsideness）；④代理的内在（vicarious insideness）；⑤行为的内在（behavioural insideness）；⑥移情的内在（empathetic insideness）；⑦存在的内在（existential insideness）（表 3-11）。

表 3-11　Relph 七层次地方感的内涵比较

地方感七个层次	内涵	“人”与“地”的关联方式
存在的外在	只能设身在外地观察一个地方，无法理解其意义和精神。地方不是位于存在的中心位置，充其量不过是毫无意义的活动背景而已，或者只是幻觉，甚至可能是虚无。这个地方只是因为人类需要而勾勒出来的空间的一小部分而已，所有的地方被假定具有相同的、毫无意义的标识，只通过表面特征加以识别	置身事外地观察
客观的外在	主体视特定地方为区位或者物体存在与活动发生的空间，对其采取不带感情色彩或者说纯粹知识的一种态度，用以区分不同物体或活动所在的空间位置，将“人”和“地”明显地区别开来。地方从单纯的直接经验的对象转变成具有特定属性和区位特征的事物，而且其区位可以用“中心地理论”或其他理论解释	采用知识和逻辑来解释
偶然的外在	只关注地方的某些重要功能，地方感也仅仅源自地方作为特定功能发挥的活动背景，同时，对于那些活动而言，地方的背景作用可能是非常偶然甚至附带的。这种偶然的外在经历可能是每个人在经历一些地方时都会有的特征。我们正在做的常常会不可避免地会掩盖掉我们在哪做的，地方因此就成为背景。一般只应用于主体作为游客或者对地方的专注受限的情况	因功能需要偶然经历某一背景环境
代理的内在	以一种二手或替代的方式经历特定的地方，并未实际到访，但却对其具有深厚的情感经历。例如，通过游记、影片或其他媒介进入的那些时而真实、时而梦幻的遥远世界。沉浸的程度主要取决于艺术家描述的技能和水平，或者主体想象和移情的程度。当对特定地方的描绘与主体在相似地方的经历一致时，代理的内在可能最明显。这种对地方的大众认同远远不同于来自直接经验的认同，它的信息或多或少地来自大众媒体，因而是一种肤浅和表面的认同。它可以被改变和操控，因此可信性不高，还可能对个人经历和地方感的象征特性造成损害	以二手的方式产生大众认同
行为的内在	把地方视为一系列以特定方式组织的物体、景点和活动，具有特定的可视性特征，虽然只说明主体在哪里，但其内部的格局、结构和内容能让主体明确是在“这里”而不是在其他地方	关注本地可视化要素和行为活动
移情的内在	不是关注地方的外观特征，而是关注对特定地方的情感，需要一些有意识的感知以及愿意开放地接受地方意义的多样化和变化，乐意去感受、了解和尊重它的象征。这对于任何不被死板的思维模式限制的人和具备一些环境意识的人而言都是可能的，情感置身于特定地方是指理解其丰富的意义，并因此对其产生认同。一般地说，这些意义不仅与地方的经历和象征有关，也源自主体自身的经历	理解地方意义并产生地方认同

续表

地方感七个层次	内涵	"人"与"地"的关联方式
存在的内在	属于特定地方，对其充满深厚而完整的认同，隐含的意思是主体是属于"这个地方"的，不论多么了解其他地方的象征和意义，那些其他地方都是存在的外来者。其最基本的特征是无意识。例如，当人们在家或自己的社区、城镇，往往了解这个地方以及这里的人，同时也被认识和接受。主体若没有认同任何一个地方，那么事实上是无家可归的、无根的，若是对某个地方有存在的内在经历，那么就是这个地方的一部分，这个地方也是他的一部分，由此在地方和人之间便存在一个强有力的联结关系	属于地方并与地方融为一个整体

资料来源：Relph（1976）

在开发区建设过程中，周边居民能感受到自然和社会环境的快速变迁，而居民地方感的水平也能反映出居民与开发区建设的密切程度和认同状况，这关系到开发区和居民自身的长远发展。Relph 对地方感七个层次的划分，不仅体现出了从"外在"到"内在"、从"他者"到"我者"、从"人""地"明显区分到紧密联系的渐变，还体现出了地方从直接经验、活动背景到意义载体的深刻转变，因而更适合分析开发区周边居民在伴随开发区建设过程中的情感与认同变化。此外，Relph 曾阐释外在与内在的差异，认为"外在"就像以一个旅行者的角色、隔着一定的距离来看地方，一般与地方疏离（place alienation）、地方松脱（place detachment）相联系；而"内在"则是基于主体实际经验的感受，由此，地方环绕着主体的生活，或者说已然是生活的一部分，强调主体不自觉地融入地方，一般与地方认同（place identity）、地方依附（place attachment）相联系。一个人对地方可能同时具有外在与内在的感觉，这展现了地方的双重性。也就是说，地方既是主体生活经历的场所，又是其构建情感与认同的基础。开发区在空间生产和重塑的过程中，对于本地人或外地人，都是陌生的新空间，两类群体都要面临地方感从"外在"向"内在"培育的过程，因而 Relph 地方感理论对于研究开发区周边居民地方感具有特殊的价值。

（二）不同类型开发区的建设特点

经开区和高新区是我国目前数量最多、影响力最大、代表性最强的两类开发区，基本上能够代表我国开发区的发展状况。它们分别归属于商务部和科学技术部。截至2017年底，全国共有219家经开区和156家高新区①。虽然经开区和高新区都是我国实现新型工业化和新型城镇化进程的重要空间载体，但两者在发展目标和建设机理上仍存在一定差异（表3-12），从而对周边居民的地方感产生不同的影响。

表3-12 经开区和高新区建设特点比较

项目	经开区	高新区
主管部门	商务部	科学技术部
政策原型	出口加工区	科学园或技术园区
理论渊源	劳动分工理论	区域创新理论
发展动力	规模经济	创新经济
发展目标	外来技术本土化	本土技术产业化
功能定位	外向型加工制造基地	高新技术研发、产业化基地
产业特征	加工制造业	高新技术产业
优势要素	土地、劳动、资本	知识、技术、人力资本
区位选择	交通、基础设施条件较好的地域	智力密集和环境较好的地域

资料来源：张艳（2011）

从设立的初衷来看，经开区的发展模式设计主要源起于国外的出口加工区（export processing zone），一开始就明确以“面向外资、面向出口、面向劳动密集型产业”作为发展方针；从其发展的理论基础来看，应该与产品内国际分工的发展密切相关，主要是为了从加工制造环节嵌入产品的全球价值链，并由此积累制造业发展基础。受加工制造“两头在外”模式的制约，经开区的发展更为重视资本、劳动力等有形要素的积累，虽然也强调要重视技术进步和创新，但其实际的贡献非常有限（张艳和赵民，2007），也并非经开区考核的要点。也就是说，作为用好“两种资源、两个市场”、落实“以技术换市场”任务的实践空间，经开区的考核目标往往主要关注吸引到的产业资本的数量和质量，投资环境建设的重点也在于提供生产制造所需的空间载体。这就使得经开区在区位选择的过程中，大多希望占地面积能逐步扩大；因为主要是通过引进国外成熟

① 国家级产业园区数量和规模持续增长[EB/OL]. http://www.cinn.cn/gyyq/cyy/201812/t20181219_202819.html [2018-12-18].

技术开展生产活动，因此对产业基础的要求较少，对普通劳动力的数量需求较多；为适应较大规模进出口对降低运输成本的要求，倾向于布局在交通便利的地方；为降低征地拆迁和基础设施建设成本，倾向于选择自然地理环境较好的城郊农业地块。这样的区位特点使得经开区往往公共服务水平不高。同时，经开区集聚的是各类加工制造企业，可能存在较大的安全生产和生态环境风险，因此周边生态环境的总体水平一般不高，这些都不利于吸引企业高管在经开区周边居住。

高新区主要源起于硅谷等国外较为成功的科学园（science park）或技术园区（technology park），主要以促进高新技术成果的研发和产业化为目标，其发展的理论基础，主要是与区域创新相关的理论，包括产学研合作模型、区域创新体系等。虽然不少高新区也吸引了不少高科技产业的加工制造环节，但至少其所属产业领域是高科技部门，同时，大多数企业入驻都有产品技术含量等方面的要求，不少企业还同时引进了与技术成果本地化相关的研发部门。在招商引资和绩效考核中，也特别关注科技创新链前端的知识生产和后端的知识生产力向现实生产力的转化（康争光，2014；苟尤钊，2014），因而不仅重视发挥资本、劳动力等有形要素的作用，还高度关注技术、知识、人力资本等无形要素的积累。在区位选择上，不仅要考虑征地拆迁成本和交通区位因素，还特别关注邻近知识和技术资源丰富的区位，因而不少布局在知识和技术资源密集的大中城市，特别是这些城市早期的文化科教区周边，以更好地吸引和培育创新型企业（张艳和柴彦威，2011）。在政策环境上，高新区更多关注有助于研发和产业化活动的政策创新，包括人才引进和创业方面的政策创新，员工的文化素质和收入水平总体较高，再加上研发活动的环境安全风险和污染相对较小，因而高新区周边的人居环境总体较好。由于凭借良好的自然和人居环境吸引高素质人才已经成为硅谷最为人所知的成功经验之一，国内高新区在规划设计和发展实践中大多注重人居环境建设。

（三）经开区建设对周边居民地方感的可能影响

本章第一节的研究表明，居民结构、地理景观和社交网络的变化是开发区影响周边居民地方感的重要路径。由于经开区和高新区在功能定位上的差异，它们的人口结构、地理景观和社交网络重构情况都会有显著差异，因而会对周边居民地方感产生不同的影响。而从 Relph 的地方感理论看，从“存在的外在”到“存在的内在”，地方感层次变化首先可归因于“人”与“地”关联方式的差异，核心是主体如何建立与地方的联系。从“置身事外地观察”到“属于地方并与地方融为一个整体”，其中更重要的可能不是地理景观的变化，甚至还不是人与人之间的交流互信，而是主体的经验、经历与价值观。这也表明，开发区周边社区的人口结构对居民地方感层次的影响可能比较显著。

经开区主要集聚的是劳动密集型的加工制造企业，对从业者的文化素质要求总体不高，工资水平总体也不高，因而来此就业的外来劳动力主要是普通的农民工。虽然他们有勇气离开家乡外出谋生，表现出较强的接受挑战的意识和毅力，但他们在异地工作的经验和经历比较有限。同时，由于经开区大多在城市近郊通过较大面积的征地拆迁活动快速兴起，周边可能居住着较多的失地农民，他们的文化素质总体也不高。虽然在征地拆迁中他们可能得到了不菲的补偿，但由于面临生产生活方式的剧烈变化，从长期看，并不宽裕。他们中的大多数人一直在本地生产生活，人生经历不太丰富，这也制约了他们与地方关联的方式。此外，从地理景观的变化看，从农地经征地拆迁转变为加工制造集聚区的过程，景观必然会发生巨大的变化，而且这种变化甚至并非只表现在人文景观方面，也表现在自然景观方面，因而即使对当地人而言，也会失去承载地方记忆的物质载体。而在人际交流网络方面，失地农民和外来劳动力可能都面临较大的生存压力，也都需要适应生产生活方式的巨大变化，因而普遍存在某种焦虑。随着生产和居住、生活方式的变化，失地农民之间需要建构新的情感联系方式；而失地农民与外来劳动力之间可能存在某种群体之间的竞争关系，甚至会因此相互贴上污名化的标签，从而使得开发区周边的矛盾更为复杂；至于外来劳动力之间，也会有竞争关系和各种矛盾，包括需要建构新的社交网络。这些都使得经开区周边具有较为典型的“无根者”集聚的特征。

基于以上分析，不难看出经开区周边居民在地方感建构方面可能具有以下特点：

一是在人口结构方面，大多数主体的文化素质可能不高，在不同地方求职的经验、经历不是特别丰富，在经济层面的危机感较强，因而经开区周边居民的需求层次可能仍集中在生存和安全，追求个性化人生价值的占比不高。在日常生活中，大多数经开区周边居民可能不得不更多地关注个体和家庭的经济收入等，较少自觉地关注经开区或所在地区的发展，因而建构对经开区地方感的自觉性和能力可能都有不足。从经开区主体与所在地区的关联方式看，在外在层面，可能大多处于置身事外观察的状态，也很可能因功能需要偶然经历某一背景环境，但较少能自觉地采用知识和逻辑进行解释；而在内在层面，通过“二手”资料关注本地的可能性不大，但由于长期在开发区周边居住生活，因而基于可视化要素和行为活动与开发区发生联系的机会还是不小的。本地失地农民或外来劳动力，都可能会观察到景观的变化，特别是在行为空间中可能发生联系的那部分可视化要素的变化。大多数主体对地方意义理解的层次可能不高，但本地失地农民有意识或无意识地感到属于地方，并与地方融为一个整体的可能性较大，毕竟这里是他们长期生活的场所，即使景观变了，也还是会有这样的朴素情感，但外来劳动力感到属于开发区并与之融为一个整体的可能性不大。

二是在地理景观方面，经开区大多选择在城市郊区的农地上快速兴起，当地原有的非农产业基础薄弱，因而地理景观发生变化的可能性较大，而且为吸引加工制造企业的进入，在交通等基础设施建设方面的投资可能较多，但服务于居民生活的医疗、教育、购物、娱乐设施可能相对较少。地理景观的变化一般会削弱本地人的地方感，如果发生了较明显的环境污染或较严重的安全生产事故，这种削弱作用会更明显；但如果这种变化便利了居民的生活，或者增进了居民的经济利益，那就不一定会对地方感产生明显的负面影响。例如，经开区建设往往便利了当地的对外交流环境，也让本地失地农民从征地拆迁中获得了一定的经济补偿以及更好的居住条件，因而有可能会增进本地失地农民的地方感。如果本地失地农民还获得了在经开区就业的机会，并取得了不错的收入（因为相较于劳动力无限供给条件下的农民收入，工业部门的收入总是相对较高的），那么他们的地方感会更强。值得指出的是，地理景观的变化对主体地方感的建构而言，在“客观的外在”、“偶然的外在”和“行为的内在”等层面，影响都可能较为明显，因而经开区建设如能有利于本地人的生活质量提升，会使“偶然的外在”和“行为的内在”两个层次的得分较高，而“客观的外在”则因为受到居民文化素质和知识积累的制约，可能得分不是那么高。

三是在社交网络方面，人口的大量涌入一定会促使原有的社交方式和社交网络结构发生变化，由此造成的复杂的社会矛盾很可能会削弱居民的地方感。经开区有不少收入不高的外来劳动力租住周边本地失地农民的房产，与他们混居在一起，因此本地人和外地人之间会存在某种社交关系，虽然可能这种关系不是太友好。原本同为农民的本地人和外地人之间难以建立有效的社交网络。也就是说，他们虽然居住在一起，对彼此有一定的认识，但却未必能带来积极的情感。不过，随着交往增多，特别是如果有一起在经开区就业的经历，本地人与外地人之间就会有更多的共同话题，这有利于增进他们对经开区和居住小区的积极情感。总地来看，社交网络的重构在短期可能抑制地方感的层次提升，容易导致居民以“置身事外”的态度来审视经开区，难以理解“地方的意义并产生地方认同”。这对本地人的负面影响可能相对较小，毕竟其长期的生活经历已经帮助他们形成了对当地的特殊情感，但对外地人而言，这种负面影响比较明显。

综上所述，经开区周边居民对自身和家庭的关注远远多于对经开区的关注，获取地方信息并为己所用的能力也有限，这都不利于他们增进对地方的感知和认知；同时，本地人和外地人之间往往存在某种竞争关系，缺乏相互信任，本地人倾向于具有优越感，并对外地人的行为存在偏见，这也制约了经开区周边居民的地方感提升。不过，如果地理景观的变化能给周边居民的生活质量提升带来积极影响，同时社交网络随居民间交流的深入逐步优化，则可能提升居民的地方感。结合 Relph 的七层次理论，经开区周边居民在“存在的外在”、“偶然的外在”和“行为的内在”层次上得分可能较高，在“客观的外在”、“代理的内在”和“移情的内在”层次上得分可能较低，而在“存在的内在”这一层次上，本地人的水平可能较高，外地人的水平可能较低。这是由经开区周边居民的结构及其文化素质、经验经历等造成的，正是这些因素影响到主体与所在地区关联的方式。

（四）高新区建设对周边居民地方感的可能影响

虽然与经开区一样，不少高新区也经历了征地拆迁、基础设施建设、招商引资等发展阶段，在地理景观上也发生了显著变化，同样吸引了大量外来劳动力的进入，并改变了原本以当地农民为主的人口结构。但是，由于高新区的功能定位与经开区存在较大差异，其区位选择、人口结构及周边居民的地方感状况与经开区可能存在较明显的差异。在区位选择方面，高新区倾向于选择靠近高校和科研院所布局，不少布局在城市的传统文化教育区或新的大学城周边，同时高新区的不少入驻企业有较高的技术水平要求，从业人员的文化素质要求和收入水平也相对较高，并且大多从较高层次的求学经历中获得了较丰富的知识和经验，虽然也有一些从事加工制造活动的普通劳动力，但由于企业生产具有较高的技术含量，其文化层次和收入水平较经开区周边要高一些。另外，与经开区相比，高新区一般占地面积较小，而且靠近城市原有的文化教育区或新建的大学城，因而周边居民（包括高校学生等）中本地失地农民的占比相对较低，文化素质总体较高，文化多样性水平也较高。在地理景观方面，在高新区建设过程中，景观也发生了巨大变化，可能使本地人原有地方感的建构基础受到破坏。但高新区一般重视人居环境和创新文化建设，可能很快为重构地方感建设了更时尚、更具文化内涵的新地标。在人际交流网络方面，虽然也存在本地人和外地人之间的矛盾，但相较于经开区周边文化素质和经济收入都较低的外来劳动力，高新区周边不少是文化水平和收入水平都较高的青年劳动力，他们甚至是本地人眼中的“天之骄子”，反而可能缺少与本地失地农民平等交往的意识，从而出现另一种形态的隔离。虽然高新区周边的高科技企业员工可能在经济收入上受限较少，但也面临技术创新方面的压力，并不一定轻松闲适，反而会有另一种形式的紧张。这同样可能造成周边人际交流网络的低效率，不利于周边居民地方感的重构。

结合地方感建构影响因素的分析，高新区周边居民地方感可能存在如下特点：

一是在人口结构方面，相对于经开区，大多数高新区周边居民的文化素质较高，经验经历相对丰富，收入水平较高，部分年轻、高收入、高学历者可能倾向于追求个性化的生活方式，更喜欢高新区的创新创业文化氛围，在日常生活中，与高新区发展的联系较密切，因而可能具备自觉建构对高新区地方感的意识和能力。从主体与所在地方的关联方式看，在外在层面，可能有较多高新区周边居民能自觉通过知识和逻辑来了解高新区，也可能因功能需要偶然经历某一背景环境，不过，仍会有一些主体处于置身事外观察的状态；而在内在层面，通过“二手”资料关注本地的可能性会大一些，基于可视化要素和行为活动与高新区发生联系的机会也不少，特别是对在行为空间中可能发生联系的可视化要素。关于对地方意义的理解，如果主体感觉自身与高新区发展的联系不紧密，则表明其地方感层次不高，但对在高新区进行创新创业活动的主体而言，应该能够自觉认识地方的意义，甚至在长期的创新创业活动中，有意识地感到属于地方，并与地方融为一体。高新区周边本地人的占比可能较低，因此无意识地感到属于地方，并与地方融为一体的主体可能占比较小。

二是在地理景观方面，为吸引高新技术研发和产业化活动的进入，特别是为通过“三区联动”促进“产学研一体化”，高新区周边的设施环境一般较经开区更为优越；如果能在城市原有文化教育区周围建设（如北京中关村），则会有更好的医疗、教育、购物和娱乐设施。同时，高科技人才一般对工作环境质量的要求较高，高科技产业的污染水平相对较低，高科技企业也倾向于较早采用节能环保和治污技术，这使得高新区周边的生态环境质量总体不错，高新区周边地理景观的变化应当会增进本地人的地方感。当然，高新区同样是服务于国内外剩余产业资本谋求更大利润的空间，也会相对忽视人的发展需求，这样就会与主体的个性化需求之间产生较为明显的矛盾，不利于增进居民的地方感。可以预估的是，高新区地理景观的变化不仅可能会使周边居民在“偶然的外在”和“行为的内在”两个层次上得分有所提升，同时，在“客观的外在”层次，因为周边居民文化素质和经历经验比较丰富，得分可能也会比较高。如果高新区的地理景观变化较好地满足了主体对人居环境的总体需求和个性化需求，则比较容易在其他各个地方感内在的层次取得较高的得分；但如果主要还是为满足产业发展的需求，则可能在内在层次的得分比经开区更低，特别是在“存在的内在”层次会比较明显。

三是在社交网络方面，高新区周边也会由于人口结构和生产生活方式的变化，发生社交网络的重构。不过，高新区的外地人文化素质和经济收入都比较高，因而居民间交流的方式和矛盾与经开区存在较明显的区别。外来的年轻、高文化素质、高收入群体可能会不愿意与周边原来的居民，特别是本地失地农民进行交流，两者之间会存在思想和情感上的明显隔阂，并且这种隔阂可能并不以矛盾冲突，而是以互不往来的形式出现，所以本地人会更容易感受到孤独，外地人也不会轻易在这里找到“家”的感觉。同时，文化素质的提升需要长期的积累，因而这种孤独感可能会是长期存在的。也就是说，高新区周边社交网络的重构可能会比经开区周边困难更大，会有不少本地人以“置身事外”的态度来审视高新区，而不少高新区外地人则会以同样的态度来审视所在的居住空间，同时，能在高新区获得就业机会的本地失地农民会更少一些。由此，无论本地人或外地人都难以很快认知高新区及其周边社区的意义，并产生地方认同。

综上所述，高新区基于集聚高新技术研发及产业化活动的功能定位，会吸引较多受教育程度较高的年轻、高收入人才集聚，由于其文化素质和经济实力水平较高，这些年轻、高收入者的需求层次相对较高，大多不会仅仅满足于地方提供的安全感和舒适感，而是更倾向于个性化地理解地方的意义，并使其与身份建构甚至自我价值的实现建立更紧密的联系。从某种意义上说，这是有助于增进地方感层次的。但我国高新区主要是服务产业资本谋利的空间，可能会相对忽视人的发展需求，因而有可能在需求层面存在更明显的矛盾。例如，高新区的地理景观可能比经开区更有助于改善人居环境，但却因为无法满足人的高层次需求，难以有效提升主体的地方感层次。在社交网络方面，本地人和外地人之间可能存在某种隔离，并且这种隔离可能是由主体间存在文化素质或经历经验方面的巨大差异造成的，因而可能会长期缺乏有效交流的话题和平台，不利于形成高层次的地方感。总地来说，高新区周边居民的地方感应该更可能在内在的各个层次上优于经开区周边居民的地方感，毕竟他们更为理性，获取信息的渠道也多，同时高新区发展的条件也比经开区好，文化氛围和生态环境等都更适合主体的发展。但如果高新区的发展过于忽视人的发展需求，那么高新区居民就可能在地方感的各个层次上都弱于经开区周边居民，这同样是因为他们的需求层次更高，更容易产生不满，也更可能以对地方的抵抗，甚至通过蒂布特（Tiebout）模型中“以足投票”的方式来表达这种不满。此外，高新区周边居民中本地失地农民占比可能较低，因而源自无意识的地方感或基于长期居住生活产生的对地方的情感较少，不利于在“存在的内在”层次上有较高的得分。当然，如果高新区的创新创业文化氛围建设得很好，能与年轻、高文化素质人才的个性化发展和人生价值实现建立紧密的联系，那么有可能在地方感各个层次上的得分都更高一些。结合 Relph 地方感七个层次的分析框架，高新区周边居民同样可能在“存在的外在”和“行为的内在”等层次上得分较高。

总之，基于地方感建构的人–地互动过程，由于不同类型的开发区在功能定位上的差异，其周边的“人”有所不同，地理景观的特点和变化状况也有所不同，主体与“地”关联的方式以及主体之间的社交网络状况也会有所不同，因而其周边居民的地方感状况可能存在较大差异。其中，最关键的，可能还是由产业定位和区位选择不同造成的人口结构的差异。主体的文化素质、收入水平和需求层次，不仅会影响其对地理环境的认知方式和需求层次，也会影响他们之间的沟通交流方式。较高的文化素质和收入水平会显著提升主体获取地方信息的能力，但也会显著提升其需求层次。由此，很难简单预判是否高新区周边居民的地方感层次比经开区周边居民的地方感层次更高。不过可以肯定的是，开发区建设显著影响了周边的地理景观和人口结构，因而必定会对周边居民的地方感产生影响。而如果高新区在发展中过于忽视“开发区人”的发展需求，那么，高新区周边居民的地方感可能更低，因为高新区人对地方的需求层次可能比经开区人更高。

二、调研方案的设计与实施

（一）调研目标与量表设计

研究主要基于 Relph 地方感理论设计利克特量表，并以实地调研的成果为基础，比较经开区和高新区周边居民的地方感水平和具体特征；结合对地方感影响因素的考察，进一步探析两类开发区周边居民地方感的形成机理。

1. 地方感量表设计

基于 Relph 地方感七层次分析框架，结合我国开发区发展的具体特征，共设计 19 个陈述句，形成五分制利克特量表（1 为非常不同意、2 为比较不同意、3 为既不同意也不反对、4 为比较同意、5 为非常同意）（表 3-13）。具体地说，“存在的外在”相关陈述为考察居民对开发区基本特征的评价，是最低层次的地方感；“客观的外在”相关陈述为测试居民基于知识和理性形成的对开发区发展特点的看法；“偶然的外在”相关陈述主要反映居民是否认可开发区在经济、社会等方面的功能，是否从开发区发展中获利；“代理的内在”相关陈述主要反映居民以“二手”方式获取开发区信息的情况，“二手”不仅包括大众媒体，也包括人与人之间的互动；“行为的内在”相关陈述主要涉及居民在开发区的行为活动，包括与开发区以及开发区内其他居民的互动；“移情的内在”强调居民是否通过在开发区的经历和体验对开发区产生了深厚感情，因而相关陈述与主体对开发区的情感依恋相关；“存在的内在”是最高层次的地方感，需要居民对开发区的情感和认同是毫无意识、发自本心的，因而相关陈述与对开发区的认同相关，包括受访居民是否对开发区具有强烈的自豪感和荣辱与共的意识。除“存在的外在”和“客观的外在”各有两条陈述外，其他层次地方感各有三条陈述，且只有“客观的外在”相关的两条陈述（涉及功能定位）在经开区与高新区的量表中有所不同，其他陈述项在两类开发区周边调研时完全相同。

表 3-13　地方感测量量表

层次	具体陈述
存在的外在	1）开发区是一个现代化产业园区
	2）开发区发展中变化很大
客观的外在	3）开发区发展的主要是加工制造/高新技术产业
	4）开发区的产业以劳动/智力密集型为主
偶然的外在	5）开发区具有良好的经济效益
	6）开发区具有完善的基础设施
	7）开发区是一个有利的发展平台
代理的内在	8）我可以在电视、网络等媒体上获得很多开发区的信息
	9）我有亲戚朋友在开发区工作，这让我更了解开发区
	10）我有亲戚朋友在开发区工作，这让我为之自豪

续表

层次	具体陈述
行为的内在	11）我喜欢与开发区的其他居民来往
	12）我会主动关注开发区的发展动态
	13）我愿意参加开发区举办的各项活动
移情的内在	14）我在开发区有家的感觉
	15）我愿意长期在开发区工作或生活而不愿离开
	16）出门在外时，我经常想念开发区
存在的内在	17）我以在开发区工作或生活为荣
	18）我愿意为开发区的发展贡献自己的力量
	19）听到别人谈论开发区不好时，我会出面纠正

2. 地方感影响因素的相关设计

结合本章第一节的分析，研究主要从个体属性、地理景观、交流网络三方面考察地方感的相关影响因素。考虑到 Relph 地方感理论重视“人”与“地”关联方式的变化，故拟考察实践活动的影响，以考察关联方式变化的可能机制。由于影响主体地方感的主要是对地理景观的感知结果，而不是景观本身，拟以对地理环境的感知来反映地理景观变化的影响。由此，本研究考察的地方感影响因素可分为个体属性、地方环境、实践活动、社交网络四类。具体来说，个体属性主要包括性别、年龄、原籍、受教育程度、职业类型、月均收入等人口统计学指标，以考察人口社会结构对地方感的可能影响；地方环境重点关注对居民地方感建构有直接影响的地理景观感知状况，主要包括居民对开发区经济、社会、文化环境的认知和评价；实践活动主要是指主体与开发区所在地区发生联系的状况，包括在开发区居住的时间、家庭成员是否在开发区企业工作等，以考察居民在居住和工作两方面与开发区之间联系的密切程度；社交网络主要包括迁入开发区的缘由、在开发区的社交范围、与开发区本地人或外地人的相处情况等。

值得指出的是，地方是人们意义和认同所在的中心（Entrikin，1991），因而能感受到地方环境的特征可能极为重要（Rutherford，1990），并且主体感受到的应当不仅是当地的或内部的环境特征，还包括其他外部环境的影响（Entrikin，

1991)。因为主体对不同地方之间进行比较也可能会影响其对特定地方的地方感，这在认同的层面表现得尤为明显。当然，地方感的建构往往不仅受到主体与所在地区自然环境关系的影响，还和主体与地方之间的社会联结密切相关（杨昀，2011），因而居民与开发区之间的互动（实践活动）以及主体之间的社交网络都可能是影响地方感的重要因素。对于移民来说，无论何种文化背景，与其他人的社会关系以及日常的社会实践，都对建构新的地方感可能具有重要的意义（Pooley，1999）。可以预见，以上四方面因素都可能与地方感的状况存在显著的相关性。

（二）案例地选择

1. 作为案例研究对象的开发区的选择

当前，我国开发区的案例研究多集中于北京市、上海市、广东省、江苏省等发达地区，对中西部欠发达地区的开发区关注较少，因而研究在地域上存在一定的局限性（丁悦等，2015）。本研究选择长沙经开区和长沙国家高新技术产业开发区（简称长沙高新区）作为典型案例开展实地分析。这不仅是因为这两个开发区的发展绩效都比较好，同时还有助于弥补以往相关案例研究主要关注东部沿海地区开发区的不足。长沙经开区和长沙高新区都是湖南省创立较早、发展基础较好的国家级开发区的代表。前者位于长沙县人民政府新的驻地（星沙街道），后者位于长沙市河西麓谷，邻近长沙市政府，与中南大学、湖南大学、湖南师范大学等“双一流”高校相邻。在相同的城市和相似的拆迁安置政策下，同样基于长沙的自然条件和人文环境，长沙经开区和长沙高新区的建设都经历了“起步探索—创立国家级开发区—转型发展”三个主要阶段。随着开发区的逐步发展，也都发生了景观和产业的巨大变化，并对周边居民的结构和生产、生活方式产生了不同程度的影响。周边居民普遍面临着原有地方感被削弱或断裂、新的地方感亟待重构的困境。作为在中西部地区发展得比较好的两个开发区，它们也许比东部发达地区的成熟园区更具有广泛的代表性。

关于长沙经开区的建设情况，在第二章第三节、第三章第二节中已有介绍。为便于比较，主要对其用地和征地拆迁情况做一点补充。1992 年至今，长沙经开区的规划面积由20平方千米扩大为100.59平方千米，共经历了三次扩区，到2015年，建成区面积约为38平方千米。在建设过程中，土地征用先后执行的是长沙市人民政府1991年颁布的4号令和5号令、1995年调整的4号令和5号令、2000年颁布的《长沙市征地补偿安置条例实施办法》和2008年颁布的《长沙市征地补偿实施办法》，共计征用土地44 744.73亩，动迁7044户、21 420人，支付的征地拆迁补偿费和安置补偿费合计约为57.11亿元，从而保障了经开区的建设用地需求，其间共建设了杉星/灰埠/板桥安置房、星沙大市场的一至六区、灰埠/板桥/泉塘/丁家/华湘/龙华安置小区等工程，以解决拆迁户的住房安置问题。

长沙高新区创立于1988年，1991年被国务院批准为首批国家级高新区，经历过三次扩规调整，规划总面积达 140 平方千米，2015 年建成区面积超过 30 平方千米，建成区主要位于麓谷街道。麓谷是长沙高新区的直管核心园区，主要包括延农、长丰、长庆、东塘四个农村型社区和麓景、麓源、麓泉、和馨园四个城市型社区。近年来，麓谷累计完成建设项目征地面积30 000余亩，腾地27 000余亩，动迁人口20 000余人，开发用地面积25 000余亩[①]，建立了由安置保障房、公共租赁住房、商品住宅组成的住房供应和保障体系。依托着力打造"四个麓谷"（创新麓谷、高效麓谷、美丽麓谷、幸福麓谷）战略，以及2014年底以长沙高新区为龙头的长株潭国家自主创新示范区正式获批，长沙高新区的转型发展获得了难得的良机。

综上所述，长沙经开区和长沙高新区都是发展条件比较好、受重视程度比较高的开发区。唐承丽等（2012）曾采用经济总量、产业集聚、创新能力、开放程度、环境保护等综合评价了湖南省开发区的发展水平，结果显示长沙经开区综合得分为9.20，长沙高新区综合得分为16.12，均属于已步入成熟期的开发区。而从相关数据的比较来看（表3-14），长沙经开区的建成区面积占规划面积的37.78%，而长沙高新区的这一比例仅为21.43%，表明长沙高新区的未来成长空间可能更大；2013年长沙经开区的实有人口是长沙高新区的两倍多，流动人口是长沙高新区的近三倍，可见长沙经开区发展的成熟度更高；从人才的数据

① 《长沙县年鉴 2014》、《长沙高新区 2014 年课题研究及工作调研成果集》，长沙高新技术产业开发区相关介绍，详见 http://www.cnesip.com/Enterprise/Main.aspx?UserId=49[2019-07-15].

来看，长沙高新区从业人员中高文化素质人才的比例较高；从基本的企业数据来看，长沙高新区可能因为以科技型小企业为主，企业数量远多于长沙经开区；从工业总产值的规模来看，差距没有那么明显，这表明长沙经开区可能有较多产值较大的企业。此外，两个开发区的产业结构有一定关联，长沙高新区的产业结构能体现高新技术产业集聚的特征。

表 3-14 长沙经开区和长沙高新区基本情况对比

项目	长沙经开区	长沙高新区
开发时间	1992 年（2000 年国家级）	1988 年（1991 年国家级）
开发背景	搬县城与搞开发相结合	发挥岳麓区高校集聚优势
区位条件	长沙县（长沙市东郊）	长沙市岳麓区岳麓山西北角
开发面积	规划 100.59 平方千米，建成 38 平方千米	规划 140 平方千米，建成约 30 平方千米
人口数据（2013 年）	实有人口 41.86 万人，常住人口 8.99 万人，流动人口 32.87 万人，其中产业工人 13.92 万人	实有人口 20.12 万人，常住人口 8.72 万人，流动人口 11.40 万人，其中企业人员 5.98 万人
人才数据（2010 年）	本科及以上学历占从业人员的 36.59%	本科及以上学历占从业人员的 52.10%
企业数量（2013 年）	入园企业 1372 家，规模以上企业 140 家，高新技术企业 89 家	入园企业 6000 多家，高新技术企业 449 家
工业总产值（2013 年）	1455.8 亿元	3218.5 亿元
发展定位	中国力量之都	中国麓谷——岳麓山下的硅谷
主导产业	工程机械、汽车制造、电子信息	先进装备制造、新材料、节能环保及新能源、电子信息、生物医药

资料来源：《长沙经济技术开发区志（1992～2011）》《长沙经济技术开发区年鉴 2014》《长沙高新区 2014 年课题研究及工作调研成果集》

2. 调研社区的选择

在长沙经开区和长沙高新区的建成区范围内，本研究选择长沙经开区星沙街道的金茂路社区和泉塘街道的泉塘社区作为长沙经开区周边社区的调研地，选择长沙高新区麓谷街道的长丰社区、和馨园社区作为长沙高新区周边社区的调研地。四个社区在占地面积、人口数量方面相仿，且均为本地失地农民和外来劳动力混合居住的社区，适合开展比较分析。

需要补充的是，星沙街道是长沙县经济、政治、文化的中心，星沙街道办事处位于金茂路社区内，同时金茂路社区内还有星沙商业中心和星沙大市场安置区，因而流动人口较多；泉塘街道占长沙经开区总面积的约 2/3，入区企业 300 多家，泉塘街道办事处位于泉塘社区内，泉塘社区内居住着较多来自蓝思科技（长沙）有限公司、广汽长丰汽车股份有限公司等企业的员工；麓谷街道地处长沙高新区核心地块，其中长丰社区已基本拆迁完毕，是城中村改造试点的社区；和馨园社区则是麓谷街道重点打造的精品社区，居住着不少被征地的农民和麓谷汽车世界的企业员工。在调研过程中，主要选择在星沙购物中心、星沙文化公园、海德公园、时代广场、乐福超市、幼儿园、相关社区内部公共空间等地点进行问卷调查和访谈。

（三）调研实施情况

初步的调研工作于 2015 年 4 月 8～12 日分别在长沙经开区和长沙高新区进行，并于 2015 年 8 月 4～13 日进行了补充调研。两个开发区分别发放了 150 份问卷，回收的有效问卷分别为 149 份和 144 份，回收有效率分别为 99.3%和 96.0%；同时，在两个开发区周边各完成了 30 余份居民访谈。

从问卷调查的整理结果来看，受访者中，长沙经开区周边女性略多于男性，而长沙高新区周边男性略多于女性，这可能与长沙高新区企业对技术水平的要求较高有关。在年龄结构方面，长沙经开区周边受访者略年轻；在原籍方面，原住民的比例大体相当（均约为 25%），但长沙经开区受访者中外省人占比较高（25.7%），来自长沙市其他区县的占比较长沙高新区低（8.3%）；在受教育程度方面，长沙高新区周边受访者受教育程度明显较高，但两个开发区周边居民的月均收入差异比预估得复杂；在职业类型方面，长沙经开区周边受访者中商业服务业人员和自由职业占比较高，也与预估有一定差距；在迁入开发区状况方面，长沙经开区周边和家人一起迁入的比例较高，而长沙高新区以个人迁入为主，这与预估较一致（表 3-15）。

表 3-15　长沙经开区和长沙高新区受访者基本信息

项目		长沙经开区		长沙高新区	
		数量/人	比例/%	数量/人	比例/%
性别	男性	64	43.0	79	54.9
	女性	85	57.0	65	45.1

续表

项目		长沙经开区		长沙高新区	
		数量/人	比例/%	数量/人	比例/%
年龄	25 岁以下	49	32.8	47	32.6
	25～34 岁	81	54.4	70	48.6
	35～44 岁	12	8.1	17	12.0
	45～59 岁	5	3.4	8	5.6
	60 岁及以上	2	1.3	2	1.2
原籍	老长沙县（麓谷）人	38	25.7	36	25.2
	长沙市其他区县人	12	8.3	26	18.1
	湖南省内其他市县人	60	40.3	61	42.0
	湖南省周边的邻省人	21	13.9	13	9.1
	离湖南省较远的外省人	18	11.8	8	5.6
受教育程度	初中及以下	16	10.4	12	8.8
	高中及中专	63	42.4	49	33.8
	本科及大专	68	45.8	79	54.7
	硕士及以上	2	1.4	4	2.7
职业类型	农民	10	6.6	8	5.3
	产业工人	11	7.4	30	20.6
	政府及事业单位人员	32	21.5	43	29.8
	商业服务业人员	26	17.4	22	15.3
	自由职业	46	30.6	26	18.3
	学生	24	16.5	15	10.7
月均收入	2 000 元以下	31	20.8	20	13.6
	2 000～4 999 元	86	57.7	102	71.2
	5 000～9 999 元	24	16.1	15	10.7
	10 000 元及以上	8	5.4	7	4.5
在开发区的居住时间	1～2 年	53	35.4	65	45.4
	3～5 年	38	25.1	34	23.4
	6～10 年	25	17.0	11	7.8
	11～20 年	17	11.6	7	5.0
	20 年以上	16	10.9	27	18.4
家庭成员是否在开发区企业工作	有（本人）	25	17.1	36	25.0
	有（家人）	47	31.5	39	27.1
	没有	77	51.4	69	47.9

续表

项目		长沙经开区		长沙高新区	
		数量/人	比例/%	数量/人	比例/%
迁入开发区状况	土生土长	32	21.4	40	27.9
	个人迁入	47	31.7	58	40.4
	和家人一起迁入	70	46.9	46	31.7
在开发区的社交范围	基本遍布开发区	47	31.7	43	29.7
	主要分布在产业园区内	29	19.3	32	22.5
	主要分布在本社区及周边社区	48	31.8	40	27.5
	主要分布在邻里之间	16	11.0	18	12.3
	几乎没有	9	6.2	11	8.0

（四）信度和效度检验

运用 SPSS 19.0 软件对地方感量表进行信度和效度检验。采用 Cronbach's Alpha 系数法检验问卷总量表和各分量表的内部一致性。一般认为，总量表的信度系数在 0.80 以上为好，0.70～0.80 为可以接受；分量表的信度系数在 0.70 以上为好，0.60～0.70 为可以接受（时立文，2012）。本研究中，地方感总量表的信度系数均在 0.90 以上，其中长沙经开区的信度系数为 0.93，长沙高新区的信度系数为 0.95。另外，长沙经开区和长沙高新区地方感分量表（各层次）的内部一致性系数均在 0.70 及以上，说明地方感量表的信度较好（表 3-16）。

表 3-16　地方感量表的 Cronbach's Alpha 检验

地方感量表信度		长沙经开区	长沙高新区
地方感总量表		0.93	0.95
地方感分量表	存在的外在	0.77	0.79
	客观的外在	0.71	0.70
	偶然的外在	0.79	0.84
	代理的内在	0.77	0.81
	行为的内在	0.75	0.84
	移情的内在	0.87	0.91
	存在的内在	0.80	0.89

量表的效度包括内容效度和结构效度两方面，前者主要反映设计的选项能否代表待测量的主题，拟基于量表中各个单项与总和之间的相关系数来检验，

相关系数越大说明量表的内容效度越高（柯惠新和沈浩，2005）。通过 SPSS 19.0 软件检验，发现长沙经开区地方感量表 19 个选项与总和之间的相关系数为 0.485～0.779，长沙高新区地方感量表的相关系数为 0.580～0.843，且在 0.01 的显著性水平下均呈显著相关，说明两个开发区居民地方感量表具有较好的内容效度。量表的结构效度通过 KMO 检验和 Bartlett 球形检验进行，一般认为，KMO 值在 0.7 以上表示因子分析的效果较好，变量间的相关性较强（张文彤和董伟，2004）。经测算，长沙经开区和长沙高新区地方感量表的 KMO 值分别为 0.883 和 0.920，Bartlett 球形检验表明两个开发区地方感各变量之间在 0.01 的显著性水平下呈显著相关。总地来说，量表具有较好的结构效度。

三、案例调研的结果分析

（一）居民地方感状况比较

一般认为，利克特量表得分为 1～2.4 表示消极，2.5～3.4 表示中立，3.5～5 表示积极（Tosun，2002）。调研结果显示，两个开发区周边受访居民的地方感在七个层次的得分呈现出一致的变化规律，“存在的外在”得分最高、“代理的内在”得分最低；而长沙经开区周边受访居民在地方感七个层次上的得分均高于长沙高新区周边受访居民，并且其七个层次的得分都在 3.5 以上，显示长沙经开区周边受访居民地方感整体较强；长沙高新区周边受访居民在“代理的内在”（3.44）和“移情的内在”（3.48）两个层次上得分在 3.5 以下，表明受访者较少从其他渠道获取长沙高新区的相关信息，且对高新区的依恋和认同不强（图 3-18）。总体来看，长沙经开区周边受访居民的地方感得分均值为 3.78，高于长沙高新区周边受访居民（3.64）；而其标准偏差为 0.907，小于长沙高新区周边受访居民（0.926），表明长沙经开区周边受访居民的地方感内部差异较小。

从居民地方感的测量结果看，经开区或高新区，周边受访居民的地方感并未呈现出随地方感层次的提升得分逐步降低的状况，而是“代理的内在”得分最低，“行为的内在”和“存在的内在”得分并不低，这表明开发区周边受访居民通过其他途径获取开发区“二手”信息的自觉性不强和机会不多，两个开发

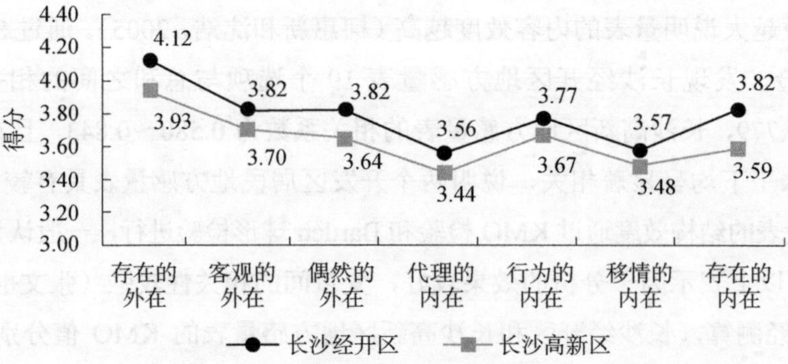

图 3-18 长沙经开区和长沙高新区周边受访居民地方感七层次得分比较

区的宣传效果还可以优化。而对除“代理的内在”之外其他各三个“外在”和“内在”层次的得分进行平均，发现在两个开发区前者的得分均较高，说明对于周边受访居民而言，开发区主要是“他者”的空间，而非“我者”的空间，周边受访居民与开发区之间的联系还不够紧密，特别是在情感和认同层面。此外，长沙经开区周边受访居民在各层次上的得分均较高，表明长沙经开区的地理环境和社交状况能更好地满足当地居民的需求，这间接反映了长沙高新区对高新区人的需求重视程度不够。结合访谈来看，长沙经开区的受访外来劳动力表示会相互介绍熟人前来择业，同时认为“经开区企业的名气大”“就业门槛较低”；但长沙高新区周边的受访居民并未普遍认为其是一个高水平的园区，而认为其发展现状与定位不符，甚至有的受访居民认为，长沙经开区企业的技术含量更高、收入水平更高。这可能与长沙经开区的大型民营制造企业集聚、社会影响力大有关。

（二）两个开发区周边受访居民地方感现状差异的原因

从地方感调查的结果来看，长沙经开区周边受访居民的地方感在各个层次上的得分均高于长沙高新区周边受访居民。基于本章第二节的分析，这很可能是由于两个开发区的发展绩效不同，特别是在经济实力、公共服务水平和品牌声誉上存在差异。

1. 开发区产业发展状况的影响

在调研的前几年，虽然长沙高新区在工业总产值或企业总收入的规模及增速上都优于长沙经开区，而且获得的政府重视程度和政策优惠可能更多，正如长沙经开区管理委员会党群工作局某受访领导所说，“我感觉市委、市政府把高新区看得更重一些，无论是资金支持还是干部配备、提拔使用等方面都可以体现出来，领导前来经开区开会视察，还曾经口误说成‘很高兴来到高新区’”（受访居民 A01）①，但在周边受访居民看来，长沙经开区的产业发展状况更好、发展水平更高。这可能是因为长沙经开区的主导产业更明显、龙头企业的作用更突出。在调研过程中，长沙经开区的居民都能如数家珍地谈及三一集团有限公司、中联重科股份有限公司、山河智能装备股份有限公司、上海大众汽车有限公司等较为成熟的大企业。但在长沙高新区，由于当时还处于中小型科技企业培育和扶持发展的时期，知名企业较少。由于长沙经开区的知名企业就业机会多、门槛低，周边受访居民在其中工作的较多，而长沙高新区对员工文化素质的要求相对较高，周边受访居民在高新区就业的比例较低，这就限制了他们对开发区的了解和地方感层次的提升。

2. 开发区公共服务水平的影响

调研访谈发现，长沙高新区在社会服务上存在一些体制机制问题，正如麓谷街道办事处的工作人员所说，“高新区在体制上存在一些问题，导致管理上有一些不顺畅，我们平常工作就有很深的感触。基层工作很多事情要协调，高新区的某些职能有所偏废和缺失，导致我们街道某些工作开展起来很有难度”（受访居民 B05）；长丰社区居委会的工作人员也提出，“高新区以开发建设、招商引资为主，没有计生、人大、政协等社会事务管理的相关部门”（受访居民 B10），导致社会服务的满意度不高。同时，长沙高新区在调研时仍有五处居住用地未明确社区管理的归属，这些地块的居民和物业都有较多不满。例如，锦和园小区的物业工作人员指出，“文化娱乐活动及场地这些本该是社区负责的事情现在没有人管，本地人的户口还在原籍地，小孩就地读书、老人退休证明也需要我们物业公司和派出所进行协调，我们小区周边几个楼盘全部都有社区管理，听

① “受访居民 A**”代表长沙经开区受访居民，“受访居民 B**”代表长沙高新区受访居民，数字编号表示访谈顺序。

说我们这高新区不愿意接管、岳麓区也不愿意接管，更是从没听说过社区网格化管理”（受访居民B21）；小区居民也反映，“建了五六年至今没有哪个社区管理，小区没有老年人活动场所、环境乱糟糟的，我们住在这里没有归属感，办事还要跑到原来的社区，路上要花费两个来小时”（受访居民B32）。不仅如此，高新区当时还是以管理委员会为主的管理模式，因而对社会事务的关注不够，就像麓谷街道办事处的工作人员所说，“开发区几乎95%的精力集中于企业发展和建设，但是在城市规划管理、文明创建和文化建设、社会治安等方面存在短板”（受访居民B19），和馨园社区的工作人员也认为，“高新区在对企业的扶持方面做得比较好，优惠政策都是偏向于企业，但是社会事务和社区事务方面的管理投入不足，社区经费好多年都没有涨过”（受访居民 B13）。有些长沙经开区的受访者也到过高新区，在访谈时提到，“高新区像一个园子，引进各种企业把园子填满，去里面走一走，很难看到店铺，个体经营者很少，人气不足，而经开区几个大型的企业是刚开发的时候就有的，后面引进的企业不多，目前的发展阶段更加重视园区配套设施的建设，所以更有生活气息”（受访居民A23）。由此可见，长沙高新区目前还是较多关注产业活动，相对忽视高新区人的需求，与理论分析中预估的一致，如果高新区忽视人的发展需求，那么社区感水平可能更低。

3. 开发区声誉的影响

开发区的品牌声誉既是其经济社会发展状况的综合反映，也是提升员工和周边居民认同感、归属感的重要载体。根据在长沙经开区居民中开展的园区文化问卷调查，受访者中“对园区整体印象为朝气蓬勃、繁荣兴旺”的占比为70%，受访居民由经开区联想到的词汇为“创新”和“高效”的占比为76%，可见经开区在打造“世界工程机械之都”品牌的过程中，较好地提出了“五度”（即产业聚集度、环境舒适度、配套支撑度、服务满意度和人才供需度），优化了园区的文化品位，并使之成为凝聚人心、激发动力、促进发展的积极资源。而在长沙高新区2014年面向园区内外开展的“你眼中的长沙高新区”问卷调查活动中，36%的受访居民不知道长沙高新区在哪，42%的受访居民混淆了长沙高新区与河西先导区，37%的受访居民认为长沙高新区没有树立品牌、影响较小，受访的长沙高新区管理者也认为，园区存在“品质强、品牌弱，有品牌、无名牌”的宣传尴尬。尽管长沙高新区在“中国麓谷——岳麓山下的硅谷”这一发展定位下，致力于打造包括创新麓谷、高效麓谷、美丽麓谷、幸福麓谷在内的“四个麓谷”战略，但目前看来，效果还差强人意。这可能是因为长沙经开区与星沙新城同步建设，经开区的文化建设也与星沙新城的文化建设存在紧密联系；但麓谷位于长沙河西的传统文教区附近，当地居民对新近发展起来的高新区在认知方面存在较多困难。

总地来看，长沙经开区周边受访居民地方感水平较高，不仅是因为经开区的发展让周边受访居民感知到的积极影响较明显，也是因为经开区产业的发展对企业员工的文化素质要求相对较低，而高新区周边居民对地方发展的需求层次较高。当然，更重要的还是因为长沙高新区的发展未能有效摆脱以产业发展为主、忽视人的发展需求的倾向，而长沙经开区与星沙新城同步建设，在满足居民需求方面的成果更为明显。这也间接说明，开发区的持续健康发展是需要与社会和文化建设同步的。

（三）居民地方感的影响因素分析

1. 居民地方感的因子分析

利用主成分分析法对 19 个地方感选项进行因子分析，一般认为，累计解释方差能达到 60%就是可靠的（吴明隆，2010）。基于 Relph 对地方感“外在”和“内在”层次的划分，拟将开发区周边受访居民地方感分为“外在的地方感”和“内在的地方感”两个因子，其中“外在的地方感”包括“存在的外在”、“客观的外在”和“偶然的外在”三个层次，而“内在的地方感”包括“代理的内在”、“行为的内在”、“移情的内在”和“存在的内在”四个层次。“外在的地方感”表明，开发区对于受访居民是一个“他者”的空间，是外部世界或背景环境，人们往往出于某种目的在其中生活或工作，看重的是其所具有的功能或者能带来的利益，较少情感与认同；而“内在的地方感”表明，开发区对于受访居民已经成为“我者”的空间，已经自觉或不自觉地进入其心理层面，成为内部世界的一部分，并建立起较为长期的情感和认同方面的联系。对长沙经开区和长沙高新区周边受访居民的地方感数据分别进行 KMO 检验和 Bartlett 球形检验，得出两个开发区的 KMO 值分别为 0.903 和 0.905，在 0.05 的显著性水平下，Bartlett 球形检验统计量分别为 1619.577 和 1868.443（P=0.000）。经最大正交旋转后，发现长沙经开区周边受访居民两个因子的累计解释方差为 62.212%，长沙高新区周边受访居民两个因子的累计解释方差为 65.099%（表 3-17）。这说明，将地方感划分为“外在的地方感”和“内在的地方感”两个因子是可行的。

表 3-17　长沙经开区和长沙高新区居民地方感因子分析旋转成分矩阵

项目	长沙经开区		长沙高新区	
	外在的地方感	内在的地方感	外在的地方感	内在的地方感
开发区具有良好的经济效益	0.780		0.821	
开发区主要发展加工制造/高新技术产业	0.749		0.760	
开发区的产业以劳动/智力密集型为主	0.723		0.718	
开发区发展变化很大	0.683		0.704	
开发区是一个现代化产业园区	0.659		0.666	
开发区是一个有利的发展平台	0.626		0.660	
开发区具有完善的基础设施	0.611		0.626	
我愿意长期在开发区工作或生活		0.826		0.884
我在开发区有家的感觉		0.805		0.845
我以在开发区工作或生活为荣		0.788		0.817
出门在外时，我经常想念开发区		0.768		0.808
我愿意参加开发区举办的各项活动		0.723		0.754
我愿意为开发区的发展贡献自己的力量		0.695		0.742
别人谈论开发区不好时，我会出面纠正		0.686		0.719
我会主动关注开发区的发展动态		0.658		0.716
我喜欢与开发区的其他居民来往		0.598		0.699
亲戚朋友在开发区工作，让我更了解它		0.577		0.596
亲戚朋友在开发区工作，让我为之自豪		0.540		0.576
我通过电视、网络等媒体获得开发区信息		0.529		0.530
解释方差/%	27.193	35.019	28.699	36.400

2. 居民地方感影响因素的分析

采用非参数检验法，考察个体属性、地方环境、实践活动、社交网络四类因素对居民地方感是否存在显著影响。其中，个体属性中的性别因素采用曼-惠特尼U检验（卡方），其他因素采用克鲁斯卡尔-沃利斯检验（渐进显著性）。

（1）长沙经开区居民地方感影响因素分析

统计研究表明，对于长沙经开区居民地方感而言，地方环境和社交网络类因素的影响较明显。前者主要影响居民“外在的地方感”，具体表现为居民对开发区经济环境（P=0.028）、社会环境（P=0.012）、文化环境（P=0.047）的认知都会对其“外在的地方感”产生显著影响；后者则对其“内在的地方感”有较大影响，其中迁入开发区状况（P=0.000）、在开发区的社交范围（P=0.018）、与开发区本地人/外地人的相处状况（P=0.000）三个因素均对居民“内在的地方感”有显著影响。独自迁入的居民的地方感明显弱于土生土长的、和家人一起迁入的居民，可见家庭因素对主体地方感非常重要，有“家”的地方才会让主体愿意长期留居，并产生发自内心的热爱和维护地方声誉的意识；社交范围较广的居民地方感较强，显示社交关系对增进地方感有重要影响；社交范围主要在邻里之间的居民地方感较强，而社交范围主要在产业园区内的居民地方感较弱，显示生活居住空间的社交活动对地方感的建构比较重要，而工作伙伴间的交流作用有限；与开发区内另一类居民的相处状况与居民对新空间的融入有关，数据显示，与另一类居民关系融洽的居民地方感较强，这其实是居民较好融入新空间的体现。个体属性类因素中，只有性别与居民“内在的地方感”在0.05的显著性水平下显著相关（P=0.036），且女性居民的地方感总体更强。实践活动类因素涉及的两个变量对地方感水平的影响不显著（表3-18）。

表3-18　长沙经开区周边受访居民地方感影响因素分析

自变量		外在的地方感		内在的地方感	
		卡方	渐近显著性	卡方	渐近显著性
个体属性	性别	2354.500	0.391	2426.500	0.036**
	年龄	5.693	0.128	8.525	0.086
	原籍	10.642	0.231	16.787	0.102
	受教育程度	6.493	0.090	1.625	0.654
	职业类型	27.832	0.089	24.174	0.101
	月均收入	4.584	0.205	1.613	0.656

续表

自变量		外在的地方感		内在的地方感	
		卡方	渐近显著性	卡方	渐近显著性
地方环境	对开发区经济环境的认知	5.017	0.028**	4.029	0.281
	对开发区社会环境的认知	8.391	0.012**	3.007	0.186
	对开发区文化环境的认知	4.077	0.047**	7.110	0.115
实践活动	在开发区的居住时间	8.007	0.091	8.229	0.084
	家庭成员是否在开发区企业工作	7.006	0.495	0.814	0.665
社交网络	迁入开发区状况	7.982	0.054	16.996	0.000***
	在开发区的社交范围	1.759	0.780	10.417	0.018**
	与开发区本地人/外地人的相处状况	14.571	0.081	23.233	0.000***

、*分别代表显著性水平为 0.05、0.01

（2）长沙高新区居民地方感影响因素分析

统计研究表明，在长沙高新区居民地方感的形成中，个体属性和实践活动的影响较明显。具体地说，个体属性主要影响了居民“外在的地方感”，其中年龄（P=0.020）、原籍（P=0.023）、职业类型（P=0.032）对“外在的地方感”的影响在 0.05 的显著性水平下存在相关性。在年龄方面，年龄较大的受访居民地方感逐步增强，35～44 岁年龄段受访居民的地方感最强，但 45 岁及以上年龄段受访居民的地方感有所下降，这可能与开发区建设对原有地方环境的改变以及由此造成的对其过往经历和生活记忆的破坏有关；在原籍方面，原籍长沙的受访居民地方感较强，但原籍长沙以外的受访居民的地方感均值并不一定随距离的增加而减弱，外省受访居民的地方感反而比省内非长沙籍受访居民的地方感总体更高，这可能是因为跨省而来的求职者对经济环境改善的感知更强烈；在职业类型方面，政府及事业单位工作人员的地方感最强，当地农民和产业工人的地方感差不多，均呈较低水平。实践活动主要影响居民“内在的地方感”，其中在开发区的居住时间（P=0.008）、家庭成员是否在开发区企业工作（P=0.048）影响较显著，在开发区居住 1～2 年的受访居民地方感最弱，居住 10 年以上的受访居民地方感明显增强，这表明较长时间与开发区发展的互动对于地方感的建构有积极作用。另外，有家庭成员或本人在开发区企业工作的受访居民地方感明显较强，说明经济利益关系对地方感的建构影响较显著。地方环境和社交网络包含的各个变量对长沙高新区周边受访居民地方感的影响不显著（表3-19）。

表 3-19　长沙高新区周边受访居民地方感影响因素分析

自变量		外在的地方感		内在的地方感	
		卡方	渐近显著性	卡方	渐近显著性
个体属性	性别	2365.500	0.225	1932.500	0.065
	年龄	11.658	0.020**	8.122	0.087
	原籍	9.202	0.023**	11.664	0.056
	受教育程度	9.089	0.058	4.540	0.209
	职业类型	12.228	0.032**	9.664	0.085
	月均收入	5.614	0.132	3.895	0.273
地方环境	对开发区经济环境的认知	5.006	0.327	4.989	0.281
	对开发区社会环境的认知	4.221	0.225	5.101	0.098
	对开发区文化环境的认知	2.776	0.097	3.776	0.212
实践活动	在开发区的居住时间	2.476	0.649	13.798	0.008***
	家庭成员是否在开发区企业工作	0.075	0.963	1.408	0.048**
社交网络	迁入开发区状况	3.638	0.162	5.711	0.058
	在开发区的社交范围	0.693	0.952	3.049	0.550
	与开发区本地人/外地人的相处状况	16.743	0.065	13.836	0.081

、*分别代表显著性水平为 0.05、0.01

从各类因素对长沙经开区和长沙高新区周边受访居民地方感的差异性影响看，开发区的类型或功能定位的确会影响到周边受访居民的地方感水平。长沙经开区周边受访居民虽然也存在个体间差异，但大多文化素质和收入水平偏低，需求层次也较低，因而个体属性对地方感的影响不明显；同时，他们大多较为关注家庭，较少在工作以外与开发区发生联系，因而实践活动的影响不明显；他们对个体利益比较敏感，这使得地方环境对居民“外在的地方感”有较为显著的影响；此外，他们对社交网络的依赖程度较高，本地失地农民的占比也较高，这使得社交网络对居民“内在的地方感”影响较为明显。而在长沙高新区周边，由于居民的文化素质和收入水平差别较大，不少主体对地方的需求层次已达到个性化精神追求层面，因而个体属性对地方感状况有较大影响，至少会影响到他们对地方的感知，从而与“外在的地方感”产生较密切的联系；而他们中年轻、高学历、高收入的群体，可能会将个体的价值实现与开发区的发展紧密联系在一起，因而实践活动的相关因素会影响“内在的地方感”。

四、基于不同类型开发区周边居民地方感比较的开发区优化路径思考

不同类型开发区周边居民地方感的比较研究表明，开发区的产业功能定位不同、吸引的外来劳动力特点不同、区位选择和建设过程中对地理景观的改造不同，由此会造成周边不同的人口结构和社交网络特点，而人口的文化素质、经济收入水平等不仅会影响其与地方联结的方式，还会使其对地方发展的需求处于不同层次，从而对开发区周边居民地方感的重构产生不同的影响。总地来看，虽然高新区周边人口文化素质较高、园区发展环境较好，但周边居民对高新区发展的需求层次也较高，高新区人需要高新区提供给自己的不仅是便利的交通环境，还是优雅的人居环境和实现个人梦想与价值的地方，因而对高新区社会服务功能和文化建设有较高的需求。经开区虽然周边人口文化素质总体上不那么高，但其需求层次也低，经开区建设过程中伴随的快速城镇化进程及其带来的生活便利和产业发展，就能让其在短期内感受到兴奋和自豪，但从长期看，还需要着力避免社交网络中的矛盾以及环境污染等的不利影响，同时，也要重视提升社会管理服务水平。总之，由不同类型开发区的比较研究不难发现，开发区有必要避免过度关注产业资本的利益、相对忽视“人”的发展需求的倾向，更好地满足差异化的“人”的需求，为建构开发区居民的地方感以及开发区自身的持续健康发展创造有利的环境。

从调研结果看，长沙经开区周边受访居民在地方感的各个层次上，都比长沙高新区周边受访居民的得分高，这在很大程度上是因为长沙经开区不仅龙头企业发展较好、品牌声望建设取得显著进展，更重要的是，它与长沙县新县城的建设同步推进，较为重视社会服务功能的提升；而长沙高新区虽然各方面的发展基础都较好，但由于忽视了社会服务功能和高品质文化建设，难以满足高

新区人的发展需求，难以为高新区的持续健康成长提供有效的社会和文化资本支持。为此，建议长沙经开区和长沙高新区继续秉承各自优势，相互学习借鉴开发区管理运营经验，重视发挥开发区建设对周边地区的积极外溢效应，加快形成与所在地区的协调发展机制，更好地发挥区域增长极的作用。同时，要努力培育特色产业和龙头企业，重视创新创业文化建设，为产业经济的持续健康发展夯实基础。在开发区社会服务功能建设方面，要遵循以人为本的原则，逐步建立健全服务体系，积极打造宜业宜居环境，促进居民之间平等、互信的社交联系，努力为开发区企业、员工和周边居民提供人性化的配套服务。要积极创新社会管理模式，将开发区治安、教育、文化等社会事务全部纳入网格化管理的范畴，满足多样化的公共服务需求，走“社区善治”的道路，激发周边社区居民的参与热情，动员和鼓励社区骨干、积极分子参与社区治理和开发区管理。此外，还要坚定不移地走特色化的发展道路，注重增强园区特色，积极培育品牌文化，真正将园区发展战略落到实处。此外，很有必要基于居民文化素质和发展需求的差异，探索开发区在服务居民方面的特色路径，特别是长沙高新区，要更加重视适应高新区人的发展需求，建设高新区特色文化，让更多周边居民乐意根植于此发展，以更好地为高新技术成果的研发和产业化活动积累社会与文化资本。

第四章

开发区周边社会空间的协调发展

新文化地理学兴起于20世纪80年代，是在反思传统文化地理学研究范式基础上的学科发展变革。以杰克逊（Jackson）和科斯格罗夫（Cosgrove）为代表，强调要重视考察空间构成、空间秩序与空间竞争。他们认为，空间充满了文化的隐喻，而文化除了其他的解释，也有必要被解释为一种与空间、地点和景观不同的问题，文化研究的语言也充满了空间的隐喻，特别是当文化被认为是多样的、碎片化的和斗争的事物时，尤其需要考察其空间的内涵（阿雷恩·鲍尔德温，2004）。由此，对文化空间的研究充满了权力、话语的政治分析，尤其关注特定空间的形成过程及其隐含的意识形态与权力内核（迈克·克朗，2003）。而对于空间的变化或重塑，则需要追问空间“为什么会发生变化？在这个过程中，哪些力量、机构造成了这种变化？在这个过程中，体现了怎样的权力关系，影响的结果是什么？（朱竑等，2010），同时，还应该关注空间形式中所标记的“被剥削阶级、被压迫主体和被支配女性的抗拒”（Castells，1983）。

中国开发区的产业空间生产过程，也是社会文化空间的重塑过程，有必要对其中的权力关系或力量对比变化进行分析，并考察弱势群体在其中的行为特征。这就要求不仅要分析这一“无根者”集聚空间的权力关系，也要考察不同类型主体在其中的行为特征及影响。无论是地方性的延续与重塑，还是主体地方感的建构，其实都充满了空间的政治。为此，本章将着重关注开发区及周边本地居民与外来人口之间的权力关系及其影响，不仅要考察由此造成的社区内卷化现象及其在公共空间中的表现形式，还要重点分析作为弱势群体的开发区周边随迁女性和随迁儿童的空间行为与城市融入问题。这不仅是认知开发区周边复杂矛盾的有益路径，也可能为协调开发区周边的复杂矛盾，特别是本地人与外地人之间的矛盾提供有益的借鉴。

第一节　开发区周边新建社区的内卷化现象①

开发区周边的新建社区常常因为征地拆迁和外来人口涌入而陷入社会矛盾复杂、治安状况堪忧的困境，这也制约了开发区驱动的城镇化质量的提升。为此，本节主要拟基于对开发区周边社区形成机制的探讨，研究这类社区居民共同体的建设状况及存在的关键问题；结合对这类社区本地失地农民与外来人口间相互关系的研究，探讨这两类群体之间的关系对居民社区感的影响；此外，还拟结合对这类社区居民公共空间的使用状况的考察，分析通过优化公共空间的使用以促进新建社区和谐发展的可能路径。

一、社区内卷化的概念内涵

（一）社区的概念与城乡社区的差异

在 Tonnies 等（1957）最早有关社区概念的研究中，社区是建立在地缘、血缘关系以及情感之上的富有人情味和认同感的社会文化共同体；帕克概括了社区的基本特点，即按地域组织起来的人群以及他们扎根于所生活的土地而形成的每个人之间的相互依赖关系（徐琦等，2004）；Hillery（1955）梳理了国外对社区的定义，发现大多数定义都包含一定的地域、社会交往以及共同社会心理等核心内容。20 世纪 80 年代以来，我国学者开始关注社区的研究。吴铎（1991）提出，人口、一定的地域、管理体系、同一类型的社会活动或生活方式、社区意识是构成社区的五个要素；丁元竹（1995）认为，特定社会结构中人的集团、共同的社区认同感和个体之间的各种互动是社区应该包含的三方面要素；潘小娟（2004）则强调，社区是由居住在一定地域内的人群所组成的、具有共同利益和内在互动关系的地域性生活共同体。总地来看，社区是以共同生活于特定地域为基础而形成的相互依赖关系以及情感、利益共同体。其中，人口集聚于

① 本节前四部分的内容已发表，参见孔翔，宋志贤. 2018. 开发区周边新建社区内卷化现象研究——以昆山市蓬曦社区为例[J]. 城市问题，(5)：4-14. 有较大删改。

特定的地域生活只是社区形成的基础形态，而居民之间和谐、密切的人际关系以及对社区普遍的利益依赖和情感依恋，才是形成社区共同体、发挥社区功能的主要标志。这也是近年来社区感的相关研究日渐丰富的重要原因（Prezza et al.，2001；Hahm et al.，2016）。

罗密斯（Loomis）较早关注城乡社区之间的区别（刘长民，2014）。一般认为，农村社区是典型的基于血缘、地缘关系建立起来的熟人社会，人际关系密切，结构相对稳定，居民间有着较多的共同利益，社区是居民重要的情感依托。虽然少数精英和家族势力在农村社区中拥有较大的话语权，但在长期的共同生活中，农村社区居民依靠共同的风俗习惯、生活方式、道德规范等（王生坤和薛婷婷，2011），形成了相对稳定的社会生活共同体（王霄，2007）。我国自1999年提出建设“社区自治体制”以来，城市社区的社会性逐渐增强（朱喜群，2016），居民能够通过多种形式实现民主参与（王久高，2009），并由此形成了比农村社区更具参与活力和更为稳定的情感、利益共同体。

（二）内卷化的概念内涵

康德（Kant）和戈登威泽（Goldenweiser）较早在研究中使用了内卷化的概念。康德认为，内卷化主要形容纠缠不清的事物，也有退化、复旧的意思（计亚萍，2010）；甘满堂（2005）则认为，内卷化是指在向外扩张受到严格约束的情况下，系统内部不断精细、复杂化的过程；Geertz（1963）在研究爪哇农业的过程中发现，由于受到资本、土地缺乏和制度的阻碍，爪哇人只能将劳动力不断投入水稻种植中，形成了一种劳动力填充型的发展模式，无法实现产业的升级，并将其称为“农业内卷化”；杜赞奇（1998）则提出了国家政权内卷化的概念。黄宗智（1992）最早将内卷化的概念引入中国，孙远东（2007）据此构建了文化内卷化的概念，用以描述中国以王权为中轴的社会结构模式在发展到特定阶段后停滞不前，只能不断复制、延伸、精致化的现象；孙春晨（2016）则认为，文化“内卷化”是不同于文化“革命”或“进化”的一种变迁路径，表现为各类文化要素在一定历史时期内自我维系与复制的倾向，有助于在文化变迁过程中保持传统与现代、过去与现在之间的密切联系；叶鹏飞（2012）提出，农民工只能在内部拓展自己的社会关系网络，因而易陷入农民工的内卷化困境，表现为在职业、居住空间、社交网络等方面遭遇内在性的路径依赖或锁定，无法真正融入城市；夏骏（2012）发现，在生源大量增加、高校教师群体严重分化的背景下，我国高等教育缺乏质的发展，也难以向外扩张，只能在内部不断复杂化，从而面临高等教育的内卷化；此外，何艳玲（2005）分析了居委会的内卷化，认为居委会的组织形式变革并未改变其组织性质和实际运作机制，反而使其进一步加强。由此可见，在大多数研究中，内卷化的实质在于某种事物或模式受制于内部或外部环境条件的约束，只能不断复杂化，却得不到实际发展。这在经济社会转型的过程中可能会在不少领域出现。

（三）过渡型社区的内卷化

基于内卷化的相关研究，社区内卷化可定义为由于受到内部或外部环境的制约，社区居民之间的利益关系只能不断趋向复杂，从而无法有效形成情感、利益共同体的现象。这最有可能出现在新社区形成或传统社区转型的过程中。在我国快速的城镇化进程中，大量新增城市人口往往并未聚居于成熟的城市社区，而是生活在兼具城市社区空间形态和农村社区交往特点的过渡型社区（吴晓燕和赵普兵，2014）。它们大多是新建的集中居住小区，在景观上与城市社区差别不大，但居民却主要由本地失地农民和外来农民工构成，大多并未真正实现向市民身份的转变（李燕，2017），因而既在失地农民群体中保留了传统农村社区熟人社会的特点，又像城市社区，已经是非农产业从业者的生活空间，社区居民也因此具有了更大的流动性。在这类社区中，本地失地农民原有的社交网络被打破，对原有农村社区的认同感也被削弱，并可能在征地拆迁中积累了不少矛盾，居民间关系趋于复杂（李燕，2017），而外来农民工群体则面临身份和地域认同的双重转变，更难建立起对新社区的情感依恋。同时，当地原有居民社交网络相对成熟、在社区事务中具有更大的话语权，因而外来人口的被剥夺感比较明显，这对建立新的情感、利益共同体构成了挑战。因此，过渡型社区只是由传统农村社区向现代城市社区过渡的社区形态，社区居民间的利益关系比较复杂，难以平等、有效地参与社区事务，社区感普遍较弱，因而还远不是稳定的城市居民共同体。同时，由于本地人之间、本地人与外地人之间的矛盾缺乏有效的协调机制，这类社区的矛盾会不断复制、延伸，甚至更趋复杂和精细，从而陷入内卷化的困境。

开发区周边的新建社区是典型的过渡型社区。由于它们在较短时间内集聚起本地失地农民和开发区企业招收的外来务工人员，居民间往往存在较多的文化隔阂和经济利益冲突。对本地失地农民而言，原有的社交网络亟待重构，对原有农村社区的情感联系也已被破坏，而外地人则急需在陌生的地方建构新的社交网络和地方感、社区感，他们都会因为需要适应新的生产、生活方式而感到紧张和焦虑（孔翔和张宇飞，2014），因而既迫切需要建构新的认同，又难以建构新的认同。同时，征地拆迁过程往往会在本地失地农民中引发新的利益纠葛，促使利益关系趋向复杂；而面对大量涌入的外地人，本地失地农民又会有相似的不满，可能结成相对排外的利益共同体。外地人也会感到难以平等地使用社区资源、参与社区事务，从而无法建立对新地方的认同，甚至可能放纵自己的行为，与本地人之间发生更多的误会和隔阂。由此，这类社区居民间的情感和利益关系不仅复杂，而且趋向于相对隔离和对立，很难形成真正的社区共同体。这是一种相对于原有农村社区更开放和更具流动性的社区发展形态，但却无法导向以平等、民主参与为基础的现代城市社区形态，因而可能陷入只能不断复杂化，却得不到实际发展的内卷化状态。在此状态下，不仅社区居民普遍缺乏社区感，而且本地人之间的利益矛盾趋向复杂、外地人被边缘化的感受强烈，社区治安形势严峻，社区作为生活空间的“家”的功能受到抑制，不利于社区的和谐稳定和开发区的持续健康发展。

二、开发区周边社区内卷化的机理分析

（一）开发区周边新建社区的人口特点

作为资本驱动下的空间生产实践，开发区建设大多选址在城郊地块，在改变当地地理景观和土地利用模式的过程中，不仅生产出了适合工业资本盈利的物质空间，也改变了当地原有的社会关系，使原本以农业、农村和农民为主的

本地人的空间迅速转变为以非农产业、非农社区和非农人口为主的外来资本控制的空间。由此，资本获得了利润创造所需的厂房、劳动力以及有助于交易成本节约的区位和制度环境；本地农民则在征地拆迁中失去了土地和农舍，虽然得到了一定的经济补偿，但却不得不改变原有的生产和生活方式；外地人则为得到就业机会不得不选择背井离乡，在异乡开始适应新的生产和生活方式。同时，由于本地失地农民通常获得了较大面积的住房补偿，往往会将其中的一部分租住给外地人。此外，也有一些小区留有部分供出售或出租的房源。由此，这些社区常常成为本地失地农民与外地人混居的空间，而这两类主要群体都是开发区空间生产中的弱者，都可能遭遇利益受损的困境以及生产、生活方式变化的挑战，存在群体内和群体间的复杂利益矛盾，不仅难以迅速形成情感、利益共同体，而且可能由于存在文化交流方面的障碍，产生诸多误会，进而导致利益矛盾的放大、延伸，从而使利益关系更趋复杂，社区发展陷入内卷化的困境。

（二）开发区周边新建社区的居民间利益关系

一般地说，开发区建设中的征地拆迁往往会导致本地失地农民之间利益关系的调整。征地拆迁是指各级政府经法律授权，为实现公共利益，依法征用土地并将其上的附着物拆除，附着物所有人或使用人搬迁，同时，国家对附着物所有人或使用人进行补偿或安置的活动（刘登，2014）。显然，这是空间生产或再造的基础，不可避免地涉及补偿金额、土地增值收益再分配等利益问题（杨华，2013a），往往是引发各类冲突的导火索（柴晓慧，2015）。在此过程中，本地失地农民不仅常常与地方政府、开发区或企业就补偿标准或土地增值利益的再分配发生利益冲突，本地失地农民之间也会因为接受补偿以及适应非农生产、生活方式的情况发生利益矛盾。有研究显示，在征地拆迁中的确存在本地失地农民之间利益分配不公的现象（杨华，2013b），灰色势力的介入使得少数“狠人”获得了远高于其他本地失地农民的收益（刘建平和田苗，2015）。由此带来的利益格局的调整可能造成农村阶层的进一步分化，常常是帮助精英阶层进一步提升了地位，同时使另外一些农民在经济收入、社会声望等方面的地位下降

（杨华，2015）。原本相对稳定的农村社区共同体不仅在形态上消失，也在心理上被消解。同时，获得了较多经济补偿或拥有较多社会资本的本地失地农民往往能更好地适应非农生活的挑战，因而征地拆迁引起的利益调整可能具有长期、深层次的影响，本地失地农民间的利益矛盾很可能长期难以弥合甚至不断扩大。

开发区加工制造活动的集聚创造了不少就业机会，也带动了外地人的涌入。由于大部分加工制造企业员工的收入不高，只能就近居住，其中不少外地人就租住在开发区周边的新建社区。这些租住者虽为本地人增加了租金收入，但也与本地人在语言、文化习惯等方面存在交流障碍，在公共基础设施、共享公共服务等方面存在矛盾。本地人常常会为外地人使用公共基础设施和公共服务设置门槛，并且会因其文化素质不高、薪金较低，而对外地人有一定排斥，甚至对外地人有污名化的倾向。这就使得两类群体在情感、利益方面存在对立倾向，并且很可能由于交流障碍而相互隔离，难以构建共享的社交网络和对新社区的归属感（孔翔等，2015）。总之，无论是本地失地农民间更趋复杂的利益关系，还是他们与外地人的情感、利益矛盾，都使得开发区周边新建社区难以形成新的社区共同体，从而陷入内卷化的困境。

（三）开发区周边新建社区内卷化的表现

社区居民间存在复杂的利益矛盾，这就可能导致邻里关系比较紧张，而和谐邻里关系常常是和谐社区共同体的形成基础（闫文鑫，2010）；更重要的是，利益矛盾会削弱社区居民间交往的积极性，尤其是本地人和外地人之间还存在语言、文化习惯等的障碍，因而更难建立有效的交流网络，反而可能强化各类老乡或亲友之间的社交网络（即通常所说的“内群体交往倾向”），造成社区居民间社交网络的相对隔离；而本地人为防范外地人对公共资源的抢占，常常会为外地人使用公共基础设施设置障碍，如果原有农村社区的村委会继续在新建社区中发挥基层自治组织的作用，则会使外地人平等参与社区事务的难度更大。此外，对两类主要群体而言，新建社区是陌生的，缺少熟悉的景观和熟悉的生活方式，或者说不具备“地方芭蕾”的作用基础（Seamon，1980），因而普遍缺乏社区感，这就使得社区共同体的形成缺少了黏合剂的作用，降低了居民参与社区活动的动力（周佳娴，2011），不利于居民通过平等参与社区事务建立情感、利益共同体。由此看来，居民间社交网络的相对隔离和居民普遍缺乏社区感，是开发区周边新建社区内卷化的重要表现形式。这会使大多数居民在社区事务中缺乏大局意识和奉献精神，比较在乎个人利益，不愿意管闲事，更不愿意以高标准约束自己的言行，甚至出现失范和罪错行为，从而使这些社区的社会矛盾较为复杂，治安状况堪忧，难以发展为成熟、健康的社区共同体。如果内卷化问题长期得不到改善，将不仅威胁到社区的和谐稳定，也不利于开发区人力资本和社会资本的积累，对开发区的持续健康发展构成挑战。

三、研究区域与研究方案

（一）研究区域概况

为探究开发区周边新建社区的内卷化状况，选择昆山经济技术开发区（简称昆山开发区）周边蓬曦社区进行实地调研。昆山开发区成立于 1985 年，1992 年升级为国家级开发区，为昆山长期高居全国百强县（市）榜首发挥了重要作用。蓬曦社区位于昆山开发区东部，共有动迁房 3496 套，截至 2016 年 11 月，已入住 2828 户，其中本地居民 1462 户，主要来自 2003～2010 年所在地区及周边陆续拆迁的 15 个自然村；外来人口 1366 户。目前，蓬曦社区常住居民超过 1.6 万人，其中拥有本地户籍的仅约 2700 人。可见，蓬曦社区是一个典型的由本地失地农民和外来人口组成的开发区周边新建社区。

（二）调研方案的设计与实施

为考察蓬曦社区的内卷化状况，采用问卷调查和深度访谈相结合的方式，调研社区居民间的利益关系以及社区感状况等。问卷针对本地居民和外来人口分别设计，除包含受访者的社会学特征及社保、房产等基础信息，还运用利克特五级量表，要求受访者对相关陈述表达自己的看法（1～5 分别表示非常不同意、比较不同意、一般、比较同意、非常同意）。为保证问卷可进行计量分析，借鉴样本容量测算公式（侯景新和尹卫红，2004），以确定问卷调查所需的最小样本量。由于本研究设定的样本成数 p 为 0.50，显著性水平 α 为 0.1，正态分布的分位数 k 为 1.96，结合蓬曦社区的居民数量，确定本地居民（N 约为 2700 人）的最小样本容量 n 为 92，外来人口（N 约为 13 500 人）的最小样本容量 n 为 95。

$$n \geqslant \frac{k^2 p(1-p)N}{N\alpha^2 + k^2 p(1-p)} \tag{4-1}$$

调研于 2016 年 11 月至 2017 年 3 月分三次进行。第一次主要是走访开发区管理委员会、社区所在街道和部分居委会，收集社区基本情况和动迁居民的整体信息，进行问卷的抽样测试。第二次重点是对社区居民进行问卷调查，对本地居民和外来人口各发放问卷 100 份，回收的有效问卷分别为 95 份和 99 份，有效率分别为 95%和 99%，达到了最小样本容量的要求。第三次的主要任务是深度访谈，采用一人提问、一人记录并配合录音的方式，采访了 15 名居民，以中老年人为主，其中 7 名是本地居民，5 名在开发区企业工作，每人的受访时间不少于半小时（表 4-1）。

表 4-1　访谈受访者基本信息

编号	性别	年龄	职业	编号	性别	年龄	职业	编号	性别	年龄	职业
L-1	女	54 岁	无业	L-6	男	27 岁	个体户	O-4	男	72 岁	无业
L-2	女	80 岁	无业	L-7	男	40 岁	社区工作人员	O-5	男	68 岁	退休
L-3	男	75 岁	无业	O-1	女	32 岁	工人	O-6	男	65 岁	无业
L-4	男	45 岁	工人	O-2	女	42 岁	个体户	O-7	男	44 岁	工人
L-5	男	39 岁	工人	O-3	女	35 岁	工人	O-8	女	56 岁	无业

注：L 代表 Local，本地居民，O 代表 Outsider，外来人口，数字为受访者编号

根据问卷统计的结果，问卷受访者中，男女比例接近平衡，年龄集中于 26～60 岁，受教育程度偏低，所享有的社会保障状况不佳，月均收入主要集中在 1000～7999 元，职业类型以工人、自由职业、个体户和技术人员为主，这较为符合开发区周边社区居民的特征。此外，在本地居民中间，大部分居民获得的动迁房都在 100 平方米以上，大部分居民拥有的租金收入每月在 3000 元以上。本地居民以农业户口为主，居住年限大多在 7 年以上；外来人口取得本地户籍的不多，进入社区居住的形式以自购房屋和自租房屋为主，居住年限与本地居

民相比普遍较短（表 4-2）。

表 4-2　问卷受访者基本信息

项目		本地居民		外来人口		项目		本地居民		外来人口	
		数量/人	比例/%	数量/人	比例/%			数量/人	比例/%	数量/人	比例/%
性别	男	45	47.4	48	48.5	受教育程度	小学以下	32	33.7	7	7.1
	女	50	52.6	51	51.5		初中	17	17.9	19	19.2
年龄	25 岁以下	7	7.4	14	14.1		高中	0	0	24	24.2
	26～45 岁	45	47.4	61	61.6		中专	10	10.5	25	25.3
	46～60 岁	14	14.7	15	15.2		大专	14	14.7	10	10.1
	61 岁以上	29	30.5	9	9.1		本科以上	22	23.2	14	14.1
职业类型	农民	8	8.4	2	2	享受社会保障状况	无	35	36.8	41	41.4
	工人	27	28.4	38	38.4		1 项	2	2.1	10	10.1
	个体户	13	13.7	18	18.2		2 项	19	20	20	20.2
	私营业主	0	0	7	7.1		3 项	2	2.2	10	10.1
	技术人员	16	16.9	13	13.1		4 项	0	0	0	0
	学生	0	0	7	7.1		5 项	4	4.2	2	2
	自由职业	31	32.6	14	14.1		6 项	33	34.7	16	16.2
月均收入	1 000 元以下	12	12.6	18	18.1	居住年限	1 年以下	0	0	6	6.0
	1 000～2 999 元	29	30.5	15	15.2		1～3 年	6	6.3	16	16.2
	3 000～4 999 元	32	33.7	32	32.3		4～6 年	6	6.3	31	31.3
	5 000～7 999 元	16	16.9	19	19.2		7～10 年	39	41.1	28	28.3
	8 000 元以上	6	6.3	15	15.2		>10 年	44	46.3	18	18.2
房租收入	3 000 元以下	35	36.9	—	—	住房状况	自购	—	—	40	40.4
	3 000～5 999 元	14	14.7	—	—		自租	—	—	41	41.4
	6 000～9 999 元	14	14.7	—	—		合租	—	—	18	18.2
	10 000 元以上	32	33.7	—	—						

注：本地居民 N=95，外来人口 N=99

一般认为，利克特量表的得分均值小于2.4处于消极区间，2.5～3.4处于中立区间，3.5以上处于积极区间（Tosun，2002）。基于居民对社区感陈述的反馈，本地居民和外来人口的社区感得分均值分别为3.32和3.04，社区感总体水平偏低，均处于中立区间，各陈述项得分的标准差也较小，表明居民的社区感普遍不强。同时，从社区感的各个陈述项看，外来人口的平均得分均低于本地居民，显示外来人口的社区感水平更低。不过，受访者对社区的安全感总体持积极态度，但很少有受访者觉得自己是社区的主人，也不认为成为社区的一分子很重要，显示受访者对社区的认同明显不足。当然，本地居民对长久居住在本社区持积极态度，外来人口的平均得分也达到 3.30，显示萌生了一定的社区依恋。但受访者对社区的依附明显不足（主要表现在“离开了这个社区，我的生活将没有着落”），无论本地居民或外来人口的平均得分均在3以下（表4-3和表4-4）。

表4-3　蓬曦社区本地居民问卷调查结果

研究目标	陈述项	均值	标准差
本地居民间利益关系	征地拆迁使本地居民经济利益格局发生了很大变化	4.03	0.85
	征地拆迁补偿存在许多不合理现象	3.70	0.74
	村委会在贯彻“低保”政策方面存在不合理现象	3.01	0.66
	村级经济分红存在不合理现象	3.12	0.81
本地居民与外来人口间利益关系	本地居民普遍比外来人口经济实力强	3.43	0.97
	社区内的停车位、健身器材等应该优先给本地居民使用	2.81	1.09
	本地居民子女应该比外来人口子女优先享受教育资源	3.18	0.99
	居委会的工作应该更多尊重本地居民的意愿	3.25	0.91
	外来人口在社区生活中往往处于弱势地位	3.24	0.80
	本地居民对外来人口有一定排斥	3.15	0.90
	企业招聘人员时，同等条件下会优先考虑本地居民	2.82	0.83
	本地居民在企业中的福利待遇一般比外来人口好	2.65	0.81
居民社区感	社区让我有家的感觉	3.78	0.73
	成为社区中的一分子，对我来说很重要	3.04	0.75
	我是这个社区的主人	3.00	0.87
	居住在这里很有安全感	3.51	0.59
	离开了这个社区，我的生活将没有着落	2.90	0.86
	想长久地居住在这个社区	3.66	0.81

表 4-4 蓬曦社区外来人口问卷调查结果

研究目标	陈述项	均值	标准差
外来人口间利益关系	外来人口之间经济实力差距很大	3.65	0.88
	外来人口在社区中的地位差别很大	3.25	0.75
	外来人口在找工作竞争中存在不合理现象	2.76	0.84
	外来人口之间存在子女入学方面的不合理现象	2.85	0.96
外来人口与本地居民间利益关系	本地居民普遍比外来人口经济实力强	4.15	0.85
	外来人口使用社区停车位或健身器材会受到本地居民的批评	2.54	1.00
	外来人口无法平等获得本地居民子女享有的教育资源	3.18	0.99
	居委会的工作更多地尊重本地居民的意愿	4.10	0.90
	外来人口在社区生活中往往处于弱势地位	3.58	0.76
	本地居民对外来人口有一定排斥	4.05	0.73
	企业招聘人员时，同等条件下会优先考虑本地居民	2.91	0.86
	本地居民在企业中的福利待遇一般比外来人口好	2.92	0.83
居民社区感	社区让我有家的感觉	3.39	0.79
	成为社区的一分子，对我来说很重要	2.84	0.79
	觉得我是这个社区的主人	2.57	0.83
	居住在这里很有安全感	3.60	0.67
	离开了这个社区，我的生活将没有着落	2.53	0.86
	想长久地居住在这个社区	3.30	0.86

在社区居民间社交网络的建构方面，访谈中，本地居民大多抱怨外来人口的涌入使得社区环境变差、人际关系疏远。例如，受访者 L-1 表示，“社区里的垃圾都得不到及时清理”；L-4 也认为，“拆迁之后，邻里关系没有之前密切了，大家一关门，谁也见不到谁，住在一座楼里的人说不定都不认识，虽然居住条件好了，我还是更喜欢原先的农村生活”。外来人口则大多将蓬曦社区仅作为临时住所，甚至是无奈之举。例如，受访者 O-5 表示，“这对我来说就是个住所吧，我在这住的并不十分习惯，与本地人相处不太融洽，社区事务我们也很少有说话的权利，有了好的地方，我肯定会搬走的”；O-6 也认为，“我并不喜欢居住在这里，人生地不熟的，居住在老家多舒服啊，但是要帮孩子来带孩子，我也很无奈”。可见，蓬曦社区缺乏外来人口平等参与社区事务的机制，本地居民和外来人口之间的矛盾导致两类群体的社区感都比较缺乏，很少有受访者将蓬曦社区当作自己的“家”，缺乏对社区的认同和依恋，更不可能建立起有效的社区

共同体。总地来说，居民间社交网络相对隔离、居民社区感普遍较弱，这两点在蓬曦社区都表现得比较明显，而居民间利益关系复杂则是隐藏在其后的深层次因素。

（三）蓬曦社区居民间的利益关系

1. 本地居民间利益关系

蓬曦社区本地居民间利益关系与征地拆迁有密切关系。访谈中，受访者 L-5 表示，“本地人在征地拆迁中的利益分配太不公平”；L-2 表示，“拆迁之前呢，我们有地，可以自己种点东西自己吃，而现在呢，我们没有地种东西了，吃的都得自己去买，我年纪大了，又没有工作，找工作很难，没有收入来源，补助又少，现在的日子过得还不如以前呢”。而据村委会提供的信息，由于征地时间和交付时间不同，蓬曦社区失地农民的补偿标准的确存在差异。而根据 2013 年对某自然村 284 户拆迁居民的调查，发现 34 户分得的动迁房面积在 100 平方米以下、171 户在 101～200 平方米、77 户在 201～300 平方米、2 户在 300 平方米以上，的确存在较大差异，并可能由此造成居民间财富积累和房租收入的长期不平等。如果真如受访村民所言，在村级经济分红、低保分配等方面也存在不公平，则会进一步加剧本地居民间的利益矛盾，甚至导致社会阶层的进一步分化。

2. 外来人口间利益关系

在开发区就业的不少外来人口，通过自购、自租、合租等形式大量涌入蓬曦社区，促使社区居民在户籍、文化、职业、收入、财富等方面的异质性加大，利益关系趋于复杂（蔡禾和贺霞旭，2014）。从访谈来看，蓬曦社区外来人口间的利益矛盾也与经济因素有关。例如，受访者 O-7 表示，“现在房价太高了，对我来说，在这买房太难了，我是在这租的房子……外来人口在收入上也有很大的差距，好多人都是开厂子当大老板的，我们只是穷打工的，一个月拿个两三千块”。此外，外来人口不少都基于地缘关系构建了形形色色的小圈子，圈子内部的交流多了、共同利益感强了，与其他圈子间的利益矛盾也就多了，这也是蓬曦社区社会治安形势严峻的重要原因。

3. 本地居民与外来人口间利益关系

蓬曦社区两类人群间的利益矛盾突出表现在三个方面：一是社会治安问题；二是争抢公共服务资源产生的矛盾；三是参与社区事务的权力不平等。在访谈中，不少本地受访者都表示，外来人口过多使得社区治安状况恶化。例如，L-3表示，“在征地拆迁之前，我出门根本不用锁门，不用担心被偷，但随着外来人口的增多，我不得不加强防范”。在享受公共资源和公共服务上，本地人认为外地人可以有平等权利，但也提到“在入学上，外地人没有房子是无法上公立学校的，只能读私立学校”（L-4）。而外来受访者却大多感觉难以和本地居民平等享受社会福利和公共资源，在社区生活中，往往会自觉处于弱势地位。例如，受访者 O-3 就认为，“本地人肯定有钱啊，拆迁一家分那么多房子……一年只收房租就够了。居委会肯定是先帮他们本地人……”。可见，两类群体对利益矛盾的敏感性也是有明显差别的。

（四）蓬曦社区居民间利益关系的影响因素

为进一步分析居民间利益关系的影响因素，研究采用曼–惠特尼 U 检验（卡方）和克鲁斯卡尔–沃利斯检验（渐近显著性），对户籍、社会保障、房产面积、住房来源、房租收入、收入水平、文化水平、居住年限等对居民间利益关系的影响进行了检验（表 4-5）。其中，曼–惠特尼 U 检验主要用于检验两个独立样本之间是否存在显著性差异，克鲁斯卡尔–沃利斯检验是曼–惠特尼 U 检验的推广，用于检验多个独立样本之间是否存在显著性差异。结果显示，房产面积（P=0.034）、房租收入（P=0.040）对本地居民间利益关系有显著影响；文化水平（P=0.022）和居住年限（P=0.015）也在 0.05 的水平上显著。这表明，征地拆迁中的利益分配的确是影响失地农民间利益关系的主要因素，而文化水平和居住年限一方面与主体的自身文化素质和威望有关，另一方面也可能影响他们在征地拆迁中的话语权；户籍、社会保障等对本地居民间利益关系的影响不显著，这主要是因为他们大多仍为农业户口，享受到的社会保障都还不完善。而对外来人口间利益关系而言，户籍和社会保障的影响同样不显著，收入水平（P=0.009）和住房来源（P=0.048）则有着显著影响，这表明经济利益仍是影响外来人口间利益关系的主要因素。此外，文化水平（P=0.147）的影响不显著，可能与他们的文化水平普遍不高相关，而居住年限（P=0.057）影响的显著性水平也不高，可能是因为他们在蓬曦社区的居住时间都比较短。

表 4-5 蓬曦社区居民间利益关系影响因素的非参数检验

自变量	本地居民间利益关系		外来人口间利益关系		两类群体间利益关系（本地居民视角）		两类群体间利益关系（外来人口视角）	
	卡方	渐近显著性	卡方	渐近显著性	卡方	渐近显著性	卡方	渐近显著性
户籍	2.955	0.086	0.072	0.789	1.494	0.145	16.186	0.000**
社会保障	6.516	0.259	5.890	0.317	6.875	0.118	36.248	0.000**
房产面积	8.642	0.034**	—	—	7.768	0.003**	—	—
住房来源	—	—	6.092	0.048**	—	—	26.095	0.000**
房租收入	8.303	0.040**	—	—	1.722	0.425	—	—
收入水平	3.512	0.476	13.641	0.009**	6.622	0.028**	26.095	0.000**
文化水平	11.444	0.022**	8.164	0.147	9.816	0.044**	19.602	0.001**
居住年限	10.500	0.015**	9.167	0.057*	8.815	0.032**	5.152	0.272

**代表显著性水平为 0.05，*代表显著性水平为 0.1

关于本地居民对两类群体间利益关系的认识，居住年限（P=0.032）、文化水平（P=0.044）、房产面积（P=0.003）、收入水平（P=0.028）的影响显著，显示经济实力、文化素质是影响本地居民对外来人口态度的重要因素，居住年限长的本地居民也可能对外来人口更具包容性；户籍和社会保障的影响不显著，可能是因为大部分本地居民对户籍和社会保障带来的福利并不满意。而影响外来人口对两类群体间利益关系认识的因素中，户籍（P=0.000）、社会保障（P=0.000）、住房来源（P=0.000）、收入水平（P=0.000）、文化水平（P=0.001）都有显著影响。这表明，户籍和社会保障是大多数外来人口不具备的优势资源（受调查的外来人口中本地户籍的占比仅为 24.2%，没有任何社会保障的占比达到 41.4%），而拥有房产则是他们立足昆山发展、解决子女入学等难题的基础保障，较高的收入水平和文化水平不仅有助于他们获得户籍、房产和社会保障，还能提高他们的社区事务参与能力和包容性；居住年限的影响不显著，可能反映出拥有房产远比长期租住重要，如果不能有效获得平等参与社区事务的权力，则很难融入所在社区，也很难与本地人建立平等、开放的社交网络。

（五）蓬曦社区居民间利益关系对社区内卷化的影响

为深刻认识居民间利益关系对社交网络的影响，基于对本地居民的问卷，将有关本地居民间利益关系各陈述项的得分均值作为自变量，将问卷中有关本地居民社交网络状况陈述项的得分作为因变量，利用 SPSS 21.0 软件进行一元线性回归分析，发现自变量对因变量有显著影响。类似地，将有关本地居民与外来人口间利益关系各陈述项的得分均值作为自变量，将问卷中有关本地居民与外来人口间社交网络陈述项的得分作为因变量，进行一元线性回归分析，发现自变量对因变量有显著影响，而且系数更大，说明本地居民间虽然存在利益矛盾，但可能因为地缘和文化因素，其对本地居民间社交网络的负面影响比对本地居民与外来人口之间的相对较小。基于外来人口问卷，进行类似的一元线性回归分析（表 4-6），研究发现外来人口间利益关系对他们之间的社交网络影响并不显著，但外来人口与本地居民间利益关系对他们与本地居民间的社交网络有显著的正向影响。这反映出外来人口更倾向于与其他外来人口建立社交网络，从而导致了两类居民群体社交网络的相对隔离。

表 4-6　蓬曦社区居民间利益关系对社区内卷化影响的一元线性回归分析结果

自变量	因变量	*B*（系数）	显著性
本地居民间利益关系得分均值	“本地居民之间的关系没有拆迁之前密切了”陈述项得分	0.342	0.030**
本地居民与外来人口间利益关系得分均值	“我与外来人口接触很少”陈述项得分	0.567	0.002**
外来人口间利益关系得分均值	“我更多地与老乡来往”陈述项得分	0.224	0.278
外来人口与本地居民间利益关系得分均值	“我与本地居民接触很少”陈述项得分	1.131	0.000**
本地居民间利益关系得分均值	本地居民社区感得分均值	−0.400	0.715
本地居民与外来人口间利益关系得分均值	本地居民社区感得分均值	0.047	0.710
外来人口间利益关系得分均值	外来人口社区感得分均值	−0.183	0.086
外来人口与本地居民间利益关系得分均值	外来人口社区感得分均值	−0.248	0.015**

**代表显著性水平为 0.05

类似地，为深刻认识居民间利益关系对居民社区感的影响，分别基于本地居民和外来人口问卷，开展一元线性回归分析（表 4-6），发现本地居民间利益关系或他们与外来人口间利益关系对本地居民社区感的影响并不显著。但外来人口与本地居民间利益关系对外来人口的社区感有着显著的负向影响。这就表明，本地居民的社区感缺乏可能更多与原有景观和社交网络被破坏、主人翁的感觉被削弱有关，而外来人口社区感的缺失则较多受到本地居民与外来人口间利益关系的影响，这往往会让他们感到被歧视，从而缺乏认同感和归属感。

为此，建议相关政府部门在开发区和周边新建小区的建设中，重视协调居民间的利益关系，创造有助于所有居民平等参与社区事务的良好环境。例如，注重优化征地拆迁政策，尽量减少对失地农民利益格局的影响；欢迎所有居民平等使用社区公共资源，积极参与社区事务的协商讨论，积极组织各类文化活动，鼓励更多居民参与，以增进本地居民与外来人口之间的交流和信任；此外，建议为居民创造良好的学习环境，普遍提升居民的文化水平和劳动技能，消除不同群体间的文化隔阂，增进居民社交活动中的包容性。在经济条件许可的情况下，还建议相关部门增进开发区周边居民（特别是外来人口）的社会保障水平，帮助他们更好地适应生产、生活方式的改变，以开放、包容的心态更好地融入新建社区。以上建议中，征地拆迁政策和社会保障等，主要与政府的作用有关，基层能主动作为的有限，但平等使用公共资源、为居民创造良好的学习环境等，可能是社区能有所作为的，而且这种作为的重要基础可能在于积极发挥社区内公共空间的作用。为此，笔者在对长沙经开区周边居民的地方感状况进行调研的过程中，曾就公共空间的使用情况做过较深入的研究。

四、公共空间在克服开发区周边新建社区内卷化现象中的作用[①]

（一）公共空间的概念与相关研究

虽然在政治学研究中公共空间一般被视为公共权力与私人领域之间的中间

① 本部分主要内容已发表，参见孔翔，凌琳，陈丹. 2015. 公共空间在开发区周边新社区居民地方感重塑中的作用——以长沙经济技术开发区周边典型社区为例[J]. 城市问题，(9)：49-56. 有较大删改。

地带，主要为人们不受政治权力、习惯势力和传统观念等的束缚，进行自由、平等地讨论提供平台（哈贝马斯，1999）；但在规划学研究中，它主要被视为面向公众开放并进行各种活动的空间。考虑到中国社区公共空间的特点，本研究主要接受规划学的认识，将社区内的街道、广场、活动中心等居民可以自由进入并使用的公共场所视为社区公共空间，它主要为人们提供户外活动、游憩交往和对话交流的便利。

作为任何人都可以在其中自由活动的空间（凯文·林奇，2001），社区尺度的公共空间尽管较少包含公共舆论和公共权力等政治生活的价值内容（宋立新和周春山，2010），但仍具有“可见性”（visibility）和“集体性”（collectivity）等特征（汉娜·阿伦特，1999），是人与人互动的对话性场所和汇聚个体意愿形成集体认知的平台（陈竹和叶珉，2009），同时，还是主体展示个人才艺、能力的地方，可能成为社区居民间亲密交流的场所，从而在增进社区居民间相互了解和信任、协调彼此间利益关系等方面发挥积极作用。毕竟，公共空间的潜在价值发挥不仅能为个人建构存在感和对地方的认同创造条件，也会为“耳闻目睹”他人的文化意识和行为方式创造机会，因而完全可能在新建社区居民的利益关系协调和归属感建构中发挥积极的作用。

地理学主要从物理空间或社会文化空间的层面来研究社区公共空间。物理空间层面的研究多认为，社区公共空间应为居民之间的互动交流提供舒适的环境，其设计和管理应当服务于使用者的需求（Carr et al.，1993）。例如，以良好的步行可达性和适当的环境设施满足人停留的需求（Whyte，1980），以户外活动环境的改善吸引人们来此小憩、游戏以增进社会交往（扬·盖尔，2002）。同时，还要注重适应社区人群的多样化需求，特别是老人、孩子和租户的特殊需求。作为承载社会文化的空间，社区公共空间被认为能促进不同社会阶层或团体的交流、融合，其多元化和包容性也是社区活力的重要来源（简·雅各布斯，2006），而不同种族和阶层的居住者若能很舒适地在公共空间与他人共处，还会增进社区的民主决策（塞萨·洛等，2013），从而增进居民的归属感，使社区由生活的共同体演变成信念的共同体，并推进基层社会的动员整合（刘中起，2012）。这也有助于社会资本的积累和居民地方感的强化（吴莉萍和周尚意，

2009)，创造对社区的认同。由此，社区公共空间成为维系不同群体间社会关系的重要纽带，这也是美国“新城市主义”主张公共空间应当“重新成为住区建筑与空间的焦点和邻里活动中心”的重要原因（孔翔，2014)。不过，地理学在公共空间领域的相关研究远不如社会学丰富，在社区层面，也很少关注不同类型社区公共空间的建设特点和功能差异。这也是开展本研究的重要动力。

（二）社区公共空间与居民社区感的建构

1. 社区感的内涵与价值

作为一种联结居民与社区、居民与居民间的情感要素，社区感是社区存在和发展的基础（周佳娴，2011)，也是社区共同体形成的重要标志（吴铎，1991)。Sarason（1974）最早将社区感定义为居民“在社区内同他人类似的知觉”，一种与社区内其他居民相互依赖的意识和意愿，“一种可依赖且稳定的作为社区组成部分的情感”，其实质是社区成员所拥有的对社区的归属感，是一种社区成员间相互依赖的感受以及履行共同义务的信念。一般认为，社区感是居民经由感觉和知觉而建构的、包含情意因子的认知结构系统，是社区居民以共同的精神生活为基础建构的精神纽带，是特定社区稳定存在与和谐发展的灵魂（罗英豪，2007)。也就是说，社区感是居民以对社区的主观体验为基础形成的一种在情感上与社区以及社区内其他主体的联结纽带（Pretty et al.，2003)，是在社区这一空间尺度上的地方感，反映了主体与社区以及社区内其他主体的良性互动。如果居民普遍拥有较高水平的社区感，则不仅反映了居民对社区的认同，更可能将其转化为居民参与社区事务的内在动力（曹兴平，2013)，对社区的和谐、健康发展具有特殊的价值。由此，增进社区感也成为社区建设的重要目标和内容（李须等，2015)。

Tuan（1974）早就观察到，人们对一些传统社区的依恋已经达到根深蒂固的地步；Johnston 等（2000）也认为，社区是能够使人产生很强依附感的地方；而Relph（1976）则强调，经由人的居住以及充满意义的“真实的”经验或动人事件，能够增进个体或群体对社区的认同感、安全感以及关怀。可见，社区是在普遍意义上让普通老百姓通过长期居住、生活而产生地方感的地方（李凡等，2010)，社区感包含着人们在长期共同生活与互动交流中形成的共同价值理念，社区意识、社区精神、社区情感和社区危机都是与地方密切关联的概念（张中华等，2009），社区感也是使社区由“空间”转变为“地方”的重要基础（Relph，1976）。

和对其他地方的地方感一样，作为一种内隐的心理结构，社区感会在居民搬离时表现得特别明显（Dixon and Durrheim，2004）。例如，城市新动迁居民会由于对新居住空间的不熟悉、邻里关系淡薄等因素，可能会对新社区产生冷漠和恐惧的心理（Entrikin，1991）；而社区在居民日常生活中的地方意义，可以通过共同的记忆和传统的积累得到解释（Corcoran，2002），因而邻里、社区的拆除或搬迁也会影响居民对地方的记忆与情感（Porteous and Smith，2001）；在郊区化过程中，对农村社区的依恋和认同的丧失被证明会对年轻人产生负面影响（Salamon，2009）；但若能为新环境注入原居住地的元素，则可能有助于维系已有的地方情感联系（Brook，2003），而不合适的环境整修则可能导致居民因失去熟悉的社会环境而搬离，甚至导致社区的瓦解（Fried，1963）。那些社区感强的居民，会更关注社区的变化（许振晓等，2009），从而成为社区发展的积极力量。在开发区周边新建的拆迁安置社区中，由于地理景观和社交网络的巨大变化，特别是居民间存在较复杂的利益矛盾，往往社区感比较薄弱，这也是这类社区内卷化发展的重要表现形式。这不仅不利于社区的凝聚力提升，也不利于开发区的社会资本积累，甚至可能威胁到开发区的和谐稳定，必须努力加以克服。

2. 社交网络与社区感

社区感可以被理解为一种对社区的地方感，是居民与社区以及社区内其他居民长期互动的结果，既体现了其在日常生活中与特定社区的物理环境长时间、反复互动而建立起来的主观情感体验（Buttimer and Seamon，1980），也受社区内人与人之间关系的影响。社区主要是人们生活的空间，积极、正面的人际关系会帮助主体在所属社区中形成安全、舒适的感觉，甚至深深的依恋，因而可能为社区感的建构创造有益的基础。由此，居民在社区内的社交网络应成为研究社区感的一个重要方面（Stinner et al.，1990）。事实上，即使是参与社区的非正式活动，也会有助于增强居民的社区归属感（丘海雄，1989）。在相关研究中，卡萨达等就曾提出，居民在社区内建立起来的社会关系会增强人们的社区归属感（Kasarda and Janowitz，1974）；格尔森等也认为，人们在社区内的交流网络会影响留居或离开这个社区的选择（Gerson et al.，1977）。毕竟，强烈的邻里连接源自邻里之间的相互交流（Fried，1963），因而在社区中拥有较多亲密朋友的被调查者，对社区的地方感往往较强（Hidalgo and Hernandez，2001）。也就是说，社区内的社交网络会促使主体对所在社区注入更多情感，进而使社区由单纯的物理空间逐步演变成具有内聚力的精神场所，社区成员也由此逐步形成共同的价值观和行为准则，并会因此强化社区社交网络这一基于地缘的社会关系。考虑到社交网络的构建需要以社区居民间结识和交流的平台为基础，因而社区公共空间有可能在增进社交网络与居民社区感中发挥积极的作用。

此外，社交网络的建构还可能增进社区的集体记忆。集体记忆是一个特定社会群体中的成员共享往事的过程和结果（莫里斯·哈布瓦赫，2002），它根植于地方，包含了地方的往日（Alexander，2009），并"将我们联系在一起，成为承袭共同传统的群体"（Johnson，2007）。在社区地方感的建构中，集体记忆不仅为社区居民提供了相互交流的谈资，也在情感上营造了舒适、信任的感觉，使居民拥有了可沟通的话语体系，进而产生一种熟悉、依恋的情感。同时，集体记忆还有助于丰富社区作为地方的意义，促使相关主体将这个地方与自身联结起来。通过记忆的选择性遗忘，新的社区也会基于新的集体记忆建构新的地方认同。

3. 公共空间对社区感建构的可能影响

居民社区感的建构既是个体的，也是集体的，它依赖于主体间通过社交网络分享集体记忆，进而形成共享的信仰和需求。公共空间强调的是"所有人"平等的可进入性，由此为居民通过互动交流构建网络联系和分享集体记忆提供开放性的场所，因此可能在居民的社区感建构中发挥积极的作用。

（1）社区公共空间有助于增进居民的交流网络

社区居民的交流网络需要以居民在开放性场所相互结识和进行深度的交流为基础，社区公共空间作为可平等进入的开放性平台，完全有可能成为居民社交网络建构的重要载体。Aouest 和 Griffet（2004）的研究显示，社区公园对青少年的社会化以及同伴间社区关系的发展具有积极作用，并有助于弥合不同年龄群体之间的代沟；而在人们自由进入并进行各种思想交流的过程中，不仅可能产生一些制度化组织或制度化活动形式，而且可能建构起“相对固定下来的社会关联形式和人际交往结构方式”（曹海林，2005），即某种紧密的社交网络。有研究显示，城市社区如能建造尺度宜人、利于交往的公共空间，就有可能营造类似乡土社区的富有人情味的社会生活，这也使得合理设计公共空间成为不少国家社区设计的重点（王玲，2007；何兰萍，2008）。由于开发区周边新建社区大多集聚的是失地农民或外来打工的农民，这样的富有人情味的社区是他们更为期盼的。而他们通过在社区公共空间的有效交流，不仅会建立起在新的生活环境中的密切联系，还会在潜移默化中共享价值观和地方文化习俗，从而增进了对社区的认同和依恋。

（2）社区公共空间有助于延续和创造集体记忆

集体记忆是特定社群的成员共享往事的过程和结果，往往需要以仪式、风俗等文化实践活动或文献资料等为载体。在社区公共空间，不仅频繁上演着婚庆、丧葬等仪式和节庆活动，也会通过许多口述故事来促进集体记忆的延续。其中，仪式和节庆活动，常常不只是过去事件和情景的简单再现，还包含许多新的价值认同和文化符号，从而创造新的集体记忆；而社区居民也会在与他人的交谈中，回忆起更多过往的故事，进而将自己设想为与他人从属于同样的群体（陶东风，2010）。由此，居民通过参与到在社区公共空间举办的仪式、活动以及分享故事，可能会建立起与其他社区成员间更紧密的文化联系，最终形成有机的共同体。集体记忆不仅使社区公共空间从纯粹物理空间转变成具有情感意义的场所，更为居民增进对社区的感知、认同和依恋奠定了基础。

总之，社区公共空间是建构社交网络的重要空间载体，它建构了居民间的交流渠道，有助于增进彼此信任，减少隔阂和误会；同时，它也是举行纪念仪式以及讲述故事，进而延续和创造集体记忆的场所，对于居民共享文化习俗具有积极价值。不过，在现实生活中，各类主体进入和使用公共空间的能力和效率并非完全一致，这就使得社区公共空间也可能折射出群体之间的隔阂，甚至隔离。因此，社区公共空间对社区感建构的影响不仅在于其能否为居民交流提供便利，还在于居民使用社区公共空间的意愿和效率。

（三）长沙经开区周边新建社区公共空间使用状况及影响

1. 公共空间对开发区周边新建社区居民社区感的可能影响

开发区周边新建社区不仅是原有多个自然村居民聚集生活的场所，还吸纳了大量外来劳动力，这就使得重构社交网络面临较大困难。特别地，本地失地农民和外来劳动力之间，由于存在语言和文化差异，在沟通交流方面存在不少障碍。同时，他们还都面临生产、生活新方式和新场所带来的挑战，同时具有融入市场经济所激发的较强的竞争意识，从而更可能产生矛盾、隔阂甚至误会，这会削弱居民之间的亲切感和对社区的归属感。因此，能便利居民之间深度交流的场所就具有了更重要的价值。但由于用地性质的限制，开发区周边一般缺少商业娱乐设施，而不少本地失地农民和外来劳动力的随迁家属则有较多的闲暇时间，从而会对公共空间产生更大的需求。如果开发区周边新社区有方便停留、环境舒适的公共空间，则能为居民构建新的社交网络提供便利。也就是说，有效的公共空间能加强社区内人与人之间的联系，帮助他们构建起社区内的人际交流网络，增进彼此间的互信，并寻找到新的情感依赖的场所；在社区公共空间的交流，能促进不同地域文化的扩散与融合，为本地失地农民延续集体记忆以及外来劳动力了解本地文化提供便利，进而为新社区居民分享新的集体记忆创造条件。因此，公共空间不仅为本地失地农民提供了交流的场所，也为外来劳动力提供了融入当地社交网络的机会，从而使更多居民拥有共同的生活经验、遵守共同规范的默契、特有的文化关联，这对于社区感的建构和克服内卷化发展的倾向都可能具有积极作用。

2. 长沙经开区的案例地特点与调研概况

本研究主要调研的是地处长沙经开区核心区的松雅社区和泉塘社区。其中，松雅社区成立于 2005 年，由洋湖、望新、大塘、螺丝等十几个行政村合并而成，常住本地拆迁农民 1689 户、4280 人，流动人口 1 万多人，社区现有 300 平方米室外健身休闲广场 1 个，活动室 8 个（共计 600 平方米）；泉塘社区也成立于 2005 年，共拆迁安置 704 户、3010 人，流动人口约 7650 人，现有两处健身场所（分别为 120 平方米和 150 平方米），它们为居民休闲健身提供了便利（图 4-1）。此外，两个社区内一楼商铺外的过渡空间以及棋牌室、图书馆等全室内空间也部分发挥了公共空间的作用。本次调研的受访者主要是在这些公共空间中活动的社区居民。调研采用半结构式访谈的方法，主要记录了受访者的基本信息、社区感状况以及对社区公共空间的使用状况，尤其关注受访者能否有效利用社区公共空间，能否在此构建社交网络和分享地方集体记忆。调研于 2013 年 11 月进行，采用两人一组、一人交流、一人记录的方法，随机调查了 76 名本地居民，161 名外来租户，每次访谈持续 15～20 分钟。

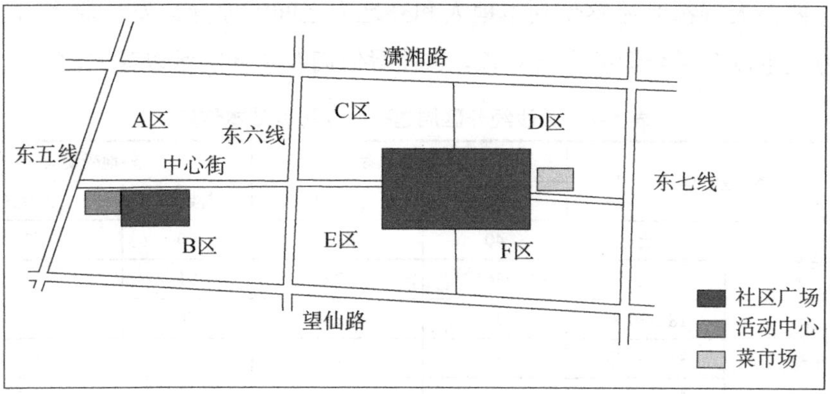

(a) 松雅社区

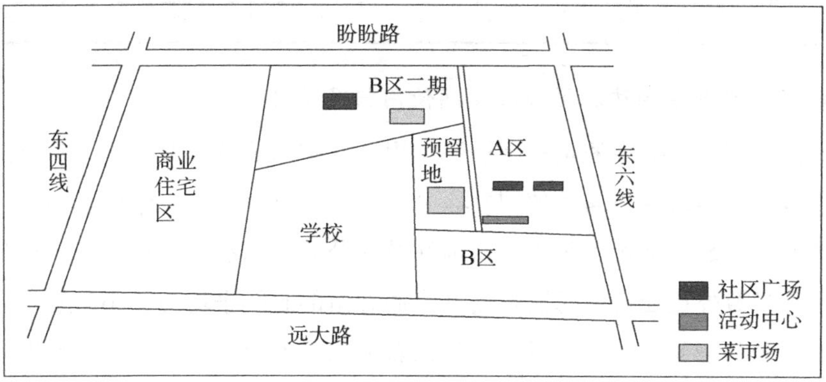

(b) 泉塘社区

图 4-1　松雅社区和泉塘社区的公共空间分布

从受访者的基本信息来看，男女比例大体接近，以中青年为主体，本地受访者的居住年限明显较长（表 4-7），这比较符合开发区周边社区居民结构的特点。调研中，本地受访者不少在社区开店，而租住于此的外来人员则主要是开发区的务工人员及其随迁家属，主要来自湖南省内其他地区和湖北省，也有部分来自江西省、四川省、贵州省等地。从访谈记录来看，开发区建设的确影响到当地拆迁户的地方感，将近四成的本地受访者认为生活方面发生了很大变化，首先是居住环境变化，其次是朋友圈子、邻居变化，然后是生活方式、消费习惯和工作也都发生了变化；而外地受访者也有近半数（45.6%）感受到类似变化。同时，两类人群都明显感受到本地人和外地人之间的差异，发现原本习以为常的地方故事没有了合适的交流对象，这使得他们对新社区难以建构深度的认同。

表 4-7　长沙经开区周边社区受访者基本信息

基本信息类别		本地受访者		外地受访者	
		人数/人	占比/%	人数/人	占比/%
性别	男	40	52.6	70	43.5
	女	36	47.4	91	56.5
年龄	18～30 岁	25	32.9	88	54.7
	31～50 岁	36	47.4	59	36.6
	50 岁以上	15	19.7	14	8.7
居住年限	1～5 年	40	52.6	39	24.2
	6～10 年	36	47.4	122	75.8

3. 长沙经开区周边社区公共空间使用状况及影响

本次调研主要关注的是社区居民使用公共空间的状况及影响。从整理的访谈记录看，大多数受访居民使用社区公共空间的频率较高，本地受访者和外地受访者都有半数以上每天至少一次前往社区公共空间参加活动，近七成的本地受访者和半数外地受访者每次在公共空间逗留的时间平均为一小时左右。虽然观察到的公共空间活动主体以本地年纪较大的失地农民和外地带小孩的妇女为主，但访谈显示，大多数老人和妇女会与家人分享来自公共空间的信息。同时，超过三成的上班族在业余时间会来公共空间休闲，这表明各类群体都直接或间接受到公共空间活动的影响。在公共空间的使用方式上，外地人多在社区广场锻炼和聊天，而本地人则多在社区楼下打牌、聊天，因而两个群体之间的交流相对有限，但这对于居民构建社交网络仍是积极有益的。分别有 44%的本地受访者和 18%的外地受访者认为，社区广场和小区内的店铺是认识新朋友最多的地方，84%的外地受访者在社区公共空间认识了很多本地人或者同乡，仅有 16%的外地受访者基本未在公共空间认识新朋友，这表明公共空间已在一定程度上成为受访者认识新朋友的场所。同时，寻找情感依赖已经成为受访者前往公共空间的重要动因，有四成左右的受访者表示，经常来公共空间只是单纯地认为在此聊天很惬意；近三成的受访者表示，虽无法描述公共空间的独特功能，但如果没有公共空间就会觉得很无聊；超过八成的外地受访者会常来公共空间，因为“没有地方去”，而公共空间也已经成为他们生活的一部分。“在没有社区广场前，我们并不太认识附近的人，而现在很多人成了常在一起玩的朋友，我们经常在一起交换日常生活的信息，包括购物、交通与日常必需的信息等，有种大家庭的感觉”（QT-10）。本地受访者也认为，“以前会串门，现在不串门了，大家都住在楼里面，也不想麻烦”（QT-29）；“我们都是来自附近的，有的是在原来村子上认识的，有的是在这里认识的。以前还有农活，现在闲啊……觉得很空洞、很单调……出来一活动，大家在一起，说说笑笑，又结识了一些新人……我们来此就是为了聊天，心情愉快”（SY-3）；而且不少受访者会因此感到“我们就是社区的主人……去别的社区感觉像个外人……我们要出去就代表松雅社区……还感到蛮自豪的”（SY-41）[①]。可见，社区公共空间不仅已经成为居民重构社交网络的重要平台，还对居民社区感的建构产生了积极的影响。

在延续和创造居民集体记忆方面，社区公共空间首先是本地居民举办传统节庆活动和婚礼、寿宴等民俗仪式的重要场所，超过 64.1%的本地受访者能通过此类活动分享记忆中的地方和生活场景，而外地人也能由此了解到更多当地传统文化习俗。不少年纪较长的本地人还会在公共空间为外地人讲述老长沙和经开区的历史故事，因为“以前种地，没时间；现在空了，聊聊天，分享信息，更能融入新的生活环境，也能了解其他人的文化生活”（QT-49），这对两类群体共享新的集体记忆具有基础性作用。调研期间，适逢松雅社区广场上演花鼓戏，

① QT 代表泉塘社区，SY 代表松雅社区。

近2000位居民自带板凳汇聚于此。受访的李娭驰说，“这场《寻儿记》，我每句都晓得唱咧！……以前只能在电视上看，今天见着演员现场演出了，真是高兴”（SY-16）。不少看戏的居民告诉笔者，这里不时有演出，观看演出不仅能回味过去的生活，还能与新老朋友聊天，也与更多新邻居有了交流的机会和共同语言，这表明公共空间的确能服务于创造新的集体记忆。

不过调研也显示，社区公共空间的利用还存在不少问题。例如，虽然外地人更希望使用公共空间，但本地人对公共空间的利用频率明显更高。由于很少有机会参加街道组织的文艺团队等正式活动，不少外地人参与社区活动的频率较低，积极性也不高。同时，本地人和外地人使用公共空间的时空特点也不同，热闹的社区广场上主要是带孩子的外地妇女和做游戏的外地年轻人，也有少部分岁数较大的本地人在此闲聊；而居民楼下则有不少本地人在打牌、聊天，比较安静。虽然白天社区广场主要是外地妇女带着孩子游戏，但傍晚主要还是本地老年人在跳广场舞，两类群体在不同的时间以不同方式使用不同类型的公共空间，这不利于增进他们之间的交流。此外，语言和文化习惯的差异也使得两类群体在公共空间的交流存在障碍，不少本地受访者表示，“与外地人交流不多，大家语言也不通”（SY-21），而外地受访者也表示，“跟本地人交流少，看热闹时会搭搭话；本地人的活动多，但自己主要是看热闹”（QT-51）。同时，本地人的优越感也会抑制跨群体的交流，不少外地受访者表示，参加各类文娱比赛大都只有本地人，因此，“认识的人都是外地人，就认识自己那一栋的本地人”（SY-63），而本地人也只是和“同一栋楼的（外地人）打打招呼”（SY-7），两类群体之间并未通过公共空间增进交流和互信。

（四）优化开发区周边社区公共空间使用状况的基本思路

社区公共空间是社区居民扩大社交网络和分享集体记忆的重要空间载体，而居民社区感的建构也需要以主体间的互动交流为基础，因而社区公共空间在新建社区居民社区感的建构中可能发挥积极的作用，这对克服社区内卷化发展倾向可能具有积极价值。对长沙经开区周边泉塘社区和松雅社区居民的调研访谈显示，社区公共空间在一定程度上促进了新建社区居民之间的交流，已成为居民寻找情感慰藉的重要场所，在促进本地文化传播方面发挥了积极作用，并为本地人和外地人分享新的共同记忆创造了条件，这些对于增进居民社区感是有积极作用的。不过，本地人与外地人使用公共空间的频率和效率存在明显差异，时空特点也有很大不同，语言等文化交流障碍和本地人的优越感更是降低了两类群体在公共空间的交流效果，不利于尽快形成社区居民之间的亲密关系和对社区的归属感。为此，建议开发区周边新建社区要更加注重发挥公共空间的社会交往功能，增加全体居民平等的可进入性，多举办能体现地方特色的传统文化活动，积极吸纳外地人参与到社区组织的文艺团体和各类其他活动中，以使社区公共空间更好地成为所有社区居民平等交流和凝练共识的平台，更好地服务于增进居民对社区和开发区的地方感。

第二节　开发区周边女性群体的空间行为特征与地方感

女性主义地理学起源于女性主义运动，主要关注性别差异在空间上的体现，包括女性体验和感知空间的独特机理、女性特殊生理和心理需求对空间行为的影响、女性在生命中特定阶段的特殊空间需求、社会性别的建构引致的空间中的性别公平问题等，以揭露和挑战社会中普遍存在的性别不平等（Gregory et al., 2011）。虽然在不少女性主义地理学研究中，女性都是作为相对弱势的一方出现的，但女性主义地理学的研究主题不仅包括女性群体的普遍特征及其与男性群体的差异，还关注女性群体内部的差异。作为弱势群体的女性，在开发区和周边地区这一“无根者”集聚的空间中，其空间行为特征和地方感状况如何，虽然在以往研究中被相对忽视，但却对开发区周边和谐发展具有深远影响。研究这一问题不仅要求关注性别关系在这个空间中的特殊性，还要求关注女性群体在这个空间中的内部差异。在开发区及周边，不仅会吸引不少女性外来劳动力在园区企业就业，还可能有不少跟随男性打工者迁入的外来女性，当然，在失地农民群体中也有不少女性。为此，本研究不仅结合长沙经开区和长沙高新区的调研，对开发区周边女性群体的地方感进行整体分析，还对闵行经开区周边的女性农民工的空间行为进行跟踪调研。

一、女性主义地理学的相关研究

（一）女性主义地理学研究的主题和方法论倾向

早期，女性主义地理学注重以男性与女性的二元对立为基础，将揭露不同性别的主体在空间上的不平等关系视为主要任务（表 4-8）；之后，研究主题逐步从女性群体的普遍特征转向女性内部差异的研究，关注的具体议题从女性健康、安全、住房、福利等拓展到就业、通勤等方面（胡宇娜等，2006）。与社会学研究更多通过工作、财富、权力等方面探讨性别的不平等关系不同，地理学研究重视将这些不平等投射到空间层面，探讨不同性别在空间感知、空间使用方式等方面的差异，这也是从人地关系视角展开的研究。

表 4-8　男性和女性二元对立表

男性	女性
公共	私人
外在	内在
工作单位	家庭
工作	休闲/娱乐
生产	消费
权力	缺乏权力
独立	依赖

资料来源：McDowell（1998）

从研究的方法论看，女性主义地理学较多受到后结构主义地理学的影响。后结构主义地理学重点探讨了女性群体内部的多样性，强调性别是在具体情境和关系下建构的。Nelson 和 Seager（2005）将该领域的研究按照具体情境、工作、城市、身体、环境、国家等不同层面划分为不同的类型。这也体现了女性主义地理学重点关注的研究尺度。

一般地说，女性主义地理学的研究不追求客观的、宏大的叙事，而提倡以不同的方式看问题、做研究，注重基于学者的特定视角所生产的知识。Haraway

（1988）早就提出，即使在科学研究中，研究结果也会受到研究人员的社会文化背景、价值观和视角的影响；而在有关看护或护理的地理学研究中，有学者甚至强调重视建立研究员与被研究群体之间的联系，从而生产出符合伦理审核的地理知识（Lawson，2007）。这对女性主义政治地理学和女性主义政治生态学的研究具有借鉴价值。前者除了关注女性群体在国家建构中的角色，也强调要自下而上、基于日常生活开展政治地理学研究（Hyndman，2001）；后者则重点关注生态政治中不同的性别体现，同时，也关注知识的生产过程，以挑战基于男权主义的科学知识生产方法（Elmhirst，2011）。具体到本研究所涉及的移民研究，女性主义地理学多关注不同性别的移民在行为方式上的差异、移民后的社会文化空间及其成因（Huang，2001；Yang，2000）。

（二）女性地方感和空间行为的相关研究

直接与女性地方感相关的研究并不多见，但国外有学者从女性地方认同和自我认同的视角，探讨了个体经验、地方环境和社会互动对地方感建构的影响。例如，Pooley（1999）在研究从北爱尔兰到英国的历史移民问题时，通过整理一位 18 岁时从北爱尔兰移民到英国的女性的日记和口述资料，分析了 20 世纪 30 年代北爱尔兰信仰新教的女性地方感和地方认同的建构过程，探讨了个人经历及对北爱尔兰的地方认同如何影响了她对英国生活的适应。Pickering（2002）则通过在澳大利亚和加拿大的两位白人女性移民的地方感研究，剖析了外来女性与土著女性的关系在女性移民地方感建构中的价值。Ortiz 等（2004）研究了拉瓦尔公共空间中女性的地方感，通过直接观察和深入访谈的质性研究方法，发现公共空间所创造的社会意义对女性地方感和城市认同具有积极影响，并基于本地女性、移民女性和新的定居女性三类女性居民，展开了比较分析。Attanapola（2006）则对斯里兰卡出口加工区女性工人移民的地方感和自我认同进行了研究，重点探究了移民前后生活体验的变化对这些女性工人地方感和自我认同的影响，不仅发现就业机会、性骚扰、男性主导的工厂管理模式等都可能对女性的地方感产生影响，还发现女性工人的地方感和自我认同会随就业时间、年龄和组织活动参与度等的变化而有所不同；相对来说，较年轻女性和积极参加组织活动者表现出较为积极的地方感和自我认同，而受教育程度对地方感的影响不显著，许多女性工人缺乏归属感，也不认为自己是当地社会的一分子，因而对未来缺乏信心。Soltani 等（2013）基于伊斯法罕地区的调研，发现城市生活有助于增强女性居民的自我认同和生活满意度，是提高女性地方感的有效模式。由此可见，女性居民的地方感研究，应遵循地方感研究的一般方法，同时，重点关注女性生理和心理特征的影响。

国内女性地理学的研究较为关注女性居民的空间行为。例如，许晓霞和柴彦威（2012）基于时间地理学的研究框架，对居民日常休闲行为（休闲机会、休闲时间、休闲空间、休闲社会关系）的性别差异进行了研究；柴彦威和张雪（2014）对郊区女性日常生活的时间、空间行为（工作活动、休闲活动、购物活动、家务活动等）特征进行了分析；黄春晓和何流（2007）探析了女性在城市商业区中的休闲时间、场所、方式、出行、消费等方面的特征；谢妍翰等（2010）则关注了城市女性非正规就业者的行为空间差异，并探讨了行业特征、行为空间与职业发展之间的相互作用；胡毅等（2010）梳理了女性与居住空间的历史关系，初步探索了女性在居住空间中的生活形态和角色地位的变迁。这表明，国内地理学者虽然对女性的空间认知和空间行为特征已经取得了一些研究成果，但尚未与地方感等情感和认同的研究建立紧密的联系，这也是研究开发区周边女性居民地方感和空间行为特征的创新价值所在。

二、开发区周边女性居民的总体地方感状况

（一）开发区周边女性居民地方感的特点

性别与地方感的相关研究显示，女性较男性更需要通过社会群体和社会参与来联结地方（Leaman and Carrington，1985），不参加社会活动的女性往往具有消极的地方感，倾向于通过逃避的方式克服进入新环境的困难；而乐于参加社会活动的女性对地方的感知是积极的，更为自信，也会更加主动地学习一些技能以融入新的地方（Attanapola，2006）。基于北京居民日常休闲行为的调查也显示，与男性倾向于将休闲时间用于体育锻炼和上网活动相比，女性更愿意

将其用于社交活动以建立和维持某种关系。同时，与男性倾向于个人休闲不同，女性更乐意与家人、朋友一起休闲，可见，社交网络对女性建构认同和适应新环境更为必要（许晓霞和柴彦威，2012）。由此，在特定地方就业或参与地方事务等的经历对于建构女性群体的地方认同具有重要意义（McDowell，2014）。有关家的研究，一般将女性视为“家里的天使”，尽管越来越多的女性外出工作，但家庭仍然是绝大部分女性生活的中心（McDowell，1998），这也使得女性相对于男性的移动性较弱、移动活动中的依赖性更强。当他们在原有的生活情境中建构了地方感，当来到新的地方时，可能单纯通过家庭生活建构新地方感的难度较大，因而必须通过在新地方的生活经历和社交体验建构新的地方感。

相较于男性群体，开发区周边女性可能有较多的闲暇时间，较容易通过工作环境或在社区公共空间中的互动建构起新的社会关系和社交网络，从而有利于增强地方感。不过，开发区周边可能有较多随迁女性，即使是本地失地农民中的女性，也可能由于社会性别的建构，较少参与开发区的产业发展活动，因而女性居民对开发区建设的参与度可能明显低于男性居民，她们对开发区的了解可能主要是通过与家庭成员的联系间接获得，因而对开发区环境的变化可能不太敏感。就经开区与高新区两类开发区的比较而言，可能高新区周边文化素质较高的女性占比更高、独立性更强、自主择业的可能性更大，因而在开发区企业就业和参与开发区公共事务活动的比例可能更高，女性群体和男性群体的能力差距更小，对地方环境的变化更为敏感、主动适应性也可能更强。不过，这也可能使得高新区周边女性对地方的需求层次更高，更容易发现开发区建设中的问题，对负面影响也比较敏感，由此，可能造成她们的地方感层次降低。

（二）长沙经开区与长沙高新区周边女性居民的地方感调研

基于第三章第三节中介绍的对长沙经开区和长沙高新区周边居民的地方感调研，发现女性居民的地方感得分均值总体高于男性居民，这可能与女性对地方的依赖性更强有关；而两个开发区周边女性受访居民的地方感得分均值之差（0.21）大于所有受访居民和男性受访居民的地方感得分均值之差（分别为 0.14 和 0.03）。这表明，长沙经开区和长沙高新区周边女性受访居民的地方感水平差异较大，而男性受访居民的地方感水平差别不大（表 4-9）。

表 4-9　长沙经开区和长沙高新区受访居民地方感得分均值比较

项目	男性受访居民	女性受访居民	所有受访居民
长沙经开区	3.63（*N*=64）	3.86（*N*=85）	3.76（*N*=149）
长沙高新区	3.60（*N*=79）	3.65（*N*=65）	3.62（*N*=144）
差值	0.03	0.21	0.14

比较两个开发区周边女性受访居民在地方感七个层次上的平均得分，发现两者的变化趋势一致，得分最高的为“存在的外在”、最低的为“代理的内在”，这表明“置身事外的”观察较多，基于“二手资料”的认识较少；同时，除了长沙高新区女性受访居民在“代理的内在”层次得分较低（3.44）以外，两个开发区周边女性受访居民其他各个层次上的地方感得分都在 3.5 以上，说明地方感总体水平较高（图 4-2），尤其是长沙经开区周边女性受访居民的地方感水平更高且标准偏差更小（0.836），说明其内部分异不大。

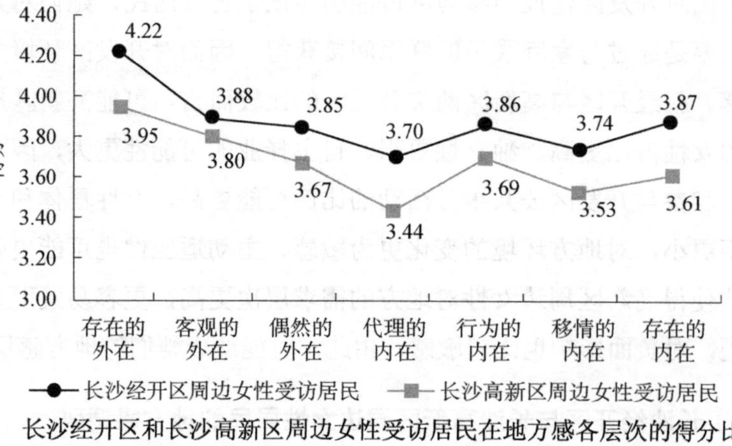

图 4-2　长沙经开区和长沙高新区周边女性受访居民在地方感各层次的得分比较

根据户籍和居住时间将开发区周边女性居民分为本地女性和外来女性，对其地方感得分均值进行进一步分析，发现两个开发区周边本地女性受访者的地方感基本没有差异，长沙高新区本地女性在“内在”层次的地方感（七层次地方感中后四个层次均值的平均）方面得分略高于长沙经开区的本地女性（4.04>3.95）；但外来女性受访者的地方感差异明显（3.76>3.40），尤其是长沙经开区外来女性在“内在”层次的地方感方面明显高于长沙高新区外来女性（3.68＞3.28）（表 4-10）。

表 4-10 长沙经开区和长沙高新区本地女性和外来女性地方感得分均值比较

地方感比较		长沙经开区	长沙高新区	差值
本地女性	“外在”层次的地方感	4.09	3.96	0.13
	“内在”层次的地方感	3.95	4.04	−0.09
	地方感小计	4.00（*N*=54）	4.01（*N*=31）	−0.01
外来女性	“外在”层次的地方感	3.88	3.61	0.27
	“内在”层次的地方感	3.68	3.28	0.40
	地方感小计	3.76（*N*=31）	3.40（*N*=34）	0.36

根据职业类型将开发区周边社区女性受访者分为家庭妇女和工作女性。其中，家庭妇女包括农民、已退休或其他没有工作的女性居民，工作女性则包括产业工人、政府及事业单位人员、商业服务业人员、自由职业人员等其他从事固定或非固定职业的女性居民。统计结果显示，在长沙经开区周边受访者中，无论是家庭妇女还是工作女性，地方感水平都比长沙高新区周边受访者的地方感水平高，且在“外在”和“内在”层次上都表现更好；更重要的是，在经开区和高新区周边，都是工作女性的地方感更强，这表明工作女性无论是由于个体方面的因素，还是由于更广泛的社交网络联系，都可能与地方产生更多的联结，从而增进了对开发区内在的情感和认同（表 4-11）。

表 4-11 长沙经开区和长沙高新区受访家庭妇女和工作女性地方感得分均值比较

地方感比较		长沙经开区	长沙高新区	差值
家庭妇女	“外在”层次的地方感	3.85	3.56	0.29
	“内在”层次的地方感	3.64	3.43	0.21
	地方感小计	3.72（*N*=48）	3.55（*N*=30）	0.17
工作女性	“外在”层次的地方感	4.06	3.80	0.26
	“内在”层次的地方感	3.91	3.60	0.31
	地方感小计	3.97（*N*=37）	3.67（*N*=35）	0.30

（三）影响开发区周边女性居民地方感的主要因素

结合理论层面的分析，以及对长沙经开区和长沙高新区周边女性居民的调研不难发现，开发区周边女性居民的地方感可能较多受到就业机会和社交网络状况的影响。具体地说，相对于家庭妇女，工作女性与开发区有了更多直接互动的机会，也有了更多的参与感；当然，其他家庭成员在开发区工作也可能为女性居民提供了与开发区间接互动的机会。长沙经开区的企业多为流水线作业，要求较低，为女性提供的就业机会较多，同时，星沙新城的商业氛围较浓、人气也旺，这也为女性居民在服务行业就业创业创造了有利的环境。而长沙高新区企业的技术水平相对较高、就业门槛也高，尽管高新区周边女性居民的总体文化素质水平高于长沙经开区周边女性居民，但在高新区企业就业的比重明显较低，这也能从对受访女性居民融入状况的调研中得到证明（表 4-12）。长沙经开区周边女性居民对开发区的较高评价不仅是其与开发区互动状况的体现，也为地方感的建构奠定了良好基础。

表 4-12　长沙经开区和长沙高新区女性居民对开发区的评价和融入状况

女性居民对开发区的评价和融入状况	长沙经开区		长沙高新区	
	均值	标准偏差	均值	标准偏差
1）我认为开发区是一个高水平的园区	3.73	0.867	3.52	0.861
2）我对开发区的发展现状很满意	3.55	0.898	3.42	0.825
3）我觉得开发区具有良好的发展前景	3.20	0.915	3.08	0.934
4）我愿意与开发区的本地人/外地人居住在一个小区	4.02	0.823	3.79	0.863
5）我愿意与开发区的本地人/外地人交流接触	4.12	0.798	3.99	0.776
6）我与开发区的本地人/外地人相处很融洽	4.12	0.796	3.92	0.831

在社交网络方面，由于长沙经开区的外来女性与本地女性居民的文化素质总体相差不大，通过广场舞、打牌等社交活动可以实现较好的交流。例如，有受访居民就表示，“我觉得社区挺和谐的，各类人群间的交流都还可以，我跳舞、打球认识了一些新的朋友，散步的时候见到了也都会打招呼”（受访者 A11①）；但长沙高新区的外来女性总体文化素质较高，价值观和生活习惯与本地女性居

① 编码方法参见第三章第三节。

民的差异较大、共同语言较少，这同样可以在融入状况的调研中得到体现（表4-12）。

三、闵行经开区周边外来女性农民工的空间行为研究

（一）研究方法

农民工家庭由农村迁移到城市，在生产方式、经济条件、社会条件和文化环境等方面都发生了巨大变化，研究主要通过问卷调研、深入访谈等方法，对闵行经开区周边外来女性农民工的社会文化空间进行了考察，重点关注其居住空间、社交网络、消费方式、闲暇行为空间等。研究在2015年3月进行，共发放问卷42份，回收问卷42份，有效问卷40份，深入访谈10人。在访谈过程中，不仅关注主体的感知空间，还关注其居住生活的实体空间。

（二）调研的主要发现

1. 受访对象的迁移动机与经济地位

农民工的迁移动机是目前移民研究中关注的重点问题之一（Liu et al.，2014）。现有研究倾向于认为，家庭在个人的移民中具有负面影响，迁移动机在很大程度上存在性别差异。例如，Yang（2000）在有关湖北省农民工迁移动机的研究中发现，女性相比男性较不容易迁移，家庭原因通常会减少个人迁移；Chen 和 Fan（2018）的研究表明，家庭关系、性别、代际差异等都会影响移民的动机和方向。而笔者的调研显示，受访的女性农民工中，38.5%的人是跟随丈夫迁移到上海，7.7%的人是来照顾孩子，两者合计接近调研样本总数的50%，可见随迁是该群体迁移的重要动机。这与Tian等（2016）的研究较为一致，即家庭成员在很大程度上决定了移民方向和后续移民的行为。同时，这在一定程度上也会影响受访者的未来打算。调研发现，15.4%的人选择长期定居于此，17.9%的人选择回老家，2.6%的人认为由丈夫决定、跟我无关。虽然看起来完全听从于男性决定的比例较低，但还有64.1%的人选择看情况，显示受访者的流动性较高，生活不稳定，不容易建构较高层次的地方感。这种“看情况”带来

的高度流动性也可以被理解为一种“中间状态”，即农民工并未融入开发区的生活，更未完成身份的转变，但也不再属于其迁移的出发地。不过，也有学者认为，这种“中间状态”是农民工群体自我权益最大化的一种策略。例如，Hare（1999）的研究表明，农民工的去留选择是在宏观政治经济背景下个人的理性选择，它可以帮助移民群体应对不确定性以及市场的要求。农民工群体通常会衡量当下的生活、就业状况，依据对自我和家庭更有利的原则，确定迁移与否以及迁移的方向。由此，移民不再是传统意义上从初始点到终点的单向、单次行为，而变成了一种往复循环的过程。农民工随迁女性也是如此，一直处于一种“看情况”的状态，随时准备迁移到下一个地点，或者是一个机会更好的地方，或者是迁回到家乡。这与本书将开发区周边定位为“无根者”集聚空间的认识是一致的。

关于受访者的职业类型，调研结果显示，受访者中没有纯粹的家庭妇女，但在工业企业就业的仅占 28.2%，而私营业主占 51.3%，从事批发零售的占 12.8%，其他的主要从事家政服务等工作。这虽然与理论分析过程中对随迁女性的依附性假设存在差异，但也显示随迁女性从事自由职业的比重较高，而在开发区企业正规就业的并不太多。出现这一状况，可能主要是因为开发区就业岗位的薪资水平不高，家庭经济压力导致移民家庭需要双方都外出工作，当然也可能与现代女性对经济相对独立的需求有关。调研中的景观观察显示，受访的私营业主全部是经营规模很小的小店（店铺面积大多不足 15 平方米），经营的商品主要是食品、服装、百货等，且都是租借的经营场所。这与现有研究认为女性农民工多从事制造业或者家政服务等工作有所不同。经营小规模店铺的利润率并不高，也不够稳定，因而其经济地位相对于主要在开发区企业就业的男性来说，仍可能相对弱势。不过，经营店铺需要这些女性具有参与市场竞争的意识和能力，这可能比从事家政服务等行业更有助于女性地位的提升。此外，高比例的私营业主可能与女性农民工群体的社会资本相对缺乏有关。社会资本主要是指个人拥有的社会关系，一般认为，移民之间的社会关系（主要是同乡或亲友关系）在其移民和就业决策中具有重要作用（Wright and Ellis，2000）。女性移民的社交网络不仅较男性移民简单，且女性拥有的经济资源较少、在独立行动方面也有不便，因而社交的空间范围也较小，这对其就业或创业的选择产生了较明显的影响。根据问卷调研的结果，有55.56%的受访者表示其现有工作为亲戚或老乡介绍，而亲戚介绍的占比明显更高，表明家庭关系对女性农民工的职业类型具有显著影响。

当然，女性农民工的职业类型也与其受教育程度有关。调研显示，42.9%的受访者仅拥有初中学历，32.1%的受访者拥有高中学历，21.4%的受访者拥有专科，仅有3.6%的受访者拥有本科及以上学历，表明这一群体的受教育水平不高。较低的受教育水平也使得她们对生活的需求层次较低，如面对工作的满意度提问，大多回答“没有什么满意不满意的”“跟打工差不多”等，透露出无奈与麻木，也反映出她们在城市生活中的边缘化地位（Chan，2010）。

2. 受访对象的居住空间状况

农民工的居住空间研究多关注其在城市中的分布，如多在城中村或者城乡接合部集聚，甚至会形成一定的集聚区（Zheng et al.，2009）。而这些集聚区不仅是学者认为的边缘性空间，更是农民工之间日常交流的场所，是她们建立社交网络，进而互相帮助，形成社会资本的地方。调研结果显示，受访的闵行经开区周边女性，仅有 22.5%的受访者拥有自有住房，7.5%的受访者住在单位宿舍，其他70%的受访者是租房居住。较高的租房比例显示其具有较高的流动性。在访谈中，当被问及人生梦想时，较高比重的回答是“有车有房”“能在上海有一套自己的房子”。可见，拥有自己的房产在很大程度上有助于女性建立归属感，但上海房价相对较高，大多数农民工的收入水平又偏低，因而拥有房产几乎成为遥不可及的梦想，这也使其难以摆脱边缘化状态，难以融入城市生活。在有关“家”的研究中，房产是除了情感和社会性的家之外最重要的部分（Blunt and Dowling，2006），房产的缺乏及由此造成的居所的不稳定，在很大程度上剥夺了农民工群体在城市建构“家”的权利。虽然女性地理学研究往往把“家”当作女性反抗的场所，但对农民工群体而言，在“家”缺失的状况下，女性对于性别不平等的认识和反抗也许会有不同的表现。近年来，在限购背景下，户口与房屋的购买权建立了更紧密的联系，这在一定程度上将农民工群体排除在参与商品房买卖之外。由此可以看出，户口在很大程度上边缘化了农民工群体，妨碍了该群体融入城市生活，并使之与低收入的工作联结在一起（Chan，2010）。

尽管受访者由于受到户籍和经济实力的制约，购房的可能性不大，但仍对住房选择中主要考量的因素做了积极的回复（图 4-3）。调查结果显示，她们普遍对房价、居住环境、交通条件、与工作地的距离关注较多，而对于社区居民条件、与丈夫工作地的距离、有学校的地方等考量较少，说明受访者主要还是对人居环境、经济利益等更为敏感，较少考虑子女教育问题，也不太在意与丈夫工作地的距离，具有较高的自主选择性，与之前关于随迁女性被动选择的发现有所不同（Wright and Ellis，2000）。而在与社区其他居民的交流方面，偶尔来往的占比较高（超过四成），从不往来的占到三成，主要是因为“太忙，没有时间来往，只是见面打个招呼”。

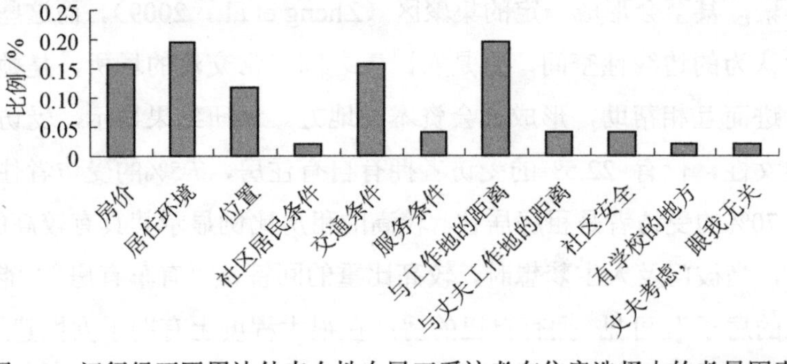

图 4-3　闵行经开区周边外来女性农民工受访者在住房选择中的考量因素

值得指出的是，对受访者居住空间的观察显示，外来女性农民工群体在女性气质的表现方面，的确与普通城市女性存在较大差异。例如，不少受访者蜗居在逼仄的空间，客厅、厨房、餐厅、卧室等混杂在一起，大多使用公共卫生间，家里的摆设较脏乱无序。在语言交流中，倾向于使用家乡话，音量较大。不过，他们大多保留了传统女性贤妻良母的气质，部分受访者还坚信“女性能撑起半边天”，勤劳俭朴，不讲究，肯做体力活。例如，有受访者表示，“在家务活动上她就是个女汉子，杀鱼宰鸡，甚至扛大米，样样都不在话下”，不仅扛起了家里的轻活、重活，还会做工以补贴家用；在开发区企业就业的某位受访者也表示，“虽然单位有食堂，但是简单吃一顿也得花 10 多块，还不如自己累点，在家里做”。至于少数未婚的外来打工女性，也保留了传统农村女孩能吃苦以及乖巧的气质，多选择住宿舍或与同事合租，每天在食堂吃着大同小异的饭菜，只有“每个月发工资的时候……与一起做工的同事相约吃顿好吃的，然后把钱寄给父母一点，剩余的钱会省着用，存进银行”。

3. *受访对象的休闲空间状况*

调研结果显示，闵行经开区周边外来女性农民工最主要的休闲活动是逛商场和商店，其次是上网（18%）和给家里打电话（16%）；有 14%的受访者表示会去亲戚朋友家，但主要是同乡，年轻的还可能会去拜访年纪相仿的其他朋友；同样，有 14%的受访者表示会去公园或广场。根据访谈结果，她们平均上网时间为一天 5 个小时，平均打电话时间为一周 1.9 次，这表明虚拟空间是她们休闲行为的重要载体（图 4-4）。逛商场和商店成为女性农民工的首要休闲方式，主要是因为她们在迁移到大城市后会受到城市消费文化的影响，注重通过衣着服饰、行为举止等建构自己的性别表征。例如，Otis（2011）的研究发现，在云南的酒店中，雇员多为移民女性，她们会向城市女性学习行为举止、衣着等。不过，Ngai（2005）的研究显示，移民女性的性别建构意识在很大程度上与工作要求相关，移民后的女性穿着往往更加“现代和时髦”，而这种“现代和时髦”也在很大程度上增进了年轻女性的移民倾向。此外，移民在某种意义上也代表了对传统家庭关系中女性所受压迫的逃避，移民后的女性拥有了更多的经济资

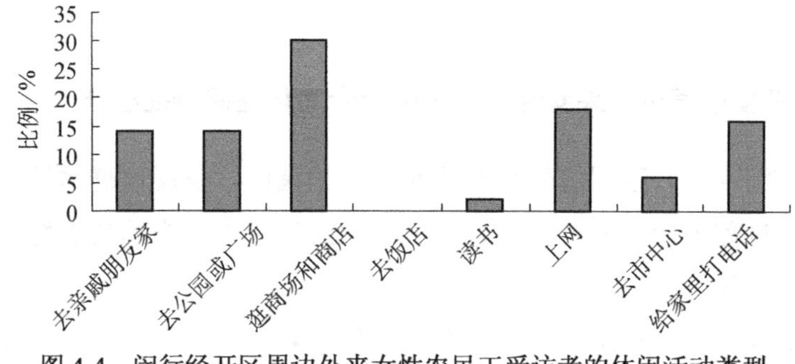

图 4-4　闵行经开区周边外来女性农民工受访者的休闲活动类型

本和选择自由，这也是她们乐于在休闲时间购物的可能动力。不过，在被问及会不会去市中心时，只有年轻人回答会去，年纪稍长的则回答几乎不去，这也使得她们的活动半径较小，受市中心的辐射影响不大。此外，也有受访者表示休闲时间主要在家睡觉或看电视。

在女性地理学中，一般认为黑夜对女性意味着更多的风险和不安全，而按照传统文化，深夜归家对于女性也是不合适的。调研结果显示，35.3%的受访者选择晚上不外出，26.4%的受访者选择晚上 8 点前回家，这表明大多数女性农民工还是受传统文化影响，尽量避免深夜归家；不过，还有 32.4%的受访者选择晚上 10 点前回家，5.9%的受访者选择不受时间限制，可见也有一些受访女性农民工的生活方式突破了传统文化的限制，当然也有可能是为了适应加班要求。由于夜晚属于私人时间，晚归说明其活动范围较大，受家庭的限制较少。面对是否会独自外出的提问，45.7%的受访者选择会独自外出，54.3%的受访者选择倾向于结伴外出。而访谈显示，受访者都认为当地治安状况非常好，但还是有较多的女性选择结伴外出，这也说明不少女性农民工在潜意识里存在“公共空间是危险”的担忧。休闲行为空间与女性从家务劳动中解放出来的状况相联系。调查中，65.8%的受访者认为妻子应该承担主要的家务，21.0%的受访者认为谁有空谁做，只有 13.2%的受访者认为丈夫应该承担主要家务，这似乎表明女性农民工仍是家务活动的主要承担者，移民并未打破传统的家庭分工。不过，在家庭事务的决策上，只有 8%的受访者认为由丈夫说了算，92%的受访者选择由夫妻双方协商解决，这种在家庭事务参与方面的主动意识，则反映了女性农民工的主动性。

（三）开发区周边外来女性农民工的社会文化空间特征小结

结合对闵行经开区周边外来女性农民工的调研，发现该群体具有较高的流动性、移民过程中较高的依附性、家庭和职业选择中较强的自主性，并存在较明显的代际差异。

在流动性方面，从房产状况和今后打算来看，外来女性农民工群体都表现出较高的流动性。这不仅体现在空间行为上，也体现在心理状态上。典型地如，关于“未来是否留下”，不少受访者持“看情况”的态度，表明她们在不时衡量眼前选择的利弊。而她们的这种随时准备迁移的倾向模糊了把移民看作过程或结果这两种认知方式之间的界限，表明移民更可能是一种循环往复的状态（Zhang，2017）。

有关女性移民的研究，多关注该群体的被动性以及边缘化的生存空间。但调研显示，虽然该群体的移民动机确实存在较高的依附性，在经济收入和物质层面也可能无法完全摆脱依附丈夫的状况；受户籍和文化水平的限制，可能难以融入本地人的社交圈子，在一个完全陌生的环境中可能会感觉到空间是危险的，进而缩小了自己的行为空间半径，更多以家为中心，形成了家、工作地点、购物地点之间的简单行为路径，交往的人群也更容易局限于亲戚，和本地人处于相对隔离的状态；但她们在闲暇时间的活动较为多样，夜间外出和独自外出的比例不低，参与家庭重要决策的意识较强；在居住空间的选择上，她们更多关注居住环境、交通便利程度、房价，而不是以丈夫的工作地点为重，这些都显示她们具有较强的自主选择意识。

此外，该群体内部也存在较明显的个体间差异，特别是代际差异。例如，年轻人多愿意休闲时间去市区，而年纪稍长的群体则主要选择在居住地周边活动。年轻的受访者会在访谈中谈到希望“拥有自己的事业”，而不只是“在上海买房买车”。已有研究表明，第二代农民工通常具有较好的教育背景，在更年轻的时候开始移民，因而与第一代农民工相比，会更加倾向于外向移民，而不是反向移民（Chen and Fan，2018）；对第二代农民工而言，其在家乡所受的教育已经为其日后外向移民奠定了基础，她们也基本习惯了与家人相隔遥远的生活（Pan，2018）。此外，第二代女性农民工在部分保留原有性别建构的基础上，会增加一些现代都市女性的性别建构行为。典型的表现在其衣着、谈吐等方面，不过她们的女性气质会存在较明显的个体间差异，受年龄、学历、家庭关系、职业类型、个人价值观等的综合影响。

总地来说，开发区周边的女性农民工仍处于边缘化空间，对家庭具有较明显的依附性，虽然自主意识明显增强，但关于“妻子和母亲”的文化意象仍会影响其价值理念和空间行为。由于总体上她们的经济社会地位不高，与当地城市女性相比，行为方式仍存在较大差异。例如，在穿着等方面还是不那么讲究，较多地展现出吃苦耐劳、全心为家庭奉献的良好美德，较多依靠以亲缘、地缘关系为基础的社交网络，出行空间范围和活动内容也相对受限（许经勇，2009）。当然，由于她们在家务劳动和子女教育等方面承担了较多的工作，更符合“家的天使”的定位，在抚育子女、操持家务、照顾丈夫、赡养父母等方面尽职尽责（McDowell，1998），但以温柔、优雅、独立和自信等为特点的现代都市女性气质也可能是“家里的天使”的另一种内涵。这可能也是开发区周边女性农民工群体的努力方向。

第三节　开发区周边随迁儿童的空间行为特征与地方感

开发区周边往往是普通外来务工人员随迁儿童集聚的空间。与因缺少父母看护而“无家”的留守儿童不同，随迁儿童主要跟随父母居住在就业机会较多且房租便宜的城中村或城市近郊，从而在寄居的空间获得了家的安全感。但受限于户籍和社会经济地位，这些孩子往往难以对所寄居的城市产生主人翁的归属感，并可能由此滋生心理上的边缘意识，出现焦虑、抑郁、认同冲突等心理问题（Arayici，2003；Rotheram-Borus，1990），甚至出现违纪、偷盗等罪错行为（高云娇和余艳萍，2012）。不少研究已经关注到这一群体的城市融入问题（郝振和崔丽娟，2014；王玥，2015），并通过问卷调查等方法研究了他们对所在城市的认知状况（黄达安，2008）。但考虑到未成年人的自我表达能力有限，一般的问卷很难对其融入状况进行科学测度，因而有必要以社会交往为中介变量，开展质量互释的混合研究（史晓浩和王毅杰，2010）。考虑到社会交往通常以具有理解、信任基础的不同主体在同一空间的接触为前提，本节拟通过对随迁儿童空间行为和地方感的研究来探讨其社会交往和城市融入问题。主体的空间行为往往是其对空间信息加以选择性地理解、学习、组织后进行决策的结果（Olsson，1981），因而主体融入城市的情感成分不仅会被注入其空间认知过程

（Kitchin，1996），也会影响其空间行为决策的结果（Downs and Stea，1974）。而主体空间行为所附加的主观效用，则是其心理偏好结构的反映（柴彦威，2014）。由此，空间行为能较好地揭示主体的内隐心理结构，表达主体对所在地区的态度、认知及偏好（Golledge，2003）。同时，不同类型主体空间行为的交叠度还能反映他们之间互动交流的可能性。基于这样的认识，有必要结合空间行为与社会融合的相关研究基础，以及典型开发区周边随迁儿童的调研访谈，初步探讨开发区周边随迁儿童的空间行为特征和地方感状况，以期为关注随迁儿童这一弱势群体的社会融入问题提供有益的借鉴。

一、空间行为与社会融入的相关研究基础

（一）空间行为研究的基础

1. 空间行为与行为空间

空间行为是主体基于外在环境感知而发生的实际行为。佳克尔（Juckle）认为，空间行为的研究应包括对象环境、知觉、认知、地理优选、空间活动等内容（张文奎，1993），包含着个体与环境相互作用的全过程（雷金纳德·戈列奇和罗伯特·斯廷森，2013），这被 Gold（1980）和 Burneett（1976）归纳为环境感知对行为的影响过程。也就是说，空间行为会受到主体自身对环境感知的能力和结果的影响，存在显著的个体差异。行为空间则是主体行为在空间上的投影，反映了人们活动的地域范围，特别是在日常生活中与周边环境直接接触的范围（Jakle et al.，1976）。因此，有关通勤、休闲、购物、就医等行为空间的研究较多，而且也主要是通过个体间行为空间的差异，来反映个体受所属群体、社会地位、所处生命周期阶段、潜在出行目的地空间位置的影响（雷金纳德·戈列奇和罗伯特·斯廷森，2013）。

2. 空间行为研究的理论基础

空间行为研究主要基于行为论方法、时间地理学、活动分析法三大核心理论（柴彦威，2014）。起初，学者将个人空间行为视为一系列相对稳定并能重复

的行为，侧重于关注特定事件的数量和密度在空间特征上的变化，如与经济活动区位相关的研究（柴彦威和沈洁，2008）。但行为论方法主张从强调形态转向强调过程，特别是强调通过认知过程寻求对特定空间行为的解释（Gold，1980），同时提出行为与空间处在互动之中。1970 年，哈格斯特朗（Hägerstrand，1970）创立时间地理学，提出了“时空间”的概念，认为个体在时空中的运动是一个连续、不可逆的行为过程。前期，时间地理学主要致力于在微观个体层面推动时间和空间分析的结合，通过时空路径、时空棱柱、制约等来分析行为过程（柴彦威，2014）；后期，侧重从人的主体性来理解行为与空间之间的关系，突出对“区域中的人”的特性的研究（Hägerstrand，1970）。之后，时间地理学逐步从物理空间行为转向虚拟空间行为，并开始关注女性、儿童等弱势群体的时空行为模式。20 世纪 80 年代，活动分析法理论兴起，主张“突出出行行为与城市功能结构的相互影响”（张文佳和柴彦威，2009），认为居民出行是一种与家庭或个人需求相关联的派生需求，但又是在有限资源制约的环境下产生的。其关注城市交通系统的影响，因而在城市规划及土地利用、交通基础设施和公共服务系统设计等方面有较大影响。

3. 空间行为的主要研究方法

空间行为研究可采用质性研究或定量研究的方法。其中，前者主要通过观察法、访谈法、口述史法、民族志等获取数据，参与式观察和深入访谈最为常用；后者则主要以出行调查、活动日志调查、全球定位系统（Global Positioning System，GPS）调查等为基础（柴彦威和塔娜，2013），并通过结构方程、Logit 模型、因子分析、聚类分析等计量模型以及空间地理可视化、时空路径、时空棱柱等描述或解释空间行为。随着互联网、地理信息技术和手机定位系统等的发展，空间行为方面的数据更为丰富，如公交卡、手机用户、出租车出行等方面的数据应用日渐广泛。值得指出的是，活动日志调查是较普遍且有特色的研究方法，主要是将个体在一天之内所发生的所有活动及其出行目的、时间、地点、同伴信息等按照日志的形式记录下来（张艳和柴彦威，2011），但其精确程度会受到受访者的配合态度、填写时间差等方面的影响（Ettema et al.，1996），也难以反映主体的内心过程，因而传统问卷调查方式仍具有积极作用。当然，以问卷调查为基础，结合质性研究的方法也一直受到关注。例如，薛德升等（2009）运用问卷和深度访谈方法，研究了广州城中村农民工的医疗行为；祁黄雄和陈立章（2010）通过访谈结合问卷调查的方法，研究了大学生的日常空间行为模式；黄耿志等（2011）采用问卷调查、实地观察和访谈等方法，调查了广州非正规女性就业者的空间行为状况及对未来职业发展的影响；冯健和项怡之（2013）围绕城市居民的日常行为和设施配套设计了空间行为调查问卷，并对北京经开区居民的通勤、购物、上学、休闲等日常空间行为进行了实证研究。由此可见，在微观和日常的行为空间研究中，问卷调查结合访谈等质性研究方法仍有积极意义，特别是在有关老人、儿童、低收入者等弱势群体的空间行为研究中更有实践价值。

（二）社会融合的相关研究综述

1. 社会融合的概念

社会融合受到社会学、心理学等相关学科的关注，成为一个相对多元、缺乏统一定义的概念（悦中山等，2009），典型的如同化（assimilation）、社会融合（social integration）、社会适应（social adaptation）、文化适应（acculturation）等，其中，同化被认为是移民与迁入地社会关系研究中最重要的概念（Alba and Nee，1997）。以 Park、Gordon 等为代表提出的“同化论”最早将社会融合应用于西方种族关系的研究，Park 和 Burgess（1921）认为，融合是相互渗透的过程，不同群体通过共享经历和历史，将最终融汇成共同的文化生活；Gordon（1964）则提出了社会融合需要经历的各个同化阶段，分别是文化融合、社会结构融合、相互通婚、身份认同融合、意识上偏见的消除、行为上歧视的消除、社会参与融合，其中文化融合和身份认同融合具有关键作用。20 世纪 60 年代以后，同化论的思想备受质疑，由此，社会融合的定义被调整为“种族差异及其引致的文化和社会差异的消减”（Alba and Nee，1997）。不过，其最终形态仍是强调族群间各种文化差异的消失以及价值观和认同上的相对一致。

国内社会融合的研究侧重于外来务工人员对所在城市的融入。在定义上，强调不同个体、群体或不同文化之间互相适应的过程（任远和乔楠，2010），在外来务工人员的社会融入研究中，注重通过互动交流的社交网络以实现和平相处。同时，这种融入并不是被动地接受或单向地融入所在城市，而是双方通过具体实践在相互作用中形成一种新的“相互和睦”的社会关系（童星和马西恒，2008）。当然，也有研究更关注新移民在居住、就业、价值观念和生活方式等方面融入城市社会、向城市居民转变的过程，强调“移民与迁入地社会居民之间差异的消减”（悦中山等，2009），与同化论的认识基本一致，因而较多关注迁入人口在迁入地逐步接受、适应迁入地社会文化的过程（周皓，2012a）。

当然，社会融合的研究还存在空间尺度的差异，可能在社区、街道、城市甚至全球城市等不同尺度展开（Pamuk，2004），结果往往显示融入社区比融入城市更加容易。相关研究同时发现，移民会采取聚居在特定空间的方式来适应迁入地（Mesch，2002），如某些少数族群在英国往往聚居在一起，因而对所在聚居区的社会融合程度明显优于对英国城市社会的融合（Nagel，2002）。社会融合是一种“空间同化”（spatial assimilation），与所居住空间的融合也是一种社会融合，表现为移民对居住地逐步建立归属感和情感牵连（Massey and Denton，1987）。这表明，社会融合不仅是群体之间的融合，同时也是移民融入所在地区的过程，地方感和在地方的空间行为可以成为表征社会融合状况的有益指标。

2. 社会融合的测度

对社会融合状况的测度仍存在不少争议。例如，Gordon（1964）区分了同化的七种状态，并强调其关键在于文化融合和认同融合两个维度；田凯（1995）认为，社会融合状况可表现为拥有稳定职业、参与本地社会生活、形成相同价值观念等方面；朱力（2002）提出从经济、社会、心理三维度来测度社会融合过程，并认为三者间存在单向逐步提升的关系，心理维度的融合层次最高；风笑天（2004）提出从经济实力、心理状况、环境适应、生活满意四个维度来测度社会融合；杜鹏等（2005）认为应主要考察移民是否遭受社会歧视及其社会交往和心理归属状况；张文宏和雷开春（2008）通过探索性因子分析，将心理维度、文化维度、身份维度和经济维度设定为测度社会融合的主要指标；悦中山等（2009）强调了社会融合中文化、社会、经济和心理四个维度的价值；任远和乔楠（2010）主要通过自我身份的认同、对城市的态度、与本地人的互动、感知的社会态度来测度社会融合；杨菊华（2010）试图从经济整合、行为适应、文化接纳、身份认同四个维度来构建普适性的社会融合指标体系；周皓（2012a）提出了从经济融合、文化适应、社会适应、结构融合、身份认同五个渐次提升的维度来评价社会融合状况的指标体系。

应当指出，社会融合的关键在于主体的内在心理过程，因而需要更多关注移民内心的情感过程。例如，Landecker（1951）认为度量社会融合应注重个体的社会参与以及由此形成的与当地群体一致的情感和认同感等；Bollen 和 Hoyle（1990）则提出了感知融合的概念，认为融合的表现是个体“在群体中的归属感以及与作为该群体成员的精神感受”。事实上，在多维度的社会融合测度中，也大多关注了心理层面，强调内在心理的融合（崔岩，2012）。由此可见，有效评估移民个体的主观感受是衡量社会融合的重要努力方向。

3. *移民社会融合研究的一般思路*

对移民社会融合的研究一般从如下思路展开：一是强调政府主导下的城市接纳，注重探讨城乡户籍制度、社会保障福利制度、教育制度、相关土地制度等宏观政策的影响。二是以人力资本理论为指导，强调通过提高外来务工人员的劳动技能、受教育水平、经济实力等来促进其社会融入，强调融入的关键在于移民文化素质的提升。三是以社会资本理论为基础，提倡通过形成本地社交网络来实现社会融合。例如，波特斯（Portes）强调构建广泛的社会网络，有助于拥有更多的社会资源，这对社会融合具有关键性作用（梁波和王海英，2010a）；Jacobs 和 Tillie（2004）也发现，移民所持有的社会资本越高，越可能有较多的社会参与和较高水平的社会融合。四是强调移民自身的心理素质，如个人心态、意志、毅力、内心承受能力和心理适应能力等。当然也有学者综合多种研究思路，强调新生代移民的社会融合需要人力资本、社会资本和心理资本的协同作用（张洪霞，2013）。以上研究思路虽然注意到社会融合是个多维度、复杂的过程，但却较少关注其微观机理。

4. 国内随迁儿童的社会融合研究

由于在客居的空间中成长，随迁儿童与本地儿童具有明显的差异。研究发现，随迁儿童的转学率较高、升学率较低，普遍比同年级本地学生年龄偏大（谢建社等，2011），学习成绩相对较差（冯帅章和陈媛媛，2012），叛逆性较强，不少有“反学校文化”倾向（金灿灿等，2009），在未成年人罪犯中的占比较高，进取心相对不足，且不太愿意和本地儿童交流（熊易寒和杨肖光，2012），表现出自我隔离的倾向；在人际交往中感觉自己不受欢迎，人际关系紧张且敏感（徐晶晶，2010），同伴圈子相对狭窄（刘庆，2015），社交的空间范围也较小；不少随迁儿童存在心理健康方面的问题（熊猛和叶一舵，2011），具有明显的孤独感（袁晓娇等，2009），对所在城市也缺少地方感（谢建社等，2011）。

随迁儿童的主要特点表明，他们的社会融合状况不理想。这主要与其在成长阶段感受到的寄居身份有关。当然，随迁儿童的个人属性会影响其社会融合状况。一般地说，女孩比男孩的融合程度高，年龄越小迁居越容易实现融合。此外，在迁入城市的居住时间和搬家次数、学习成绩等在校表现也会影响其社会融合状况。同时，城市接纳的相关政策和文化影响也很显著。例如，户籍制度被认为是“社会屏蔽”（吴新慧，2004），将随迁儿童拦在享受“同城权利”的门槛之外；社区文化和社区接纳也会影响其社会融合（罗竖元，2014）；就学安置方式的影响虽然明显，但结果没有定论。不过，家庭因素的影响却是有共识的。例如，家庭经济状况普遍不佳，会使随迁儿童处在“被边缘化的境地”，难以融入城市社会（彭镁等，2010），而那些拥有房产的家庭，随迁儿童更多感受到的是融合而不是冲突（史晓浩和王毅杰，2010）；家长的社会融合状况也对随迁儿童的社会融合存在影响（周皓，2012b），充分的亲子交流有助于促进随迁儿童的社会融合。虽然以上研究都具有积极价值，但都相对忽视微观层面的分析，从而忽视了随迁儿童的主观能动性（刘娜，2015），因而有必要从微观层面的个体空间行为来探讨其社会融合状况。

在随迁儿童社会融合状况的测度方面，最初主要关注其学习、生活（郭良春等，2005）、符号认知与行为（蒋华等，2007）等外在层面，而忽视了其社会交往状况，特别是他们与城市儿童之间的交往（栗治强和王毅杰，2014）。近年来，较多研究开始关注其社会认同（袁晓娇等，2010）或身份认同（白文飞和徐玲，2009）状况，并强调了社会交往和社会认同两方面的重要性（王毅杰和史晓浩，2010）。不过，目前对随迁儿童社会融合状况的测度还主要借鉴对成年人研究的方法，较少结合儿童的认知特点。但根据心理学的研究，在成长过程的不同阶段，主体的认知和心理状况有较大差异，在现行教育考试制度下，多数随迁儿童在参加中考之前就会返乡，因此其情感是复杂的（袁巧玲，2013），很有必要结合这一年龄段的儿童心理来开展深入的研究。

（三）儿童空间行为的相关研究

一直以来，儿童都被视为成人控制下的被动客体。不过，随着地理学研究的文化转向，学术研究更多关注边缘群体和底层文化（Jackson，1989），儿童地理学逐渐兴起。Bunge（1971）最先建议地理学家关注儿童的研究，并探索了底特律等都市儿童的空间挤压现象。进入 20 世纪 90 年代，儿童地理学迎来了发展的重要时期。James（1990）提出，空间行为、社会空间关系、环境认知应当成为儿童地理学研究的主要议题，*Children's Geographies* 作为专业学术期刊于 2003 年创刊，标志着儿童地理学研究的时代已经到来（Katz，2004）。

有关儿童空间行为的研究，主要在儿童的行为空间、移动性、活动场所等方面进展较为明显。具体地说，在儿童的行为空间方面，国外研究发现，10～12 岁儿童的活动距离是 250～1600 米，但会随着年龄的增长而扩大，男孩的活动范围比女孩大（Villanueva et al.，2012）；扩大儿童的日常行为空间范围不仅能优化儿童成长（发展）的机会（Alexander et al.，2005），也有助于他们增强认识周边环境的能力（Rissotto and Tonucci，2002），包括建构空间意象图谱和空间定位的能力，以及与同龄群体、社区服务人员（商店人员、图书馆等）和其他周边人群形成更好的互动关系（Spilsbury，2005）。

在儿童的移动性方面，通常认为移动的经历不仅有助于培养儿童方向认知、地方感知以及与地方的交流互动能力，而且能提高其社会交往能力，有助于其建立起家庭之外的社会关系（Ross，2007）；但由于城市社会治安、种族矛盾以及周边社会公共资源的缺失，父母为保护孩子的安全，可能会选择忽视扩大孩子行为空间的价值，使得儿童的独立移动受到了很大程度的剥夺（Mattson，2002）。

关于儿童活动场所的研究，主要探讨了儿童群体与公共空间、娱乐场所、街道、学校等空间的关系。Ward（1979）发现儿童会凭借玩耍范围来划分区域，利用丰富的想象力来塑造自己的空间，抵抗以成人为中心的环境。Philo（1992）发现儿童能将废弃的工厂视为聚会和玩耍的基地，将街道的角落作为休闲的场所，通过对地方的使用来表征主体性和认同。Kato（2009）也认为，青少年是通过定位（location）和身体表现（performance of their bodies）来表达他们的身份认同。Matthews 和 Smith（2000）则将街道这一公共室外空间视为儿童的第三空间（third space），儿童通过街道与不同群体进行社会交往，进而积累社会文化资本，增进了对当地的情感联结。Beazley（2002）的研究也表明，街道成为日惹流浪儿童的“家”，他们对某些街道具有强烈的归属感；Young 和 Ansell（2003）也观察了流浪儿童在乌干达坎帕拉的生活和迁徙方式以及他们如何以其独特方式来建立起自己的地方感，发现狭小的街道角落可能成为儿童逃避城市居民（成人）监视的空间，这样的空间能提高他们的安全感和地方感，当然，这些空间的意义也会随着他们的年龄而改变。

总之，儿童行为空间的扩大或其移动性的增加能增进儿童的社会化过程，有助于儿童建立起与家庭之外的社交关系。儿童行为活动的场所是其扮演社会角色的平台，以及建构情感和认同的地方，能让其感觉到舒适和快乐。本研究拟借鉴以往研究的成果，进一步探索随迁儿童的空间行为特征及可能影响。

二、开发区周边随迁儿童空间行为特征与社会融合状况的理论探讨

（一）开发区周边随迁儿童社会融合的表征

社会融合不仅是一个再社会化的过程，也是一个融入地方的过程。因此，可用社会交往和地方感状况表征随迁儿童的社会融合状况。前者主要反映随迁儿童与所在地区群体的互动过程，后者则是随迁儿童与所在地区人地互动的成果。

相关研究都将社会交往视为社会融合的重要基础。毕竟，外来的个体必须借助社交网络与城市社会发生关系，才能形成城市身份认同（Seeman，1996）；有研究甚至认为，只有融入当地的主流社交网络，才能获取正常的经济、政治、公共服务等资源（张广济，2010）。Tajfel 和 Turner（1979）曾提出，个体会通过自我归类将社交对象分为内群体和外群体。相关研究也表明，早期的国外移民主要通过内群体的社交网络来融入当地，如在巴黎的温州人（王春光和Philippe，1999）、纽约的唐人街移民（周敏和林闽钢，2004）等都是通过乡土性社会关系来逐步适应“异国他乡”的生活，这也表明“与谁交往”非常重要。不过，移民的社会融合应该并不主要取决于强有力的内群体纽带，而是更多地依赖于与外群体的直接互动（彼特·布劳，1991），通过与所在城市的其他居民建立密切接触而不是“形式、表面”的交流，更有助于消除彼此的隔阂（王毅杰和史晓浩，2010）。因此，随迁儿童有必要增进与本地儿童的社会交往和日常互动，“群体社会化发展理论”也强调同伴群体是儿童社会化的主要场所（Harrisir，1995），随迁儿童同伴圈子的多样化有助于其社会能力发展和社会融合（陈斌斌等，2011）。如果过于依赖内群体的同伴圈子，则可能会出现社会交往的内卷化，不利于实现跨群体的交流（刘庆，2015）。这大概也是移民时间较晚的高年级随迁儿童越发感觉难以与本地学生交往、对社会排斥更加敏感的原因（范元伟，2008）。

社会融合是指与地方其他群体的融合，是融入地方的过程，而与地方其他群体建立起良性的互动关系，有助于地方感的建构，因而地方感可以成为表征社会融合的有益指标。对地方的归属与认同，同样是一种突出“我群”的积极区分，表现为一种积极融入、依赖特定地方的情感，在行为上，则体现为希望能维持、延长待在特定地方的时间（Low and Altman，1992；Hidalgo and Hernandez，2001）。总地来看，地方依赖和地方认同在衡量移民社会融入状况时可能具有更重要的作用。前者主要表明地方能满足主体的需要，是人与地方功能性联结的表征，后者则主要表现地方对主体的意义，是价值观层面联结的表征（Hashemnezhad et al.，2013）。随着所寄居的地方成为自我的一个有机组成部分（Steele，1981），随迁儿童也较好地实现了社会融合。

（二）开发区周边随迁儿童的空间行为特征

由于随迁儿童从小就真实地生活在所寄居的城市中，内心存在尽快实现从“乡下孩”到“城里孩”转变的迫切愿望（段成荣和杨舸，2008），以更好地融入所在城市，更真切地享受到“城市让生活更美好”的福利。他们的这种转变，也有助于以地方认同为基础约束自己的行为，从而更好地为城市发展贡献力量。但在实践中，与普通的城市儿童不同，随迁儿童不仅户籍身份特殊，而且往往因父母工作忙碌、同辈群体“同质”、媒介功能缺位等原因，难以平等地享受到城市为儿童提供的公共服务（段成荣等，2013），甚至可能因为内群体交往倾向，处于某种“隔离性”的融合状态（刘霞等，2013）。他们的父母所遭遇的经济排斥、社会资本不足和边缘化心态也可能使他们在城市社会中处于弱势地位（周皓，2010），并可能造成他们对身份、角色产生困惑，进而产生边缘感和受歧视感等消极心态（周皓和荣珊，2011）。这不仅会影响其对城市生活环境的适应，也会影响其空间行为。

随迁儿童的年龄跨度较大，且处于埃里克森所划分的人生心理发展的不同阶段，因而其空间行为特征必然存在很大的内部差异。根据埃里克森的理论，6～12 岁的学龄期儿童会面临勤奋与自卑的冲突，其结果会对以后的人生产生复杂影响（郭婷，2010），且处于这个年龄段的随迁儿童占比也较高。同时，根据入学制度的安排，目前这个年龄段的随迁儿童大多与同年龄段的普通城市儿童一起学习，因而也较易感受到社会融合的机遇与挑战。为此，本研究重点调研的是处在 10～12 岁年龄段、在公立学校就读的随迁儿童。他们正处于从需要由父母监管向独立活动的转变期，因而父母的经济、社会地位对他们空间行为的影响比较大，也比较容易被感知。而他们的父母大多因为工资水平较低、经济压力较大、社会资本比较缺乏，往往工作时间较长，用于陪孩子课外学习、娱乐的时间和经济实力都有限。与普通城市儿童相比，处于这一年龄段的随迁儿童可能课余时间主要在居住地周边活动，很少有机会在父母的陪伴下进行较长距离的旅游、课外培训或娱乐活动。而他们的活动陪伴者可能也主要是同龄的其他随迁儿童，较少与普通城市儿童有共同的课余生活空间，这也会限制两类群体交流的话题基础。

（三）开发区周边随迁儿童空间行为特征对社会融合的可能影响

相关研究显示，个体只有与本地群体建立良性的互动交往，才能相互认可并真正融入城市（梁波和王海英，2010b）。外来农民工及其子女需要通过与外群体增加直接互动（高华，2007），也就是与本地人的更多接触（何雪松，2007），来更好地融入所在城市。因此，很有必要增进随迁儿童与普通城市儿童的接触。

人们会不自觉地在空间选择上具有偏好性（Rushton，1969），且个体的空间行为特征与其心理活动及社会交往存在密切关系（Chapin，1978），因而空间行为研究能在一定程度上反映不同主体在空间上交往的机会。一般认为，不同主体如能在散步、小憩、驻足、游戏等方面经常性地存在空间上的交集，就能在日常生活中存在更多交往的机会（扬·盖尔，2002）。Crandall 等（2010）发现，若两个不同主体在连续 k 天内访问了相同的区域，则他们在社交网络中存在朋友关系的概率将达到 $c_1e^{c_2k}$（c_1 和 c_2 是常数因子）；Pham 等（2011）的研究也显示，若两个用户间存在社交联系，则在相同地理位置共同出现的概率会明显增加。也就是说，当不同主体的行为路径相近时，建立社交关系的可能性将显著增大（Ye et al.，2010）。不同群体在空间行为上的较高重合度，也就成为在日常生活中扩大外群体交往的基础（唐有财，2009）。同时，拓展随迁儿童的行为空间范围还有助于其更多地享受城市公共服务，得到更好的成长机会（吕鹏，2006），增强认识周边环境的能力（师保国等，2009），从而更好地与同龄城市儿童、社区服务人员等建立起社交联系（范兴华等，2009）。此外，他们的课余活动频率、玩伴等也会影响其与外群体的交流交往和社会融合状况（熊猛，2015）。

总之，随迁儿童需要与普通城市儿童产生更多的空间交集，即拥有更多在同一时段、同一场所相似或共同的空间经历，以便他们通过学习模仿，形成与普通城市儿童相似的生活习惯（赵燕等，2014），获得更多新的资源、信息与知识（袁晓娇等，2012），并借助外群体的反馈性评价（曾守锤，2011），促进其身份重构得到城市原有社群的接纳，进而真正融入所在城市。同时，考虑到随迁儿童处于社会化初级阶段，与成人世界相比，其空间行为特征相对简单，能较好地反映其与城市空间和城市群体的接触意愿，这在其语言文字表达能力有限的条件下，将更有助于表征其心理结构和城市融入状况。此外，由于社交行为大多发生在休闲时间，对随迁儿童而言，也就是他们的课余活动时间。而休闲活动如能在互动中消除不同群体之间的偏见与歧视，将有助于弥合群际隔阂与芥蒂（L'Aoustet and Griffet，2004），对德国移民儿童的研究已经表明，有组织的户外拓展活动会改善社会关系（Wijtzes et al.，2014）。为此，本研究主要考察的是随迁儿童的课余行为空间。

三、案例调研的方案设计与实施

（一）调研方案设计

调研旨在初步验证开发区周边随迁儿童的空间行为特征及对社会融合的影响。在空间行为特征方面拟以问卷调查为主，辅以深入访谈、实地观察、空间意象图等方法，社会融合状况则主要借助社会交往和地方感的调查结果来表征。

空间行为的调查问卷拟重点考察随迁儿童对居住地周边空间的利用程度以及融入城市社会的活跃程度，具体包括被调查者的日常休闲、教育通勤等方面的行为空间。同时，在各个案例地分别随机抽取 3 名本地与 3 名随迁的小学五年级学生，采用活动日记调查法获取其空间行为信息，具体包括时间利用状况、活动地点、内容、交通方式等，采用日常活动时空路径研究方法来刻画两类儿童的行为空间重合状况。深入访谈主要是为了解随迁儿童的空间使用状况、主要休闲场所、与本地儿童的交往及地方感状况等。观察法则主要是以旁观者的角度观察和记录被调查者的空间使用状况、交往方式、在空间的活跃程度等。

在社会交往的测量方面，任远和乔楠（2010）通过平时与本地居民的交往频率来进行测度，张文宏和雷开春（2008）则以人际交往范围进行表征，汪明峰等（2015）曾以“社区交友范围”“社区成员友好度”“邻里支持程度”等进行考察，栗治强和王毅杰（2014）则强调与城里人的交往机会、意愿、频率等。本研究主要借鉴泰费尔（Tajfel）的理论，通过将社交对象区分为内群体和外群体，分别考察与不同主体交往的频率或密切程度，按频率由非常少到非常多，密切程度由非常陌生到非常熟悉分别赋值为1～5分。其中，内群体是指人户分离的外省儿童，外群体则指拥有上海户口的城市儿童。

关于地方感的测量，本研究主要考察地方依赖和地方认同两个维度。借鉴乔根森（Jorgensen）等的地方感量表，在地方依赖维度，主要考察地方在满足主体功能需求方面的状况；而在地方认同维度，主要评估随迁儿童对所在地区产生归属感以及以地方建构身份的自觉性。本研究采用的也是利克特五级量表，用1～5分别表示非常不同意、不同意、无所谓、同意和非常同意。

（二）调研地点和对象选择

为避免单一案例地的偶然性，本次调研选择在闵行经开区和上海临港产业区（简称临港产业区）周边进行。由于前者的基本情况已有介绍，在此不再赘述。后者位于上海市东南角，距上海市中心75千米，总面积为300多平方千米（不含洋山保税港区），2003年启动建设，已形成新能源装备、船舶关键件、海洋工程、汽车整车及零部件、大型物流及工程机械、民用航空设备及关键零部件、战略性新兴产业等“6+1”产业格局。在开发区建设过程中，也吸引了大量外来劳动力。调研主要在临港产业区周边的泥城镇进行，这里不仅有当地征地拆迁的安置小区，也有外来人口，合计超过3万人，附近建设了鸿音广场、宝龙城市广场、社区文化服务中心（图书馆、健身馆）、滨河文化公园等，居住生活环境有所改善。

在调研对象的选择上，考虑到相关研究多将随迁儿童定义为“随父母或其他监护人在流入地暂时居住半年以上的儿童”（袁晓娇等，2010），并多针对6～14岁（或7～15岁）的儿童展开，本研究主要选择10～12岁儿童，以小学五年级学生为主，同时，也选择了部分小学四、六年级的随迁儿童。

（三）调研实施情况

通过联系江川路街道办事处有关工作人员，于2015年5月6～7日在民办双江小学进行了预调研，访谈了部分老师、学生和家长，并随机抽取了30份样本进行问卷试测；随后于2015年5月8～17日在江川路街道进行了正式调研，具体在民办双江小学、汽轮小学、闵行中心小学、鹤北小学周边以及江川文化馆、闵行公园、碧江广场等地发放问卷。对临港产业区周边的调研首先于2015年7月12～17日进行了若干主要地点的考察和预调研，随后于2015年11月1～3日、12月6日以及2016年3月4日在泥城镇范围内进行了正式调研。调查主要在泥城小学、临港外国语小学、彭镇学校以及鸿音广场、临港滨河文化公园（简称滨河公园）、泥城社区生活文化服务中心等地点进行。两地共发放250份调查问卷，回收有效问卷为225份，回收率为90%，同时，在两地各调查了10名本地儿童。考虑到随迁儿童的特点，调查人员在调查过程中首先对问卷进行了耐心介绍和解答，再让随迁儿童填写，同时还对部分受访者进行了10～20分钟的结构式访谈，并对每位受访随迁儿童进行了编号和录音整理，共完成1万多字的调查笔记，并输入到SPSS 21.0中。根据研究方案，调查人员还对部分随迁儿童进行了跟踪观察，记录其活动轨迹及在相关场所的行为表现；在江川路街道和泥城镇分别随机选取3名本地儿童和随迁儿童（共12人），进行了周一和周日的详细活动日记。此外，还通过QQ、微信、邮箱等社交平台与18名随迁儿童和本地儿童进行了近10个月的互动交流。

（四）受访随迁儿童的社会属性

受访随迁儿童信息的统计结果表明（表4-13），闵行经开区周边受访随迁儿童中男孩明显较多，主要在10～13岁，多数在现居住地的居住时间较长，在沪迁居2～3次的居多，没有搬过家的比例很小，每周零花钱主要在20元以下。临港产业区周边受访随迁儿童也是男孩较多，但女孩占比相比闵行经开区多一些，年龄主要在10～14岁，在现居住地居住时间总体上相对较短，有35.3%的在5年以内，在沪迁居次数以2次居多，每周零花钱也大多在20元以下。总体上看，两个案例地受访随迁儿童的社会属性相似度较大。

表 4-13　案例地受访随迁儿童的社会属性　（单位：%）

项目		比例		项目		比例	
		闵行经开区	临港产业区			闵行经开区	临港产业区
性别	男	64.2	58.6	在沪迁居情况	0 次	7.6	25.4
	女	35.8	41.4		1 次	16.9	22.4
年龄	10 岁	7.1	11.8		2 次	21.3	26.9
	11 岁	37.3	33.8		3 次	25.3	11.9
	12 岁	41.3	33.8		4 次及以上	20.9	13.4
	13 岁	10.7	8.8	每周零花钱	0～10 元	30.2	43.3
	14 岁及以上	0	11.8		10～20 元	30.7	20.9
现居住地居住时间	3 年以内	11.1	13.2		20～30 元	13.8	10.4
	3～5 年	7.4	22.1		30～50 元	11.5	13.5
	5～10 年	51.9	32.3		50～100 元	6.5	4.4
	10 年以上	29.6	32.4		100 元及以上	7.3	7.5

四、案例调研的结果及分析

（一）受访随迁儿童的社会融合状况

利用 SPSS 21.0 对受访者社会交往状况进行的描述性分析（表 4-14）表明，随迁儿童的内群体社会交往比较密切，而外群体社会交往相对缺乏，与本地儿童出去玩耍频率较低。就两个案例地比较而言，闵行经开区周边随迁儿童的内群体社会交往（3.5031）倾向更明显，而临港产业区周边随迁儿童的外群体社会交往（2.9833）状况相对较好。

表 4-14　案例地受访随迁儿童的社会交往状况

交往对象	指标	总体		闵行经开区		临港产业区	
		均值	标准差	均值	标准差	均值	标准差
内群体社会交往	认识随迁儿童数量	3.2542	1.3610	3.1786	1.3068	3.1265	1.3856
	与随迁儿童出去玩耍频率	3.3182	1.3375	3.5250	1.2424	3.2715	1.4325
	与随迁儿童关系的密切程度	3.6138	0.8115	3.8057	0.6361	3.4633	0.8720
	小计	3.3954		3.5031		3.2871	

续表

交往对象	指标	总体		闵行经开区		临港产业区	
		均值	标准差	均值	标准差	均值	标准差
外群体社会交往	认识本地儿童数量	3.0065	1.2649	3.1071	1.3968	2.9059	1.1977
	与本地儿童出去玩耍频率	2.8125	1.4240	2.5000	1.0715	2.9412	1.5345
	与本地儿童关系的密切程度	2.8966	0.8362	2.8742	0.8640	3.1029	0.8311
	小计	2.9052		2.8271		2.9833	

利用 SPSS 21.0 对受访随迁儿童的地方依赖和地方认同状况进行描述性分析（表 4-15），发现两个开发区周边随迁儿童地方依赖的得分均远高于地方认同。这说明，其对所居住空间的功能性联结均强于情感和认同上的联结，他们已经适应了寄居地的生活方式，但仍未将自己视为本地人。同时，在两个案例地中，临港产业区周边随迁儿童的地方依赖和地方认同水平都更高。

表 4-15　案例地受访随迁儿童的地方依赖和地方认同状况

地方感维度	内容	总体		闵行经开区		临港产业区	
		均值	标准差	均值	标准差	均值	标准差
地方依赖	老闵行/泥城给你提供了良好的基础设施	3.58	0.630	3.61	0.545	3.55	0.715
	你喜欢老闵行/泥城的生活方式	3.88	0.621	3.82	0.588	3.94	0.653
	老闵行/泥城有许多好玩的场所	3.59	0.720	3.52	0.695	3.65	0.745
	老闵行/泥城为你提供了良好的生态环境	3.65	0.732	3.46	0.897	3.83	0.568
	小计	3.68		3.60		3.74	
地方认同	你以后要留在老闵行/泥城	3.36	0.803	3.31	0.728	3.41	0.872
	你觉得你家在老闵行/泥城	3.11	0.975	3.02	0.918	3.19	1.032
	你觉得你是老闵行/泥城的一分子	2.17	0.918	2.01	0.849	2.32	0.987
	你觉得你是老闵行/泥城人	1.73	1.035	1.63	0.899	1.83	1.170
	小计	2.59		2.49		2.69	

基于相关研究成果，可知开发区周边随迁儿童的社会融合水平还不够高，内群体社会交往倾向与地方感水平有密切的联系。在两个案例地中，临港产业区周边随迁儿童的社会融合状况相对较好。

（二）受访随迁儿童空间行为的总体特征

考虑到两地受访随迁儿童的相似性，研究主要结合两个案例地的全部问卷，考察了受访随迁儿童的出行频率、课余活动、日常活动空间、日常活动路径等。

在出行频率方面，重点考察了受访随迁儿童到访上海市区（外环线以内区域）、附近商业中心（如江川路街道的欧尚、碧江广场，泥城镇的鸿音广场等）以及周边公共空间（如社区公园、图书室、文化中心、运动场等）的频率，按出行频率由高至低分别赋值 4、3、2、1，并通过 SPSS 21.0 进行描述分析。从统计结果看（图 4-5），受访随迁儿童的出行频率总体不高，到访上海市区以三个月一次居多（31.45%），一年一次的也不少（26.50%）；到访附近商业中心也以三个月一次的频率为主（39.80%），一周一次的不足 20%；到访周边公共空间以一周一次为主（31.40%），还有不少是半个月一次（超 25%）。

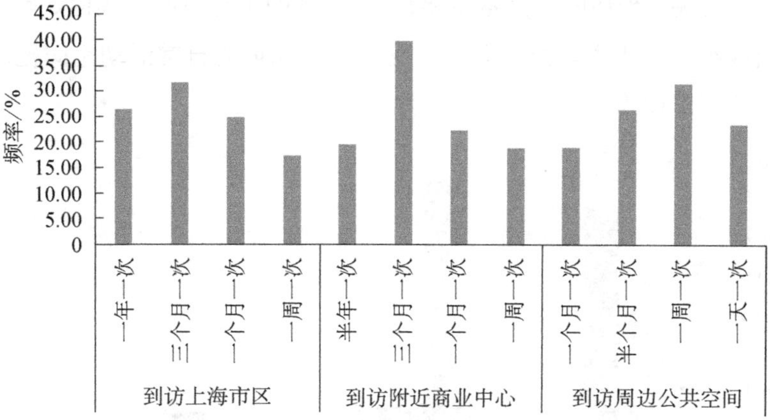

图 4-5　案例地受访随迁儿童的出行频率

在课余活动类型上（表 4-16），受访随迁儿童课余活动最主要的形式为在家或小区玩耍，其次是去公园绿地，其他活动占比不高。不过，其活动形式的多样化，反映出他们与纯粹的乡村儿童相比，还是更多受到了城市文化的影响，但在家或小区玩耍的比重依然偏高。

表 4-16　案例地受访随迁儿童的课余活动内容　　（单位：%）

课余活动类型	具体内容	占比
在家或小区玩耍	和朋友在家里打游戏、聊天等，和朋友在小区玩，和父母在家玩，和最好的朋友在我家的庭院里玩等	33.3
公园绿地	去公园散步玩游戏，自己或和要好的朋友去公园玩，和邻居家的妹妹去小公园，去公园抓小蝌蚪等	25.6

续表

课余活动类型	具体内容	占比
体育健身	和朋友打篮球，和朋友家人去篮球场，和爸爸一起跑步，和同学去体育场打篮球等	12.8
图书馆读书	和朋友去图书馆借书，和同学去图书馆看小说，有时和同学一起去借书等	11.5
看电视或上网	去小区玩电脑，在家看电视，和同学玩电脑，和家人一起看电视等	10.3
其他	去人民广场玩玩具，去KTV，去碧江广场玩，逛街等	6.5

在日常活动空间方面（图4-6），受访随迁儿童的休闲范围主要在15分钟的出行时间距离之内（48.5%），30分钟内的也不在少数，1小时以上的相对较少；大部分受访随迁儿童的教育通勤时间超过15分钟，这可能与开发区周边教育资源相对缺乏有关；受访随迁儿童主要在15分钟的步行时间范围内购物，显示以周边小店或小超市为主。总地来看，受访随迁儿童的日常活动空间范围相对狭小，以居住区周边为主。

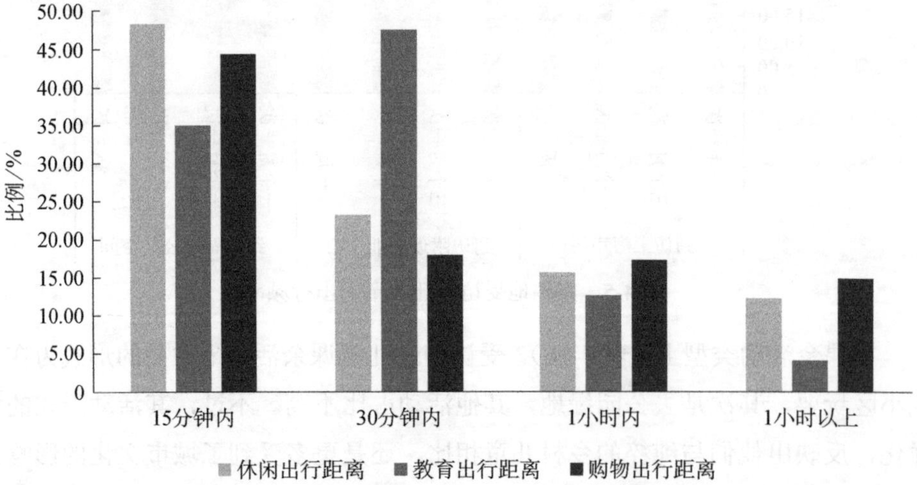

图4-6 案例地受访随迁儿童的日常活动空间

为了解开发区周边随迁儿童的日常活动路径，分别邀请了闵行经开区周边（MHS1、MHS2和MHS3）和临港产业区周边（LGS1、LGS2和LGS3）共6名随迁儿童填写了某个周一和周日的活动日记，活动日记需填写每个小时的活动，特别是在校外的活动。从填写记录较为完整的两名受访随迁儿童（MHS2

和 LGS3）的活动日志看，两地受访随迁儿童在上学日（周一）的活动路径相似，主要呈现出“家—学校—家”的路径模式。不过，在休息日（周日），两名受访随迁儿童的行为路径（图 4-7）差异较大，活动范围会超出小区，主要是附近的公园等，甚至会到父母的工作地。虽然他们也会去往周边街道消费、玩耍，但还是以居住区周边为主，上辅导班的也不多。

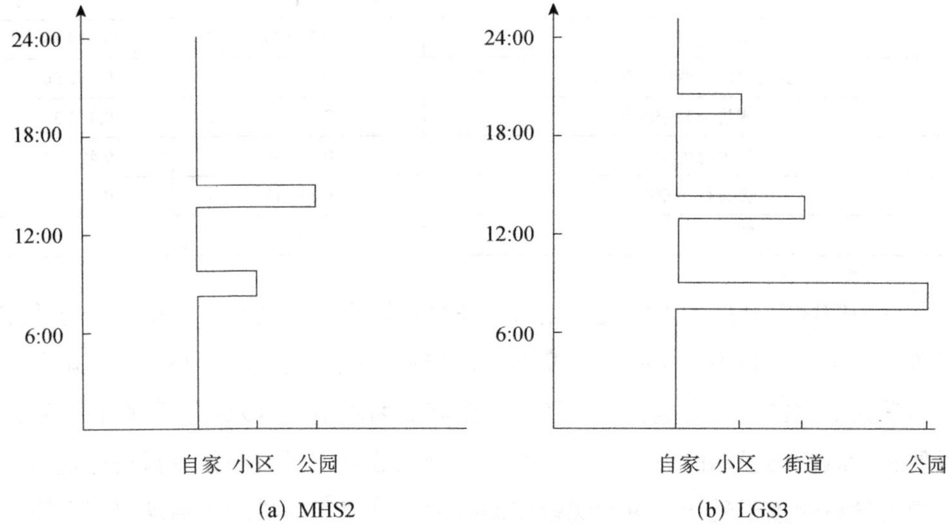

图 4-7　案例地受访随迁儿童 MHS2 与 LGS3 周日时空路径图

（三）受访随迁儿童空间行为特征对社会融合的影响

1. 空间行为特征对社会交往的影响

为深入分析不同空间行为特征与随迁儿童社会交往状况之间的关系，利用调查获取的受访随迁儿童出行频率、日常行为空间范围方面的六项指标，进行 k 均值聚类（表 4-17），将受访随迁儿童按空间行为特征划分成两类，分别命名为空间行为活跃型（1）和空间行为低沉型（2）。前者出行频率相对较高，行为空间范围较大。经方差分析发现，除通勤行为无显著差异外，两类受访随迁儿童的其余各项指标都有明显的差异，说明聚类合理。借助 SPSS 21.0 对不同空间行为类型受访随迁儿童的社交状况进行描述性分析，发现属于空间行为活跃型的随迁儿童仅占 30.7%，这可能不利于他们的外群体社会交往。比较两地受访随迁儿童的状况，发现闵行经开区周边受访随迁儿童中属于空间行为活跃型的随迁儿童仅占28.3%，而临港产业区周边的受访随迁儿童中属于空间行为活跃型的随迁儿童约占33.3%，可见两者差别不大。

表4-17 案例地受访随迁儿童空间行为特征的最终聚类中心

指标	聚类成员	
	1	2
到访上海市区频率	0.759 99	−0.578 58
到访附近商业中心频率	0.655 41	−0.447 56
到访周边公共空间频率	0.645 04	−0.445 22
休闲行为空间	0.571 88	−0.406 04
教育行为空间	0.146 77	−0.113 05
购物行为空间	0.536 95	−0.380 90

行为空间重合度为人际交往创造了条件，因而随迁儿童与本地儿童行为空间重合度不高，是不利于跨群体交往的。研究选取了闵行汽轮小学和临港外国语小学共12名学生（各选择3名随迁儿童和3名本地儿童）进行活动日记调查，以便进行时空路径图的分析。在研究中，分别选取上学日和休息日进行调查，其中上学日侧重于受访儿童的课余空间行为，休息日则借助于活动日记调查。研究发现（表4-18），上学日，江川路街道随迁儿童主要靠家人接送（46.70%），在学校周边停留的时间较短，与同学的互动交流也较少，本地儿童更是家人接送的多（63.40%）；泥城镇随迁儿童以步行（41.20%）和乘公交车的居多（32.30%），本地儿童则是以家人接送为主（49.40%），彼此间的行为空间重合度也不高。

表4-18 案例地受访儿童的通勤方式 （单位：%）

通勤方式	江川路街道随迁儿童	江川路街道本地儿童	泥城镇随迁儿童	泥城镇本地儿童
步行	36.00	15.60	41.20	30.20
家人接送	46.70	63.40	26.50	49.40
乘公交车	17.30	21.00	32.30	20.40

上学日，放学回家后至晚饭前，随迁儿童大都会以家为节点，在家、小区内及周边活动。从接受活动日记调查的学生居住状况看（表4-19），江川路街道

随迁儿童大多居住在老旧社区，缺少娱乐设施和健身器材，也较少公共空间；而本地儿童多居住在商品房或拆迁安置社区，设施较为完善，这也从小区房价上可以得到反映；但泥城镇随迁儿童与本地儿童居住的小区差别不大，但本地儿童一般入住时间稍早，而这些小区内的居民之间相对陌生，有组织的交流活动不多，因而本地化社交网络仍然缺乏。

表 4-19　案例地不同儿童居住社区类型

案例地	受访儿童编号	居住小区	房均价/（元/米 ^{2}）	建筑年份（年）
江川路街道	随迁儿童 MS1	电机二村	16 189	2000
	随迁儿童 MS2	电机一村	19 114	1996
	随迁儿童 MS3	兰坪二村	16 992	1990
	本地儿童 MB1	金铭福邸	27 742	2005
	本地儿童 MB2	星河景苑	24 247	2006
	本地儿童 MB3	新闵小区	22 608	1999
泥城镇	随迁儿童 LS1	云松翠庭	10 995	2008
	随迁儿童 LS2	云帆雅苑	10 286	2007
	随迁儿童 LS3	蓝色城邦	11 577	2009
	本地儿童 LB1	云帆佳苑	10 109	2002
	本地儿童 LB2	云景名苑	10 577	2002
	本地儿童 LB3	清风佳苑	12 195	2009

资料来源：安居客，数据年份为 2016 年初

为了更直观地反映案例地随迁儿童与本地儿童在休息日的行为空间重合状况，根据活动日记调查，绘制了其动态时空路径图。从江川路街道的情况看（图 4-8），本地儿童周末倾向于在父母工作地、少年宫及商业中心休闲，而随迁儿童则以在小区内、周边公园为主，与本地儿童行为空间的重合度较低。在小范围的集中访谈中，当随迁儿童被问及“是否经常与本地儿童玩耍”时，有的会陷入思索，甚至有些许尴尬，然后表示很少与本地儿童玩耍，推托给旁边的同伴作答（MHS6），有的说“班里的某某经常与上海人玩，我们没怎么与他们玩”（MHS8）。他们在谈及本地儿童时，往往会自觉区分“我群”与“他群”，而且更愿意待在自己的小圈子里，内群体社会交往倾向较为明显，不利于其建立起与地方的情感联结。

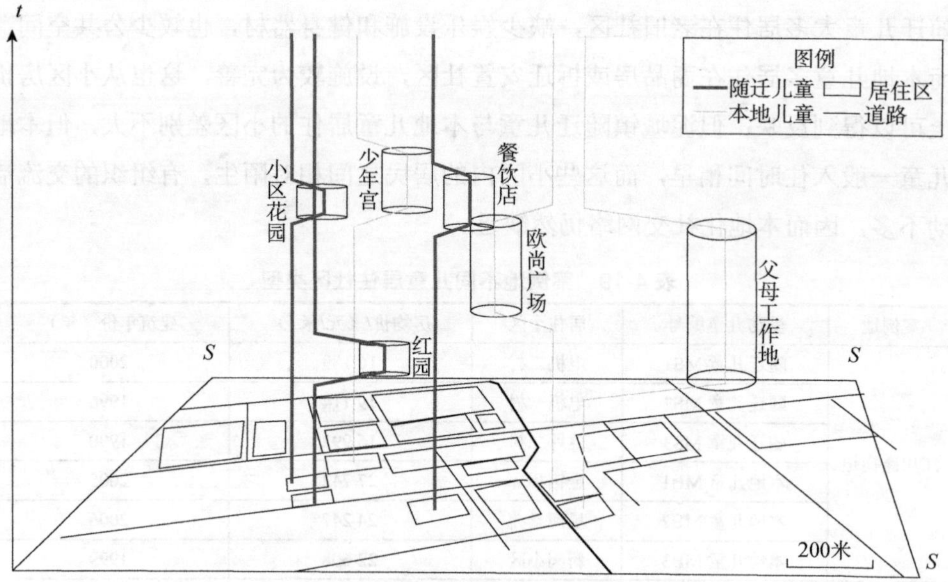

图 4-8 江川路街道受访儿童休息日的时空路径图

资料来源：根据百度地图自绘

泥城镇随迁儿童与本地儿童之间的行为空间重合度也较低（图 4-9）。随迁儿童休息日还是以小区内和周边公园为主，但本地儿童则倾向于选择距离较远的地方活动，如到南汇上培训班或者到泥城文化中心（图书馆）学习、休闲。虽然泥城文化中心对随迁儿童的进入没有限制，但某些规定对本地人有优惠，这也使得随迁儿童进入泥城文化中心的次数偏少。总体上看，两类儿童的空间行为特征不利于他们的跨群体交往，从而阻碍了本地化的社交网络构建和随迁儿童的社会融合。

2. 空间行为特征对地方感的影响

为反映随迁儿童空间行为特征对其地方感的影响，研究通过多元回归等方法对调查数据做进一步分析，同时解读了个别受访随迁儿童的意象地图。

以出行频率、日常行为空间范围方面的六项指标为自变量，地方感的得分均值为因变量，采用直接输入法分别对两个案例地进行多元回归分析。运行结果显示，两个模型都通过了检验，闵行经开区模型和临港产业区模型调整后的 R^2（R^2 值的大小描述模型模拟程度）分别为 0.111 和 0.223，具有一定的解释力。

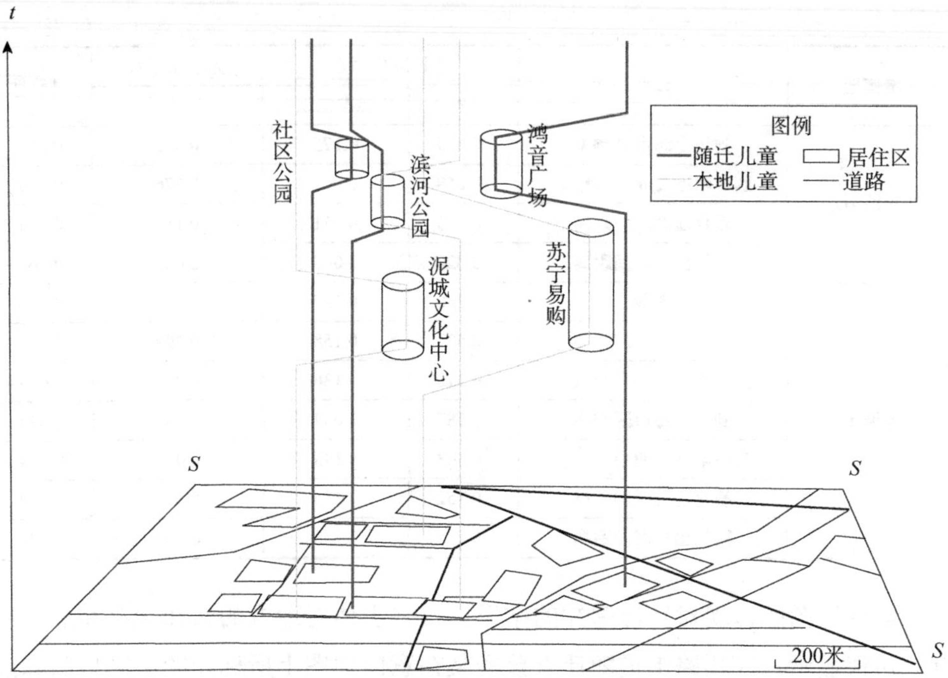

图 4-9　泥城镇受访儿童休息日时空路径图

资料来源：根据百度地图自绘

回归分析的结果（表 4-20）表明，休闲出行时间距离与到访周边公共空间频率两个变量都显著影响了随迁儿童的地方感状况。这可能因为他们出行的时间距离短，休闲活动主要是在居住小区及周边，因而难以形成对地方深刻的情感联结；同时，出行距离短还限制了他们利用城市设施和公共资源的机会，不利于与地方建立功能性联结。进入公共空间，有助于随迁儿童了解所在地区的风俗习惯、历史文化等，但他们较少进入，大多数受访随迁儿童选择的进入频率为一周一次，这也不利于其地方感的形成。

表 4-20　受访随迁儿童空间行为特征与地方感的多元回归分析结果

案例地	模型	非标准化系数		标准化系数	显著性
		B	标准错误	*β*	
江川路街道	常数	1.620	0.079		0.000
	休闲出行时间距离	0.262	0.078	0.292	0.001
	到访周边公共空间频率	0.235	0.073	0.253	0.026

续表

案例地	模型	非标准化系数		标准化系数	显著性
		B	标准错误	*β*	
江川路街道	到访上海市区频率	0.089	0.175	0.062	0.614
	到访附近商业中心频率	−0.068	0.076	−0.076	0.369
	教育通勤时间距离	−0.095	0.071	−0.113	0.183
	购物出行时间距离	0.020	0.067	0.025	0.763
泥城镇	常数	2.280	0.197		0.000
	休闲出行时间距离	0.531	0.158	0.399	0.001
	到访周边公共空间频率	0.318	0.136	0.275	0.023
	到访上海市区频率	0.187	0.084	0.186	0.044
	到访附近商业中心频率	0.063	0.145	0.051	0.664
	教育通勤时间距离	−0.152	0.155	−0.121	0.329
	购物出行时间距离	0.085	0.153	0.067	0.580

意象地图能体现对环境感知的结果，反映主体对地方的认知状况和熟悉程度。访谈显示，江川路街道随迁女孩杨某在意向地图上所标识的小区后门和隔马路的小公园是其日常玩耍的地方，小区商店是其购买零食和文具的地方，而之所以标示出昆阳是因为她有一个好朋友住在那，有时她会去昆阳玩（但其标注的方向是错的）[（图 4-10（a）]。而随迁男孩韩某在绘制意象地图[（图 4-10（b）]后解释，家旁边的小花园是其休闲的主要场所，红园就在他家不远的地方，经常会去玩，在放学路上会经过汽轮小区，并会到里面的小卖铺购买零食，有时也会到江川小学找同学玩，可见意象地图与日常空间行为的联系很密切。而住在泥城镇的随迁男孩张某在绘图（图 4-11）过程中表示，他在泥城小学读书，家住离小学不远的小区，由于其居住的地方处于泥城老商业区周边，他经常和朋友到街道上的店铺中消费，对该街道上的奶茶店和玩具店印象颇深，他标示出大润发超市和鸿音广场可能也是因为去那里较多，但与地图对比，发现其所绘意向地图与客观情况有一定差异，而且其对滨河公园和泥城文化中心等重要的公共空间未加标识，说明其很少进入。

通过意向地图研究不难发现，随迁儿童的意象地图主要展示的是居住小区及周边，对地方公共空间和标志性建筑的感知不强，对方位的判断也不够准确，

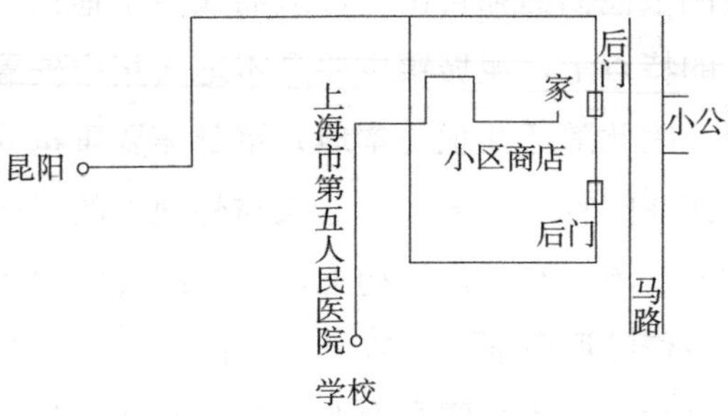

(a) 杨某

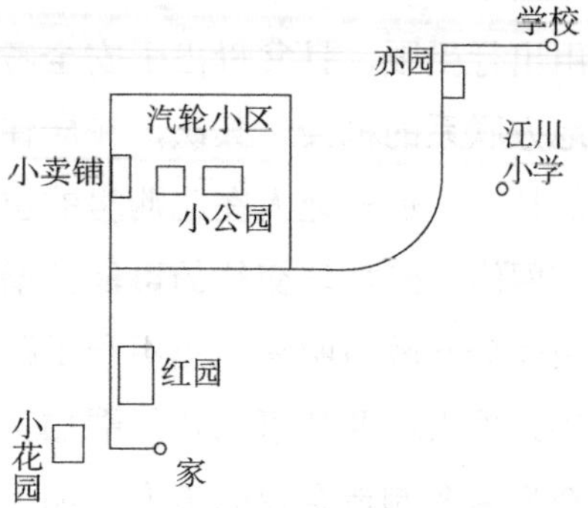

(b) 韩某

图 4-10　江川路街道随迁儿童杨某与韩某意象地图

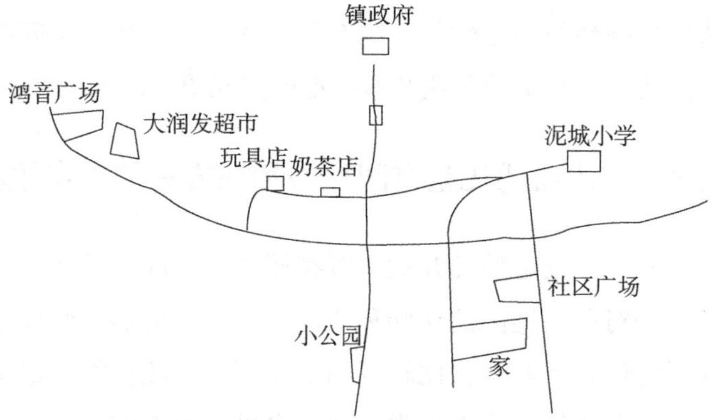

图 4-11　泥城镇随迁儿童张某的意象地图

主要是基于其生活和学习轨迹进行绘制，较少有对地方的整体认知。虽然他们在绘制过程中均表示对所处生活空间比较满意，但由于活动范围狭小，与地方的深入互动有限。他们同时表示，这里只是暂住的空间，真正的家在户籍所在地，可见并未形成归属感和身份认同，也并未实现高水平的社会融合。

值得指出的是，两个案例地的随迁儿童空间行为特征和地方感状况虽然相似度较高，但仍存在一定差异。首先，这与所在开发区的建设历程和功能定位有关。临港产业区开发时间较短，近年来在着力推动产城融合，建设了一些新的商业服务设施，而闵行经开区建设时间较长，周边的城市服务功能相对完善，反而使随迁儿童不必进行长距离的活动，加上人口集聚、交通繁忙，他们的自由出行受限，且父母出于安全考虑限制了他们的独自出行，从而减少了他们与地方联系的机会。其次，在居住社区的特点上，泥城镇主要是本地人集中安置的社区，但外地人在此购房的也不少，因此随迁儿童与本地儿童都需要重构社交网络，跨群体交往的可能性增大，而在闵行经开区，本地人与外地人的居住空间分异较为明显，更不利于跨群体的交流；在人口结构上，闵行经开区周边的外地人主要从事的是低端加工制造或低端服务业，但临港产业区周边不少是新型装备制造企业的工人，加上离市区太远，不少国有企业员工也在此居住，他们的经济状况较好、休息时间更有保障，有助于随迁儿童的外出活动，从而扩大了他们的行为空间范围和活动类型，增加了跨群体交流的机会。此外，临港产业区周边的生态环境质量较好，也有助于随迁儿童行为空间范围的扩大，以及在室外交流活动中与本地儿童及所在地区建立更广泛的联系。

五、优化开发区周边随迁儿童空间行为和地方感的基本思路

研究表明，开发区周边随迁儿童大多在居住小区周边活动，内群体社会交往倾向明显，缺少对所在地区的认同和依赖，不利于他们更好地融入所在城市和社区。为此，建议随迁儿童占比较高的学校更加关注他们的城市融入问题，积极引导随迁儿童和本地儿童在课堂与课余多进行深度交往，包括多组织跨群体的学习小组和学习讨论，在春游、秋游等外出活动时鼓励两类群体互帮互助，为随迁儿童利用图书馆等城市公共服务设施提供更多指导和便利等。有关政府部门也要注重创造平等友好和关爱随迁儿童的社会文化氛围，改善开发区周边儿童娱乐设施和活动场所，为学校开展跨群体交流活动提供更多资金支持。此外，还可通过志愿服务活动，帮助随迁儿童更多地接触所在城市，包括加强本地乡土知识教育，使他们能更好地领略城市文化。在此过程中，社会对农民工及其随迁子女的刻板印象也有望改进，从而为他们建构对所寄居城市的归属感和认同感创造有利的环境。

第五章

开发区周边社会空间的优化路径

由于主要集聚了产品内分工条件下的加工制造活动，又经历了以服务工业资本获利为主要目标的快速空间生产过程，中国开发区周边成为以本地失地农民和外来劳动力为主的社会空间。这里虽有现代化的工业和城市景观，但总体上缺乏地方特色，缺少服务于当地居民的公共服务和娱乐休闲设施，社会矛盾比较集中，居民地方感较弱，弱势群体的融入程度低，近乎“无根者”集聚的空间，难以为开发区的产业转型升级和持续健康发展提供社会文化资本的有效支持。为此，考虑进一步从开发区生产绩效评价、“产城融合”发展、高新区创新文化建设等方面展开研究，以期通过有效的评价方法科学诊断开发区持续健康发展可能存在的关键性问题，并通过“产城融合”优化开发区周边的社会文化空间，从而为开发区的转型升级和创新发展优化社会资本积累的环境。而本章有关高新区创新文化建设的研究将重点服务于高新区创新发展的特色需求，并对其他类型开发区的文化环境建设提供有益的借鉴。总之，本章主要遵循从开发区空间生产的绩效评价切入以发现关键性问题，再着力解决制约开发区及周边社会空间优化的“产城分离”难题，再到为开发区转型升级发展优化社会文化支撑环境的思路，以促进开发区有效克服“无根者”集聚的困境，更好地实现持续健康发展和带动周边地区发展的目标。

第一节　开发区的空间生产绩效评价

空间生产理论为地理学者从资本与空间关系的视角认识全球化时代的地方发展问题创造了条件。开发区作为新自由主义和全球化背景下，我国新型工业化和城镇化进程中景观、功能发生迅速转变的特殊空间，在一定程度上是剩余资本在全球范围内谋取更大利润的成果，当然也受到政府权力的深刻影响。可以说，开发区基本上是一个割裂了发展历史，具有均质化和可复制特点的可交换的空间产品，不过这类产品的推销主要是依托优越的区位条件和便利的基础设施等吸引产业资本的进入。因此，开发区的绩效评估应该更多考察其空间生产的综合绩效，而不只是招商引资的状况及由此引致的产业规模的扩张。从资本引导开发区空间生产的机理看，虽然有可能带来要素和产业活动的集聚，但却很可能是忽视自然条件和地方历史的，因而倾向于制造无特色的空间，可能带来人地关系的紧张，造成不同地方之间的低成本竞争；同时，它主要关注的是资本的利润回报，倾向于忽视对人的关怀，因而往往存在复杂的社会矛盾，本地人地方感水平偏低。从长期来看，复杂的社会矛盾、淡薄的地方感、无特色的低成本竞争都不利于高文化素质人才的集聚和创新文化的培育，从而制约了开发区的转型升级。而要克服这些负面影响，就有必要从空间生产的整体绩效评价出发，科学评估开发区发展现状，合理诊断制约开发区持续健康发展的关键性因素，这也是探索开发区周边社会空间优化发展路径的重要基础。

一、开发区评价的相关研究

开发区评价的相关研究较多，主要从开发区投资环境、经济发展效益、创新发展能力等方面展开。

（一）开发区投资环境评价的相关研究

早在 20 世纪 80 年代，就有学者开始引介国外投资环境评价的研究成果，并在此基础上对我国经开区的投资环境进行定性分析（侯永庭，1988）。20 世纪 90 年代，相关研究主要侧重于从理论层面分析评价体系的构建思路，较少有定量的实证研究。例如，徐大图等（1992）从投资决策机制出发，提出了开放城市的投资环境评价指标体系和评价方法，并以天津经开区为例进行了定性分析；何兴刚（1994）则基于与海外园区的比较分析，研究了城市开发区的投资环境状况；王绍飞（1999）则梳理了国内外有关投资环境的评价方法，设计了开发区的投资环境评价指标体系。进入 21 世纪，随着国家对经开区统计工作的重视①，再加上部分经开区发展已经有了一定的数据积累，针对投资环境的定量评价研究开始出现。例如，俞勇军和陆玉麒（2004）以 2001 年全国 45 个经开区为样

① 对外贸易经济合作部关于国家级经济技术开发区统计工作有关问题的通知[EB/OL]. http://www.mofcom.gov.cn/article/b/bf/200207/20020700031353.shtml[2019-07-14].

本进行了定量分析；朱立龙等（2008）以商务部经开区投资环境评价办法为基础，将78个指标划分成八个大类，并通过主成分分析法考察了不同指标的影响力；孙遇春等（2010）则通过因子分析对商务部经开区投资环境评价体系进行了提炼，然后以因子得分对开发区进行了聚类研究。总地来看，虽然开发区投资环境评价致力于综合分析开发区的产业发展环境，但主要目标只是服务于更好地完成其招商引资任务。就开发区（特别是经开区）的建设初衷而言，是积极有效的，但就开发区的持续健康发展而言，却明显过于关注资本的利益趋向，忽视了开发区及所在地区的长期发展。同时，明显将开发区视为被产业资本选择的空间产品，有可能引致开发区产品的同质化和削价竞争，无法克服资本驱动开发区建设的潜在负面影响。

（二）开发区经济发展效益评价的相关研究

这方面研究的兴起与20世纪90年代后期出现的“开发区热”现象有关。当时，我国各地纷纷批设开发区，大肆圈地占地，盲目进行基础设施建设，不仅极大地降低了开发区建设的经济效益，还造成了土地资源浪费等诸多不良影响。这促使开发区评价的相关研究逐渐向关注效益的方向倾斜，其中，投资效益和土地效益最受关注。例如，在投资效益方面，齐二石等（2008）引入数据包络分析（data envelopment analysis，DEA），发现我国54个经开区存在总体投资效率较低、固定资本投资过剩、内外资企业不均衡等问题；李兴国等（2013）则采用因子分析与聚类分析的方法，基于不同效益模式对开发区进行了分类研究。在土地效益方面，尤其是2008年以来，相关研究迅速增长，主要以多种统计方法（张帅等，2011；贾春浩，2011）或分析工具（韦仕川等，2011），对不同地域的开发区土地集约利用状况进行了评价。

（三）开发区创新发展能力评价的相关研究

作为一类重要的开发区，高新区承载着促进高新技术研发和产业化的使命，而相对成熟的开发区也日渐深刻地认识到创新能力建设对开发区持续健康发展的极端重要性。1992年，科学技术部开始了对高新区的综合评价。由于高新区特别关注创新发展的能力，这就激发了不少学者参与开发区创新发展能力评价研究的兴趣。早期研究同样更为关注评价指标体系的构建，典型的如李梦玲和赵希男（1995）基于集聚、孵化、辐射、开放、示范五个功能项对开发区进行了评价。此后，学者更多关注评价理论与开发区发展实践的结合。例如，张伟等（1998）基于对国内外高新区评价指标体系的梳理，提炼出包含全年研发支出总额、大专以上学历人数、中高级职称人数、研究开发人数等13个指标的高新区综合评价体系；赵玉林和汪芳（2000）则以科学技术部高新区评价指标体系为基础，结合湖北省的实际情况与数据可得性，提出了包含科技经济综合实力、宏观区位条件、发展水平三个层面的指标体系。此外，还有学者采用一些计量方法对高新区综合评价指标体系进行了简化，如赵英和汪海凤（2010）采用因子分析方法，将高新区15个综合评价指标简化为规模与效益因子和发展水平因子两个公因子。虽然这些综合评价指标体系力图对高新区创新发展的状况进行全面刻画，但仍采用了不少刻画产值、进出口规模等的指标，有的研究还倾向于将产品的技术水平提高等同于开发区创新能力的提升，从而导致出现产业发展优先于创新氛围建设的倾向，可能引导高新区建设背离政策初衷，走上出口加工区式的发展道路（陈家祥，2006）。

此外，还有一些学者基于某一理论框架构建了开发区评价体系。例如，郭曦和郝蕾（2005）以产业集群的区域竞争力为切入点，提出了一个根据尺度层次进行影响因素划分的评价指标体系；杨东峰等（2006）从沿海开发区向工业化新城转型发展的视角，提出了开发区绩效评价的标准；旷文良（2008）、王玉龙（2010）则以促进中小企业发展为目标，进行了开发区发展环境评价研究；周志丹和闫国庆（2011）以公共治理为关注点，评价了高新区在这一领域的发展绩效；王凯民和檀榕基（2014）基于开发区的转型发展，以张江高新技术产业开发区为样本构建了评价指标体系。

总地来看，我国开发区评价的相关研究成果虽然丰富，但仍存在如下三方面的明显不足：一是对评价对象的本质特征认识不清晰，过于关注开发区的生产职能，而忽视了开发区作为非农人口集聚地区所应具有的服务职能，易于导致“产城分离”现象；二是评价内容过于关注产值、进出口规模等短期经济绩效，缺乏对经济、社会、生态等方面长远发展能力的思考；三是评价结果的使用与开发区优化发展的关系不大，这主要是因为对开发区发展的机理认识不清，对评价结果缺乏有效的解释，不利于提出系统性的优化策略。为此，很有必要基于开发区空间生产的本质特征，构建以促进开发区及所在地区持续协调发展为目标的综合评价体系。

二、空间生产视角下的开发区发展评价指标体系的构建

（一）空间生产理论对开发区发展绩效评价的启示

开发区作为资本主导下的产业空间生产成果，其发展绩效的综合评价实质上是空间生产绩效的评估。同时，在评价目标、内容和方法方面，有必要借鉴空间生产理论的相关成果，重点聚焦于空间产品的质量及其对所在地区持续健康发展的影响。

在评价目标方面，以往研究无论是关注投资环境还是经济发展效益，都主要聚焦于开发区的产业职能，着眼于物质空间层面的短期发展。但空间生产理论表明，所有空间都承载着丰富的社会关系，从长远来看，社会文化层面的建设会对物质空间的持续稳定发展具有深层次的影响。同时，开发区这类空间产品是不能完全脱离地表的，其所在区位不仅对开发区的空间生产过程和效率有影响，也会受到开发区空间生产成果的影响。也就是说，评价目标不能仅仅着眼于开发区本身，还应综合考察开发区与其所在地区的协调发展。正如大卫·哈维（2010）所说，当资本从空间中流过，我们很容易从地表的景观痕迹中察觉到这种变化，如废弃的厂房、空置的住宅、破败的码头……但评价的目标可能主要不在于这种现象层面的变化，因为空间生产的成果，还构成了人类社会生产进一步发展的前提条件（庄友刚，2012）。开发区空间生产在物质层面的绩效，也将在社会等其他层面产生复杂影响，从而改变开发区及所在地区的发展潜力。

在评价内容方面，以往研究更多关注投资、产出、贸易等方面的规模和增速指标，以及创新成果的产出、产业集聚状况、基础设施建设情况等，较少考察这些指标之间的内在联系及长期变化趋势，更少关注社会文化层面的相关指

标，以及开发区与所在地区的关系等。但根据哈维的资本三级循环理论，资本将渐次投入城市发展的不同部门或领域，资本的投资回报率是影响资本进入的重要因素。因此，不仅要考察资本对物质性空间的改造，也要考察其在社会性空间重塑中的作用。其中，物质性空间方面不仅应包括工业生产所需的空间，也应包括实现服务功能所需的空间，而社会性空间方面则至少要关注劳动力的再生产状况与技术研发的投入产出等。后者更多涉及无形要素的培育，对区域的长期发展作用更为明显。同时，如果将哈维所说的资本三级循环理解为从空间中的生产开始，到改造物质空间，再到优化社会空间，那么，开发区在物质性和社会性层面的评价结果，也可用以反映开发区发展的可能阶段及关键难题。

在评价方法方面，以往研究多采用产业管理部门或宏观经济部门的监测数据，较少关心微观层面、与日常生活密切相关的数据，也不需要实地调研的支持。但如果将空间理解为社会关系的载体，那么，进入空间进行实地考察，分析其特殊性及与所在地区的关系非常必要。在条件适合时，还有必要基于本地人的主观感知或情感认同状况进行社会文化空间状况的评估。

值得指出的是，基于空间生产的相关理论对开发区的发展绩效进行评估，在很大程度上是为了服务于开发区的持续健康发展及与所在地区的协同进步。因此，不仅要关注开发区作为产业空间生产成果绩效，也要关注其作为非农人口集聚空间的生产成果绩效，同时有必要从经济、社会、生态等多个维度进行考察，而且各个维度的关注重点应该体现开发区的特点和特色需求。例如，在经济层面，需重点考察企业对根植于开发区发展的态度及可能性、企业的知识积累、创新动力和创新网络建设情况、企业的市场结构和市场营销水平等；在社会层面，需重点关注开发区的社会矛盾状况、居民和员工的地方感状况、高层次人才根植于开发区发展的意识、开发区服务功能建设情况、职住分离状况等；在生态层面，需重点关注开发区土地利用绩效、环境保护意识和相关法规的执行力、企业和居民的生态环境意识、开发区企业的安全生产责任制建设情况、开发区对生态环境风险的监控能力、应急响应机制建设情况等。不过，为力求在科学、系统与可操作性之间实现平衡，需要在结构设计、具体指标筛选和各指标的阈值确定等方面逐步调整与优化，避免因指标缺失过多或调查任务过重而无法有效完成绩效评估的目标。

（二）基于空间生产的开发区发展绩效评价指标选择

根据空间生产理论，空间具有两重属性：一是作为容纳事物存在与运动的容器，具有自然属性（空间的物质性）；二是作为社会关系的载体，具有社会属性。由此，确定将物质性空间与社会性空间生产绩效作为一级指标。二级指标的选择则主要根据具体的空间生产内容。考虑到开发区的物质性空间生产，主要以所在地区相对原始的自然本底条件为基础，创造出符合工业生产需求的、可复制的和可交换的城市建成环境，并在此基础上，凭借良好的基础设施环境积极招商引资，实现产业规模的扩大，因此主要考虑以土地开发强度和空间产出强度作为二级指标。而开发区社会性空间生产的内容虽然复杂，但正如大卫·哈维（2010）在探讨资本的第三级循环时所说，根据所服务对象的不同，社会性空间生产的投入主要包含两方面的具体内容，为促进劳动者人力资本的恢复及再生产而投入到科教文卫等社会公共服务领域、为提高企业生产技术水平而投入到技术研发与成果转化等领域。其投资绩效，在前一方面，可以通过人口结构的变化得到体现；在后一方面，则主要表现在与研发投入和创新氛围相关的指标中。结合中国开发区的建设实践及数据的可获得性，研究初步确定了开发区发展绩效的三级指标（表5-1）。

表5-1　基于空间生产理论的开发区发展绩效评价指标体系

一级指标	二级指标	三级指标	单位
物质性空间生产绩效	土地开发强度	累计土地前期开发投入	亿元
		累计基础设施投入	亿元
		累计固定资产投入	亿元
		单位面积基础设施投入[①]	万元/公顷
		单位面积固定资产投入[②]	万元/公顷
		已开发土地面积	公顷
		已建成城镇建设用地面积	公顷
		已建成城镇建设用地比重	%

续表

一级指标	二级指标	三级指标	单位
物质性空间生产绩效	土地开发强度	综合建筑密度	
		当年工业用地出让总价	万元
	空间产出强度	累计吸引合同外资总额	亿元
		累计内资项目协议金额	亿元
		全球上市公司500强企业入驻数量	个
		年收入亿元以上的企业数	个
		当年工业用地出让成交均价	元/米^2
		工业集聚度[3]	%
		主导产业集聚度[4]	%
		生活设施数量[5]	
		超市	个
		银行	个
		酒店	个
		学校	个
		医院	个
		公共交通条件[6]	
		经过的地铁线路	条
		经过的公交线路	条
社会性空间生产绩效	人口结构	开发区从业人员数	人
		单位土地吸纳就业情况	人/公顷
		工业企业从业人员比重	%
		从业人员平均劳动报酬	万元
		从业人员收入与所在地区城镇居民收入比值	
		从业人员大专以上学历人数占比	%
		工业企业人均劳动产出率	万元
	研发投入与创新氛围	年度研发经费支出总额	亿元
		研发经费占主营业务收入比重	%
		研发人员数	人
		研发人员比重	%
		已建成高新技术产业用地面积	公顷
		高新技术产业用地比重	%
		国家和省市级相关人才计划入选人员加权合计数[7]	
		国家和省市级研发中心（机构）加权合计数[8]	

续表

一级指标	二级指标	三级指标	单位
社会性空间生产绩效	研发投入与创新氛围	国家和省市级科技企业孵化器加权合计数[9]	
		区内企业发明专利授权数	个
		战略性新兴产业和高新技术产业工业总产值	亿元
		战略性新兴产业和高新技术产业产值比重	%

注：①单位面积基础设施投入=累计基础设施投入/已开发土地面积；②单位面积固定资产投入=累计固定资产投入/已建成城镇建设用地面积；③工业集聚度=开发区工业总产值/开发区所在地区的工业总产值；④主导产业集聚度=根据产业定位确定的主导产业产值/开发区工业总产值；⑤生活设施数量，由其空间范围内的超市、银行、酒店、学校、医院等附属指标进行综合评分得到，评分的权重由变异系数法计算获得；⑥公共交通条件=地铁线路条数×10+公交线路条数；⑦国家和省市级相关人才计划入选人员加权合计数=国家级人才计划入选人数×2+省市级人才计划入选人数；⑧国家和省市级研发中心（机构）加权合计数=国家级研发中心（机构）数×2+省市级研发中心（机构）数；⑨国家和省市级科技企业孵化器加权合计数=国家级科技企业孵化器数×2+省市级科技企业孵化器数

具体地说，在土地开发强度方面，主要涉及土地开发中的投入、成果、货币回报三方面。投入方面，以“累计土地前期开发投入”（开发区在征地、拆迁方面的投入）、“累计基础设施投入”和“累计固定资产投入”反映开发区在物质性空间改造中的总投入，以“单位面积基础设施投入”和“单位面积固定资产投入”反映资本投入方面的强度；成果方面，以“已开发土地面积”（完成“七通一平”开发的熟地面积）和“已建成城镇建设用地面积”反映开发区土地开发的实际成果，以“已建成城镇建设用地比重”和“综合建筑密度”反映土地开发的强度和效率；货币回报方面，主要以“当年工业用地出让总价”进行衡量。

在空间产出强度方面，主要考察招商引资的绩效和园区企业的运营状况。招商引资的绩效方面，以“累计吸引合同外资总额”和“累计内资项目协议金额”表征对内外资的吸引力，并结合“全球上市公司 500 强企业入驻数量”和“年收入亿元以上的企业数”反映开发区在引进龙头企业方面的能力。园区企业的运营状况方面，以“当年工业用地出让成交均价”反映开发区土地要素的使用价格，以“工业集聚度”和“主导产业集聚度”反映其产业集聚水平。此外，考虑到开发区必须为其从业人员提供物质生活的便利，指标体系研究拟采用“生活设施数量”（包括超市、银行、酒店、医院、学校）和“公共交通条件”（包

括地铁和公交线路）等。

在人口结构方面，以“开发区从业人员数”和“单位土地吸纳就业情况”反映开发区在就业方面的贡献总量；以“工业企业从业人员比重”反映其就业结构；以“从业人员平均劳动报酬”和“从业人员收入与所在地区城镇居民收入比值”反映从业人员的收入水平；以“从业人员大专以上学历人数占比”和“工业企业人均劳动产出率”反映其劳动力素质。

在研发投入与创新氛围方面，主要从研发投入水平、研发基础、研发成果产业化能力三方面进行评价。在研发投入水平方面，以“年度研发经费支出总额”和“研发经费占主营业务收入比重”表征资本方面的投入；以“研发人员数”和“研发人员比重”反映人力资本的投入；以“已建成高新技术产业用地面积”和“高新技术产业用地比重”反映土地要素的投入。在研发基础方面，主要通过“国家和省市级相关人才计划入选人员加权合计数”和“国家和省市级研发中心（机构）加权合计数”加以表征。在研发成果产业化能力方面，以“国家和省市级科技企业孵化器加权合计数”、“区内企业发明专利授权数”、“战略性新兴产业和高新技术产业工业总产值”和“战略性新兴产业和高新技术产业产值比重”加以刻画。

三、上海市市级开发区建设绩效的初步评价

由于指标获取能力的限制，目前的开发区绩效评价体系还难以完全实现基于空间生产开展绩效评价的目标。即便如此，也有必要对该指标体系的可行性进行测试。为此，本节对 1998 年上海市决定重点建设的 9 个市级开发区在 2012 年的发展状况进行了初步测算。相关数据来源包括《上海市开发区综合评价办法（2013 版）》、《上海市开发区统计手册（2013）》、上海市各区县 2013 年统计公报、上海市规划和国土资源管理局土地出让公告、各开发区官网、上海巴士公司网以及腾讯地图等相关网络信息平台，涉及的网络信息源数据全部于 2014 年 3 月 12 日采集完成。

（一）原始数据的处理

在测算过程中，为消除指标数据本身包含的量纲不一致与数量级差异等干扰因素，也为保证评分非负，本节首先对不含有子项目的指标采用极差标准化方法对所有原始数据进行了处理。具体计算公式如下：

$$x'_{ij} = \frac{x_{ij} - \min(x_j)}{\max(x_j) - \min(x_j)} \tag{5-1}$$

式中，i，j=1，2，…，n；x_{ij}为样本i的第j个指标的原始数值；min（x_j）为所有样本第j个指标的最小值；max（x_j）为所有样本第j个指标的最大值。x'_{ij}为x_{ij}经标准化处理后的值（该值最小为 0，最大为 1，符合本书对数据标准化的要求）。

同时，对生活设施数量和公共交通条件这两个含有子项目的指标进行综合处理。其中，对生活设施数量采用变异系数法对各子项目赋予权重并进行加和，计算权重的公式如下：

$$V_i = \frac{\sigma_i}{\overline{x}_i} \times 100\% \tag{5-2}$$

$$W_i = \frac{V_i}{\sum V_i} \tag{5-3}$$

式中，V_i为第i个指标的变异系数；σ_i为第i个指标的标准差；$\overline{x}_i$为第i个指标的平均数；W_i为归一化后的指标权重。在综合化处理后，对综合得分再用极差标准化进行处理，结果显示，与原始数据符合较好。由于公共交通条件只有两个子项目，只需对标准化后的子项目数据进行加和处理，并对所得数据重新用极差标准化方法进行处理。

（二）指标权重的确定

在指标权重的确定方面，研究认为两个一级指标具有同等重要性，一级指标下的各二级指标也具有相同的重要性。因此，对四个二级指标各分配 25%的权重，三级指标的权重则通过 CRITIC 法来确定（表 5-2）。

表 5-2　上海市市级开发区绩效评价的权重计算结果　（单位：%）

一级指标	二级指标	三级指标	权重
物质性空间生产绩效（50）	土地开发强度（25）	累计土地前期开发投入	2.89
		累计基础设施投入	1.90
		累计固定资产投入	1.78
		单位面积基础设施投入	2.58
		单位面积固定资产投入	2.68
		已开发土地面积	2.08
		已建成城镇建设用地面积	1.87
		已建成城镇建设用地比重	2.78
		综合建筑密度	2.76
		当年工业用地出让总价	3.68
	空间产出强度（25）	累计吸引合同外资总额	2.53
		累计内资项目协议金额	3.27
		全球上市公司 500 强企业入驻数量	2.34
		年收入亿元以上的企业数	2.02
		当年工业用地出让成交均价	3.22
		工业集聚度	2.66
		主导产业集聚度	2.59
		生活设施数量	3.30
		公共交通条件	3.07
社会性空间生产绩效（50）	人口结构（25）	开发区从业人员数	3.41
		单位土地吸纳就业情况	3.69
		工业企业从业人员比重	6.57
		从业人员平均劳动报酬	2.59
		从业人员收入与所在地区城镇居民收入比值	2.49
		从业人员大专以上学历人数占比	3.56
		工业企业人均劳动产出率	2.68
	研发投入与创新氛围（25）	年度研发经费支出总额	1.59
		研发经费占主营业务收入比重	3.47
		研发人员数	1.72
		研发人员比重	2.77
		已建成高新技术产业用地面积	2.37
		高新技术产业用地比重	1.90
		国家和省市级相关人才计划入选人员加权合计数	2.11

续表

一级指标	二级指标	三级指标	权重
社会性空间（50）	研发投入与创新氛围（25）	国家和省市级研发中心（机构）加权合计数	1.45
		国家和省市级科技企业孵化器加权合计数	1.56
		区内企业发明专利授权数	2.26
		战略性新兴产业和高新技术产业工业总产值	1.61
		战略性新兴产业和高新技术产业产值比重	2.18

需要补充说明的是，CRITIC 法是一种客观权重赋值方法，由 Diakoulaki 等（1995）提出，基本思路是通过指标间的对比强度与冲突性来确定其权重大小。其中，对比强度是指某个指标下不同样本的取值差异，一般认为，取值差异越大的指标，越能够体现所评价的内容。同时，变化幅度较小的指标也容易受随机因素的影响，从而使评价结果受到干扰。指标间的冲突性是指不同指标之间的相关程度。一般地说，某指标如与其他指标之间具有较大的正相关性，冲突性较低，所提供的信息具有重复性的可能性更大，应给予较低的权重。

（三）评价结果与反思

根据权重计算的结果及相关数据，得到 9 个开发区的绩效评价结果。本研究着重评价方法的可行性，因而主要关注评价结果对评价方法研究的启示。从一级指标的得分及其变异系数来看（表 5-3），物质性空间得分的变异系数较大，在决定总评得分上具有更大的影响力。而以 4 个二级指标的得分为基础，通过聚类分析对不同等级开发区的差异进行考察，若使用 k 均值聚类算法进行计算，并取 k=3（表 5-4），所得的类别划分结果与以总评得分进行聚类（表 5-5）得到的结果是一致的。同时，2、3 等级之间空间产出强度的差值最大，而 1、2 等级之间研发投入与创新氛围的差值最大。

表 5-3　一级指标的影响力分析

开发区	物质性空间	社会性空间	总评得分
浦东康桥工业区	35.56	34.89	70.45
莘庄工业区	31.47	31.42	62.90
嘉定工业区	29.87	22.04	51.91

续表

开发区	物质性空间	社会性空间	总评得分
松江工业区	28.83	20.43	49.27
上海市工业综合开发区	22.01	22.48	44.49
青浦工业园区	18.47	24.47	42.94
金山工业区	17.02	19.86	36.88
宝山城市工业园区	15.95	20.35	36.30
崇明工业园区	2.35	12.66	15.02
变异系数	0.46	0.28	
与总分的相关系数	0.97	0.93	

表 5-4　k=3 时聚类中心与聚类中心间的差值情况

指标	聚类中心			聚类中心间的差值	
	1	2	3	1～2	2～3
土地开发强度	16.77	11.01	1.85	5.76	9.16
空间产出强度	16.75	11.02	0.50	5.73	10.51
人口结构	15.58	11.65	6.57	3.93	5.08
研发投入与创新氛围	17.58	9.95	6.09	7.62	3.87

表 5-5　根据总评得分进行聚类所得的开发区空间生产绩效等级划分

等级	所属开发区
1	浦东康桥工业区、莘庄工业区
2	嘉定工业区、松江工业区、上海市工业综合开发区、青浦工业园区、金山工业区、宝山城市工业园区
3	崇明工业园区

虽然 k=3 的聚类使得 9 个开发区中的高值和低值得到了区分，且与总评得分的聚类结果相符，但属于第二等级的开发区数量过多，组内距离也较大。因此，进一步分析了 k=4 情况下的聚类情况（表 5-6），发现 1、4 两个等级与 k=3 情况下的 1、3 两个等级相同，而 2、3 两个等级则是由原 2 等级进一步区分形成，分别代表了相对较好与相对较差的开发区。此时，1、2 等级之间，研发投入与创新氛围的差值最大，表明技术研发方面的绩效差异是这两个等级之间的主要差异；2、3 等级之间，土地开发强度与空间产出强度的差值较大，社会性空间的两个指标差值很小，表明物质性空间生产绩效的差异是决定这两个等级

之间差异的主要因素；3、4 等级之间，4 个指标的差值均较大，其中空间产出强度与土地开发强度的差值相对更大，表明物质性空间生产绩效在区分 3、4 等级时更为重要（表 5-7）。

表 5-6　*k*=4 情况下的快速聚类结果

等级	开发区名称
1	浦东康桥工业区、莘庄工业区
2	嘉定工业区、松江工业区
3	上海市工业综合开发区、青浦工业园区、金山工业区、宝山城市工业园区
4	崇明工业园区

表 5-7　*k*=4 时聚类中心与聚类中心间的差值情况

指标	聚类中心				聚类中心间的差值		
	1	2	3	4	1～2	2～3	3～4
土地开发强度	16.77	14.69	9.17	1.85	2.08	5.52	7.32
空间产出强度	16.75	14.67	9.19	0.50	2.08	5.48	8.69
人口结构	15.58	12.00	11.48	6.57	3.58	0.52	4.91
研发投入与创新氛围	17.58	9.24	10.31	6.09	8.34	−1.07	4.22
平均总评得分	66.67	50.59	35.13	15.02			

总地来看，对上海市 9 个市级开发区空间生产绩效进行的实测表明，社会性空间生产应该是发展水平较高的开发区进一步优化升级的关键因素；但在开发区发展的初级阶段，物质性空间生产的效果更为明显。当前，大多数上海市市级开发区更多关注了物质性空间生产的改造，而对社会性空间生产的关注和投入不够，这对开发区的长期发展很可能是不利的。土地开发强度与空间产出强度之间具有明显的关联性，显示物质性空间生产的两个二级指标有内在关联，而社会性空间生产的两个二级指标相互较为独立。由此可见，基于空间生产理论对开发区发展绩效进行综合评价是必要也是可行的，它对于开发区的持续健康发展具有借鉴价值，同时，也有助于揭示社会文化空间优化的必要性和着力点。

第二节　开发区的“产城融合”发展①

中国开发区周边社会空间的许多难题，都与开发区的空间生产过度关注产业资本的利润目标，而相对忽视开发区人的发展需求有关。这方面最现实的表现就是，开发区的产业服务功能明显强于城市服务功能，造成了“产城分离”的困境。这在城市远郊的开发区，往往表现为产业“空城”和“钟摆式”通勤等现象（张晓明和赖寿华，2006），不利于开发区的优化发展。在相关研究中，工业化一般被视为城镇化的重要基础和动力源泉，城镇化滞后于工业化的现象大多只出现在工业化初期（胡伟和柯新利，2015）。因此，我国开发区所面临的“产城分离”困境应该与其独特的工业化路径相关，或者说与其工业空间生产的特点有关。只有结合我国开发区空间生产的独特机制，才能深刻认识其遭遇“产城分离”的原因，从而更好地促进开发区的“产城融合”发展和周边社会空间的优化。

一、工业化促进城镇化的微观机理

工业化是指工业生产在一国（地区）的国民经济中逐步取得主导地位的进程（约翰·伊特韦尔，1992），主要表现为农业在经济总量和就业中的份额持续下降、制造业的比重不断上升（Chenery and Syrquin，1975），被视为经济结构转型和生产力水平提升的重要路径。而城镇化则是人口向城市集中的过程（赫茨勒，1963），首先表现为人口和非农产业的集聚以及城市景观的建设，同时也包含城市生活方式等的扩散（康就升，1990）。它不仅要求以非农产业发展吸引非农人口的集聚，也要求不断以高品质的城市服务推动城市生活方式的推广，这是城镇化高质量发展的基础。

城镇化首先表现为非农产业和非农人口的集聚，而近代城镇化也始于工业

① 本节的主要内容已发表，参见孔翔，顾子恒. 2017. 中国开发区“产城分离”的机理研究[J]. 城市发展研究，24（3）：31-37，60.有删改。

革命，因而世界范围内的工业化与城镇化演进之间具有紧密联系。不少研究都曾关注工业化与城镇化水平之间的关系，最有代表性的当属钱纳里等关于城镇化率与工业化率比较的世界发展模型，不少学者曾借鉴该模型评判有关国家实际的城镇化是否超前或者滞后于工业化（景普秋和张复明，2003）。我国也有不少研究曾关注工业化与城镇化是否同步等问题，有学者通过时间序列数据和空间数据分析，发现重工业优先发展会导致工业化对城镇化的推动作用不强（郑长德和刘晓鹰，2004）；有学者采用多元回归，发现工业化对城镇化具有一定的拉动作用，但还需优先解决就业问题（朱海玲和龚曙明，2010）；还有学者通过构建工业化和城镇化的协调发展模型，认为国家政策会影响工业化对城镇化的贡献（李刚和魏佩瑶，2013）。此外，更多的研究会基于不同国家（地区）的经验数据，定量分析工业化与城镇化的变动趋势以及存在的偏差。例如，我国虽有研究显示城镇化与非农就业比重基本呈线性关系（胡爱华，2006），但大多数研究认为，城镇化明显滞后于工业化（段禄峰和张沛，2009），人口城镇化明显滞后于土地城镇化（李子联，2013），不过，这种滞后也被某些学者视为偏差（郭克莎，2002）。可见，以往工业化与城镇化关系的相关研究大多基于较长时间尺度和较大的地域范围，因而比较忽视工业化促进城镇化的微观机理，对于分析开发区的“产城分离”借鉴价值有限。

区域经济学对产业集聚的机理分析有助于从微观尺度分析工业化与城镇化的关系。例如，斯科特从劳动过程的纵向分离和纵向整合出发，分析了工业生产向城市集中的动因（Scott，2010），这其实是工业化促进城镇化的基本机理；而韦伯则提出，市场的扩大促使制造业集中（许学强，1997），这就显现了工业化带来的消费能力增长对于城镇化的积极价值；巴顿进一步指出，原料的分布不均、地方气候的特点、高昂的运输费用促使工业集中在一些有利的地区；扩大工业劳动力需要有住房和其他的服务事业，这些只有在城市环境中才能提供；结果，工业城镇发展了，伴随着这种发展就要求进一步扩大商业和零售活动，以满足当地居民和企业增长的需要（巴顿，1984），这不仅分析了工业集聚机理，还大致描述了工业集聚促进服务业发展，进而刺激非农产业和人口进一步向城市集中的过程。缪尔达尔的循环累积因果原理虽不涉及工业最初集聚的原因，但却表明特定地方一旦吸引到工业企业的发展，就会发生连锁效应，包括就业机会和人口的增加、关联产业的发展以及由此伴生的消费需求增加和投资扩张，这不仅会形成外部经济效应，还会增加居民财富和地方政府税收，从而促进基础设施建设，进一步改善引资环境。而在区域经济的发展实践中，也确实是因为工业发展的前向、后向和旁侧关联效应，才促进了相关产业（特别是服务业）的发展和税收的增加，从而为地方产业投资环境优化和高文化素质人才集聚创造了条件（Myrdal，1957）。由此可见，从特定地方发展的微观层面看，工业化首先促成了非农人口的集聚和非农产业的发展，进而促使城市的外部经济效应不断显现，并为城市空间拓展和功能提升创造了更好的条件；而城市功能优化则有助于改善投资环境，刺激产业规模和人口规模的进一步扩大，这也正是以“产城融合”促进地方经济协调发展的基本逻辑。改革开放以来，我国工业化取得了显著成就，但作为工业化载体的不少开发区却遭遇“产城分离”问题，出现这一状况很可能是因为开发区发展未能有效发挥产业集聚的外部经济效应。

二、开发区遭遇“产城分离”的特色机理

（一）开发区的空间生产与人口结构特点

我国开发区建设主要是为吸引国内外剩余资本而进行的空间生产活动，开发区可以被视为基于交换目标被生产出来的空间产品。在开发区建设中，不仅包含哈维所说的资本投资于工业生产的初级循环，也包括资本投资于人造环境生产的次级循环（Harvey，1982），但较少包括资本投资于研发活动和教育、卫生等公共事业的第三级循环。出现这种状况，主要是因为我国大多数开发区是在国内资本积累不足的条件下起步建设的，大多主要依靠地方政府的贷款融资首先进行基础设施建设，以创造招商引资环境；然后通过政策优惠等吸引国内外剩余资本投资于工业生产过程，因而主要是剩余资本突破地域空间障碍，转向相对落后地区的结果，资本的积累和获利主要还源自初级循环过程。其所在地区往往因为资本积累不足，只能依赖于政府（特别是较高层级政府）部门的支持，在相对低成本的城市郊区开始基础设施建设，但这也主要是由资本利润

驱动的，并主要服务于工业资本的逐利要求。虽然它并非初级循环内的跨地区工业资本转向次级循环的结果（Harvey，1985），但也依靠当地资本创造了作为“第二自然”的城市空间。由此生产出来的空间，不仅是适应工业资本投资需求开发、规划和改造的（王丰龙和刘云刚，2011），而且中断了当地原有的发展进程，迅速改变了当地的地理景观和产业结构，同时，倾向于忽视人的发展需求。

为发挥我国在劳动力等方面拥有的要素禀赋优势，我国开发区主要集聚的是加工制造活动，开发区周边集聚的大多是低收入的外来劳动力和本地失地农民，其中本地失地农民虽获得了一些征地拆迁补偿款，但也因生产生活方式被迫调整而面临较大的经济压力。因此，开发区虽可能创造了较多的、参与加工制造活动的就业机会，却很难创造巨大的服务业需求。由于未能全面考虑人的需求，开发区在规划建设过程中往往较少布局居住和服务业用地，从而造成生活、休闲、娱乐等设施相对不足。由此，开发区服务功能在需求和供给方面都存在先天的不足，难以吸引高收入群体就近居住生活。如果开发区还存在环境污染等问题，那就会在相当长的时间都无法留住高素质人口。只要开发区无力吸引大批高端人口就近居住生活，就很难建设高端的服务设施和消费场所，从而陷入低收入群体集聚的恶性循环，很难改善人口结构和社会资本状况。在开发区发展初期，主要发展的是低附加值的劳动密集型产业，这一困难并未产生明显的负面影响。但金融危机以来，东部不少开发区面临明显的转型升级压力，高素质人口和社会资本的匮乏成为制约开发区持续发展的重要瓶颈。如果不能以“产城融合”加快优化开发区城市服务功能并改善其周边人口结构，不仅开发区的产业难以持续发展，外来劳动力也会随产业转移而迅速流失，从而使开发区可能沦为真正的“空城”。

（二）开发区的空间形态与“产城分离”

开发区选址既要有利于工业企业发展，又要降低征地拆迁等方面的成本，因而开发区不一定布局在城市建成区或其边缘地带，从而引起了城市空间结构的快速演变（王慧，2003）。实践中，我国开发区出现了三种基本的空间形态：一是在老城区边缘；二是在老城区范围内设立无边界的开发区；三是在远离中心城区、人口稀少的地方新建开发区（孙卓然和李正图，2011）。虽然在老城区范围内或其边缘建设开发区会有助于利用老城区资源服务于人口和产业的集聚，但由于大多数老城区都在计划经济时期面临基础设施“欠账”问题，交通、居住环境并不理想，服务设施相对落后，人口密度已经很大，建设开发区的征地拆迁成本相当高。因此，大多数开发区还是选址在老城区边缘甚至远郊地区，这就使得开发区常常成为所在城市新的生长点，并导致城市空间结构向双核式、连片带状或者多极触角式形态发展（张晓平和刘卫东，2003）。开发区与老城区之间不同的空间距离也导致了不同的人口集聚模式。如果开发区紧邻老城区发展，则开发区周边会拥有共享城市设施的便利（林炳耀和臧淑英，1991），并可能通过市政设施的延伸建设，较大规模地吸引开发区员工就近居住生活。而老城区相对丰富的教育、医疗资源等，能较好地留住高收入人群，促使各个阶层的开发区员工都愿意在开发区周边居住。虽然开发区员工的平均收入水平不高，但随着就业机会的增加，特别是高收入群体的就近居住，服务业需求仍会不断增长，从而刺激相关服务业的发展，并不断增强地方政府发展教育、医疗等公共事业的能力，从而实现“产城融合”发展。

但远离老城区独立发展的远郊开发区，大多由农业和农村用地快速转变而来，服务设施较为缺乏。在管理模式上，因为主要由开发区管理委员会，而不是由地方政府领导，往往主要关注招商引资和工业企业的生产需求，较少关注员工和居民的生活服务需求，因而公共服务设施建设明显滞后。这就促使开发区少数收入较高的员工克服通勤和租房成本到老城区居住、生活，而低收入员工则只能在开发区周边生活，从而使开发区周边成为低收入者集聚的空间，他们不仅购买力低，对生活服务的要求也低，难以满足高端服务企业进入的“门槛”要求；而开发区管理委员会对公共服务设施建设的重视不够，又会导致高质量的教育、医疗和休闲娱乐服务长期缺乏，进一步造成高收入人口的流失，形成恶性循环（赵鹏军和彭建，2000）。也就是说，开发区的“产城分离”在本质上是由无法吸引高收入人群根植于开发区周边居住、生活造成的。这主要会导致远郊开发区难以留住高素质、高收入人才，不利于当地经济社会的持续、协调发展。

（三）"产城融合"与开发区的优化发展

我国开发区遭遇"产城分离"与其建设模式密切相关。虽然这并未制约发展初期加工制造企业的入驻，但在开发区转型升级的背景下，其瓶颈效应日趋明显。这主要是因为开发区转型升级必须以本地化的网络与社会关系为基础（Lewis et al.，2002），需要逐步提升技术等无形要素培育和集聚的环境，但低收入人员的集聚无疑会对此目标的实现产生负面影响。有研究显示，新产业区的优化发展需要依托本地特色文化环境和关系网络，促进本地企业间的交易活动以及企业根植于当地发展（Storper，1997），进而营造创新所需的相互信任和利益尊重。在"产城分离"的状态下，开发区周边主要集聚的是低收入人员，社会矛盾比较复杂，难以营造创新所需的社会文化环境，无力支撑开发区的转型升级。因此，"产城融合"不是简单的产业与城市的功能融合、空间整合（张道刚，2011），也不是以土地开发为目标的相对独立的新城建设（陈云，2011），而是要通过改善居住生活条件，促使高素质、高收入人才在开发区周边居住生活，从而优化开发区的人口结构和社会资本状况。

有研究提出，开发区要努力从"产业孤岛"向生活服务设施相对完备的第三产业新城转型（沈宏婷，2007）。而开发区的空间生产也要由"生产空间主导"转向"生产空间和配套服务空间主导"，再到"消费空间主导"，并逐步转向真正承接母城功能，同时，更加关注人的能动性和向创新发展转型（李文彬和陈浩，2012）。这被认为是资本进入第三级循环以提升创新能力的必然要求（殷洁和罗小龙，2012），其关键是要以不断完善的现代城市服务功能促进产业创新和人才发展（杨雪锋和未来，2015）。对于老城区边缘的开发区，要加强与老城区的整合；对于远郊开发区，则要按"独立城市"的要求，规划配置良好的交通、居住、生活设施以及教育、医疗、文化等公共服务。这不仅将改善开发区周边的人口结构和人际交流网络，也将提升开发区的地价水平，从而迫使承租能力差的企业离开，更好地实现产业结构升级。

三、上海临港产业区和苏州昆山开发区建设中的“产城融合”发展

国内依托老城区和选址远郊建设的开发区都不少，本书讨论过的昆山开发区和临港产业区是这两类开发区的代表。它们都地处长三角经济发展水平较高的地方，在产业发展上都取得了显著成就，但从相关研究和报道看，作为远郊开发区的临港产业区一直都面临人气不足的难题，而依托老县城发展的昆山开发区则已经成为一座现代化的新城。因此，拟结合近年来对两个开发区进行实地调研的成果，初步验证对开发区“产城分离”的机理分析。

（一）临港产业区建设中的“产城分离”问题

临港产业区位于浦东新区东南部，距上海中心城区约 75 千米，规划面积 315.6 平方千米。10 多年来，临港产业区已经完成填海造陆 133 平方千米，并相继建设了 S2 沪芦高速、两港大道和轨道交通 16 号线等一批重大交通基础设施，是一个典型的在城市远郊地区新建的产业空间。截至 2014 年底，临港产业区累计完成固定资产投资 1580 亿元，引进项目 300 多个，包括卡特彼勒公司、中国船舶工业集团、上海电气集团等百余家国内外著名企业。为促进工业化和城镇化的协调发展，临港产业区同步规划建设了 68 平方千米的南汇新城，2015 年又进一步调整为“独立辅城”，截至 2014 年底，不仅建设了 80 万平方米商办楼宇和 130 万平方米各类商品住房，还引进了上海中国航海博物馆、上海滴水湖皇冠假日酒店、大润发购物中心等一批功能性项目，整体迁入了上海海事大学、上海海洋大学、上海电机学院等高等院校以及上海中学东校、上海市第六人民医院东院等社会事业项目。新城规划人口总量为 120 万～150 万人，但截至 2014 年底，临港人口仅约 35 万人，主城区约 8 万人，其中包括临港大学城的师生员工约 5 万人（张梦颖，2017）。可见，临港地区的城镇化明显滞后于工业化。同时，调研显示，临港产业区管理层和企业高管大多定居于上海中心城区或者其他地区，这部分潮汐上班族大约占员工总数的 13%（钮心毅和丁亮，2015），但他们大多是知识素质较高、经济实力较强的管理者或技术骨干，也是对服务业质量要求较高、购买力较强的消费者。他们选择克服时间和经济方面的困难，

到市区居住，结果抑制了临港产业区高端服务业需求的增长。

临港产业区的管理者意识到服务功能不足是制约临港产业区高质量发展的重要原因。因此，先后在临港产业区周边建造了鸿音广场、山兰路步行街等服务业聚集区，并协调推进了公租房社区功能建设，在一定程度上聚集了人气。但从 2015 年 12 月的调研来看，鸿音广场等服务业集聚区主要面向本地失地农民和外来务工者，难以满足高素质、高收入群体的消费需求；而滴水湖及其周边的高端酒店和住宅等，又位于填海造陆的新地块，缺少地方发展的历史和认同，也缺少日常公共服务，难以留下高素质的员工。因此，临港产业区周边仍主要是低收入、普通劳动者集聚的空间，大部分企业高管和中产阶层仍然每天花费数小时奔波于中心城区和临港产业区之间。由此看来，由于与中心城区的距离较远，虽有新城建设规划，但临港产业区仍然出现了不同人群的居住选择分异，难以留住高素质、高收入人才，并未真正避免“产城分离”。

（二）昆山开发区建设中的“产城融合”发展

昆山开发区最早是由县政府发起筹办的，于 1992 年被国务院正式批准为国家级经开区。2014 年，昆山开发区的工业总产值超过 5300 亿元。较好的“产城融合”状况，是昆山开发区持续快速发展的重要基础（孔翔和杨帆，2013）。

与一般由中央或省级政府设立的开发区不同，昆山开发区是由县级政府推动的，因而前期资金积累更加缺乏，只能依托老县城起步。当时的工业园区就位于老县城东侧，不仅有助于吸引开发区员工就近居住并融入原有地方社会网络，还克服了工业与城市争地的矛盾。1992 年以后，虽然昆山开发区的招商引资重点转向以台商为主的外资，整个城市也吸纳了更多外来劳动力，导致外来人口占昆山总人口的 70%左右。但昆山一直重视配套服务设施建设，早在 20 世纪 90 年代就建设了 17 个配套居住小区，为企业管理者和技术骨干留居开发区周边创造了条件，避免了昆山成为低收入者集聚的空间。2008 年金融危机以后，昆山还重点发展了东部新城区等三个服务业地块，积极引进昆山杜克大学、上海台商子女学校、昆山宗仁卿医院、金鹰国际购物中心等教育、医疗和休闲购物设施，较好地满足了高素质、高收入人才的服务需求。仅 2019 年，昆山就新增国家级创新创业领军人才6名、省“双创”人才8名、省“双创”团队2个、省“双创”博士5人[①]，高端人才的创新创业活动正引领着昆山开发区的转型升级发展。

总地来看，昆山开发区主要依托老县城较好地克服了“产城分离”问题，而临港产业区却因为距离中心城区太远，很难快速改变高素质、高收入人才到中心城区定居的状况，城镇化滞后于工业化的现象比较明显。值得指出的是，因为距离上海较近，过去昆山也曾存在高素质人才定居上海的现象，但随着东部新城建设和其他促进服务业发展的举措落地，越来越多的高素质、高收入人才愿意定居昆山。这就启示临港产业区，有必要适应独特的空间关系，做好城市服务功能的优化，以改善人力资本和社会资本环境。

四、中国开发区促进“产城融合”发展的总体思路

中国开发区面临“产城分离”的困境与其独特的空间生产特点和管理机制密切相关。由于一般以管理委员会形式领导开发区的规划建设、主要服务于招商引资和加速推进工业化的目标，在建设过程中相对忽视居民的服务需求，主要集聚的是加工制造企业，很容易遭遇购买力不足、服务功能滞后等问题。特别是那些在远郊独立发展的开发区，由于高收入人才倾向于到中心城区居住，易成为低收入人群聚居的空间，进而造成高端服务业需求长期不足，服务功能发展长期滞后，这就是此类开发区普遍面临“产城分离”挑战的原因。但“产城分离”对于依托老城区发展的开发区而言，并不是普遍面临的困境。也就是说，中国开发区“产城分离”的实质是无法吸引高素质、高收入人才根植于开发区发展，将严重地制约开发区周边的社会空间优化和创新能力建设。

因此，建议遭遇“产城分离”困境的开发区着力做好如下三方面工作：一是注重调整开发区产业结构和产业规划。适当约束简单的劳动密集型加工制造活动的发展，在招商引资中切实加强环境风险评价和安全生产评估，逐步提高劳动者的合法收入，在开发区周边科学合理地布局居住和商业用地，为开发区

① 参见昆山市人民政府网站，网址为 http://www.ks.gov.cn/kss/rcjs/sqsl_list.shtml[2020-04-27].

的“产城融合”发展奠定良好的基础。二是加快完善服务功能，积极吸引高素质、高收入人才根植于开发区发展。不仅要努力做好高端人才的引进和服务工作，还要尽可能满足他们就近居住的服务需求。对于已经引进的消费服务项目和社会公共服务项目，要加强精细化管理，以更好地满足不同层次人群的需求，同时，可适当鼓励高品质消费服务和高品质公共服务的超前发展。三是要在新的开发区布局中充分考虑与中心城区的空间关系，尽量避免开发区成为低收入群体集聚的空间。总之，无论是否存在明显的“产城分离”，通过“产城融合”提升开发区的城市综合服务功能，积极吸引高素质、高收入人才的集聚，都会对开发区的持续健康发展具有积极意义。当然，我国的各个地方差异很大，不同开发区有其独特的发展历程和发展中的问题，必须积极探索适合各自区情的“产城融合”模式，以更有效率地实现“产城融合”的目标。

第三节　高新区发展中的创新文化建设研究

知识经济时代，开发区作为新兴的产业集聚空间，更加需要以创新要素的集聚和创新成果的产业化来保障其产业转型升级和持续健康发展，这也是开发区社会文化空间优化的重要价值所在。毕竟创新等无形要素的培育是与人的发展和社会文化空间的优化紧密联系在一起的，而这在高新区发展中显得尤其重要。根据国际科技园协会（International Association of Science Parks，IASP）的定义，高新区主要是“由专业人才管理的组织”，旨在“通过提升创新文化提高与之相联系的企业和知识机构的竞争力”。可见，创新文化本就是高新区发展的基础，而硅谷的巨大成功更凸显了创新文化建设的价值。但相关研究主要关注的仍只是创新文化的内涵，很少探讨创新文化建设的微观机理。同时，硅谷等的成功经验可能主要适合于欧美发达国家在高校周边发展的高新区学习借鉴，对我国大多在城市近郊由农地快速发展而成的高新区借鉴价值有限。虽然我国不少高新区早已提出创新文化建设的理念和口号，“张江科技文化节”等高新区文化建设活动也在创新创业氛围营造和人才集聚等方面发挥了积极作用，但总地来看，我国高新区的创新文化氛围还不够成熟。文化建设从本质上说，需要内化于每一个主体，并与主体对高新区的认同和情感联结密切相关。因此，有必要将高新区居民地方感研究与创新文化建设研究结合起来，以增进高新区创新发展的凝聚力为目标，探索高新区创新文化建设的有效路径。

一、高新区发展与地方文化建设的互动关系

（一）地方文化对高新区发展的影响

地方发展是个历史过程，既不能完全摆脱自然地理环境的约束，也不能完全忽视地方人文精神的影响。高新区建设虽然是个快速推进的空间重塑过程，但较好的人文基础无疑是提升高新区空间生产质量和效率的重要保障。而空间重塑的过程，也会促进地方原有文化精神等的变化，并可能成为空间品质提升的重要标志和持续健康发展的基础条件。随着人文社会科学研究的空间转向，特定空间的文化意义受到了更多关注，而经济发展中影响日渐深刻的制度变量也与地方文化有着紧密联系。就高新区发展而言，在区位选择过程中，就必须重视地方文化因素的作用，而在建设绩效评价中，也有必要把文化氛围作为重要的考察变量，这些都说明地方文化建设对高新区具有特殊价值。区域创新环境学派有关创新粘滞空间的研究，则从理论层面为高新区地方文化建设提供了有益的借鉴。

区域创新环境学派重申了马歇尔产业学派有关"创新存在于某种无形的氛围之中"的认识。正如王缉慈等（2001）所言，在区域创新环境的营造过程中，网络内个体之间以合作为基础的相互信任，是最为关键的因素。因为在信息时代，编码化的知识容易成为遍在性资源，可以迅速扩散和被模仿；但融入于地方社会文化环境中的隐性经验类知识（如企业家精神等），却只能在相互信任的基础上转移。由此，区域创新环境不仅包括现代化的硬件设施，还包括隐藏在硬件背后的软环境，如介质环境（包括本地人的文化水平、心理素质、价值观念、社会风气等，它直接影响人们的创新意识和信任、合作关系）、机构环境（包括各种有助于地方创新主体之间联系的机构和制度，如金融机构、人才交流中

心、行业协会、各类中介服务机构等)、调控环境等，它们对硬件设施的作用发挥具有决定性影响，也对特定地方的协同创新和国际竞争力提升具有积极作用。由此看来，高新区要真正成长为“创新的空间”，还必须加强地方文化建设，优化“区域创新环境”，使地方文化成为技术创新和高新技术产业发展的沃土。

国内外发展较好的高新区都逐步孕育出有利于创新创业的文化氛围，这也从一个侧面反映了创新文化对高新区发展的独特价值。典型的如硅谷独特的创业精神、宽容失败和鼓励合作的环境氛围等，常被冠以“创新文化”的名头，被认为是无数科技型中小企业诞生、成长，并不断创造出硅谷神话的保障。中国台湾新竹科学工业园的成功虽然离不开地方政府的规划、引导，但留学生在创新文化和成果交流中的桥梁、纽带作用也不容小觑，正是他们使硅谷文化较好地扩散到新竹市，并使硅谷文化与传统文化精神很好地嫁接，以刺激扩散的形式，帮助新竹在较短时间内形成了独有的创新文化。可见，良好的创新文化氛围对高新区的发展特别重要。

（二）高新区发展中的地方文化建设

高新区在成长过程中，既会受到原有地方文化环境的影响，也会对地方文化产生多方面的作用。作为高科技产业密集发展的地方，高新区可能聚集大量高素质人才和产业工人，形成独特的人口就业结构和消费模式，从而为地方文化建设注入新的元素和活力。而硅谷的成功也促使很多地方的高新区对文化建设给予了特殊关注。我国的高新区大多是在城郊地块、在零起点上引进高校和高科技产业发展起来的，因而往往中断了所在地区文化发展的原有轨迹。高新区的规划也较少吸收本地人的参与，可能扼杀了文化的地方性和多元性，不利于民主、合作、个性的创新创业文化建设。可以说，我国的高新区文化建设基本上是缺乏地方文化根基的。虽然伴随高校、科研院所和高科技企业的引入，会集聚更多高素质从业人员和青年学生，但征地拆迁产生的失地农民与加工制造企业雇佣的普通劳动力可能使高新区周边像经开区周边一样，成为“无根者”集聚的空间，难以有效集聚文化资本，在建设地方创新文化上面临诸多挑战。因此，我国高新区产业结构的高级化，并不能必然地促成地方文化的知识化、现代化。由于缺少深厚的创新文化传统和有效的创新文化共识，往往无法有效培育高新区的创新文化和创新活力。而要形成创新文化的共识，关键在于每个高新区人都要对高新区有认同、依恋的情感，以及认可、接受并身体力行创新、创业、合作、包容等价值理念。这正是高新区创新文化建设的微观机理，也体现了地方感与创新文化建设之间相辅相成的关系。

二、高新区文化建设与居民地方感的建构

（一）高新区文化建设与居民地方感的关系

党的十七届六中全会通过的《中共中央关于深化文化体制改革、推动社会主义文化大发展大繁荣若干重大问题的决定》强调，“文化建设是中国特色社会主义事业总体布局的重要组成部分”，各个地方都要“自觉把文化繁荣发展作为坚持发展是硬道理、发展是党执政兴国第一要务的重要内容”，“进一步推动文化建设与经济建设、政治建设、社会建设以及生态文明建设协调发展”[①]。文化建设之于地方发展犹如“神与形”的关系。文化总是以“神”的身份支配着地方各个方面的存在和发展。而这个“神”又是附着在地方每个人的身上，通过每个普通人的行为而焕发、体现出来的。在这里，文化主要是指精神文化，尤其是每个人的价值观，因为人的每一种行为都由价值观驱使，价值观不同，文化理念就不同。价值观是文化的内在根基，离开价值观，人类将无法创造文化，也无所谓文化。美国文化学家克罗伯（Kroeber）曾指出，在历史中形成的价值系统是文化的核心；不同质的文化可依据这种价值系统的不同而辨别出来（郎永杰，2006）。正如特伦斯·迪尔和艾伦·肯尼迪所言，价值观是指导行为的有力杠杆，规范着人们在大部分时间里的行为，使人们对自己的工作感觉良好，因而更愿意加倍努力（特伦斯·迪尔和艾伦·肯尼迪，2008）。因此，在高新区文化建设中，最关键的就是要形成符合高新区功能定位和发展特点，并且为高新区人共同分享的价值理念。这也是高新区人使命感、责任感、凝聚力、创造

① 中央关于深化文化体制改革若干重大问题的决定[EB/OL]. http://www.gov.cn/jrzg/2011-10/25/content_1978202.htm[2020-08-25].

力的不竭源泉。

高新区作为地球表面的特定区域，是有着独特自然和人文环境的地方，存在地方意识和地方认同不断建构的过程。在高新区发展中，随着产业、景观和人口社会结构的不断变化，本地人的感知和情感也会不断变化，并对高新区的文化塑造产生复杂影响。可以说，高新区人的地方感是高新区文化建设的重要基础性内容，没有每个高新区人对高新区的深刻认同和情感依附，就难以形成高新区人共同分享的价值观，更遑论真正构建起高新区的创新文化。因此，增进高新区人的地方感应该成为高新区文化建设的基础环节，而高新区文化建设的积极成果，将有助于增强高新区人的地方感。调研高新区居民对高新区的地方感，可以反映出高新区文化建设的基础条件和关键性问题，而克服制约高新区人地方感建构的诸多因素，将推动高新区文化建设真正取得实效。

（二）高新区主要居民群体的地方感特点

高新区在发展过程中会使得当地的本底文化遭受冲击，诸多能体现地方个性、历史文脉的文化特色逐渐被"现代化"和"全球化"所蚕食，而本地失地农民和外来从业人员等，则会面临身份转换和社会网络重构的挑战，高科技企业高管和高校知识精英等，则与高新区存在若即若离的关系，与高新区及周边的其他群体也缺乏交流。这就使得高新区及周边面临社会空间分隔的隐忧，重构地方感也已成为高新区创新文化和凝聚力建设的基础。而在高新区的各类主要群体中，虽然也存在个体间的差异，但也存在明显的群体共性特征和群体间相对地位的差异，这就在一定程度上决定了不同群体建构地方感可能面临的困难和问题。

从人口规模来看，本地失地农民和外来高新区员工常常是高新区的主体，如果高新区与高校园区毗邻，高校师生的数量占比会较高，但他们与高新区的关系却是间接的。而高新区员工也存在明显的内部差异，具体如下：

第一类是高管和高科技企业精英。他们并不一定在高新区常住，甚至都不经常来高新区工作，因而与高新区的其他人群接触较少。他们对高新区的地方感更多基于有限的直接接触以及在高新区的事业发展状况，其中，事业平台的含金量深刻影响着这类主体对高新区的地方感。虽然他们与高新区的关系若即若离，但在高新区发展中拥有较大的权力，也对高新区的发展绩效有较大影响力，同时，他们的个人经历和经验都比较丰富，地方感的建构比较理性，高新区的总体发展状况（包括经济发展水平和社会文明程度等）是影响他们地方感的最主要因素。

第二类是年轻的技术人员。他们一般学历高、机会多、年轻有活力，但仍处于事业的起步期，经济实力和社会影响力还比较有限，这使得其话语权不够。虽然他们来自外地，但拥有较高的学历、能力和发展潜力，因而并不会感到过度的紧张和焦虑。对他们而言，高新区是事业起步和发展的平台，只要能为事业发展奠定较好的基础，其他困难都是不难克服的。因此，高新区的经济发展潜力和社会文明状况对他们的地方感建构特别重要。他们年轻且又必须经常在园区上班，因此选择在高新区附近居住的可能性较大。但他们由于特殊的工作偏好和生活方式，与本地其他居民的直接接触并不多，但本地的文化景观、整体和谐程度等对其地方感建构也会有直接影响。因此，高新区可能成为他们追逐人生目标过程中的“第二故乡”。

第三类是外来的普通劳动力。他们的数量规模较大，在建构对高新区的地方感过程中面临的困难和压力也较大。他们学历不高、收入不高，甚至还没有年轻的资本，但承担着养家糊口的重担，而他们的人生经历并不能帮助他们很快适应新的文化环境，甚至可能面临语言交流等方面的障碍。他们在工作中也面临较大的岗位竞争压力，因为他们的岗位可替代性较强，较容易受到市场波动的影响。他们到新的地方安家，虽然也是为了谋求更好的生活，但这还远不能上升到追求个性化人生价值的高度，很可能只是为了生存状况好一点。他们缺少在新地方的自信资本，并可能感受到异域文化的挑战，心灵上难免孤单寂寞，生活中也难免存在对财富匮乏的忧虑。因此，他们在高新区较难找到家的感觉，可能在相当长的时期内都会缺乏归属感。他们有可能较多地与同乡交流，但这也可能强化他们对故乡的地方感，而更难建构对“第二故乡”的认同。

关于本地失地农民，本书已经阐释了其地方感被割裂的机理。他们的地方感重构不仅面临生产、生活方式变化带来的经济压力，也缺乏承载共同记忆的物质载体和社交网络。因此，有必要让他们感受到新生活方式的魅力，减少其对未来不确定性的担忧。这就要求高新区能使本地失地农民感受到健康蓬勃的发展活力，并为他们提供合适的发展机会和平台，同时，还要帮助他们构建新的社交网络，逐步重塑新的集体记忆和集体认同。由于高新区拥有不少高素质劳动力，对本地失地农民而言，这包含着许多很好的学习机会，但还需要帮助他们与外来群体建立新的社交网络。当然，在未来的规划建设中，高新区管理者应该重视听取本地人的意见，融入更多当地的文化元素，包括重建一些他们熟悉的文化景观，从而在物质层面帮助本地人找到家的感觉，这也是高新区构建地方特色、避免“千区一面”的重要途径。

在我国现有的部门管理体制下，高新区的高校师生与高新区的关系一般是相对间接的。因为我国高新区的大多数高校都是新建或迁建的，与所在地区的联系不多；加上高校主要受政府教育部门的行政管理，即使在高新区，高校师生也会习惯于在校园围墙内，传承老校区的文化景观，继续原有的社交网络，延续他们的传统，建构他们的新校区文化。因此，高校师生的地方感主要是与校园相联系的，是校园文化的重要基础和组成部分。但是，新的校园毕竟已经搬到了高新区，或多或少地会与高新区的地方发展建立联系。同时，高新区引进高校，主要是为了构建产学研合作关系，包括促使高校的校园文化成为高新区文化建设的积极因子，而不只是希望高校成为一个被围墙封闭的空间。因此，增进高新区与高校之间的合作关系，应成为帮助高校师生构建高新区地方感的重要途径。在国外，像硅谷这样的高新区，高校与地方文化的关系是非常紧密的，这主要是因为高校在当地已经有了长期的发展，与原有的地方文化已经深度融合，不少高新区甚至是高校文化孕育的成果。我国北京中关村高新区的发展，也受到高校文化的许多给养。因此，促进高校与高新区的互动合作并不是天方夜谭，越来越多的高校师生也已经有了走出校园、走进产业园的自觉意识和合作研发的实践。同时，高校师生在学历、年龄、发展潜力等方面也都较为自信，如果能将高新区转化为他们事业和人生价值实现的有益平台，那么建构对高新区的地方感困难并不太大。当然，要建立高校师生与本地其他群体间的联系会存在一些困难，近年来热议的“三区联动”，有可能会增进高校师生与高新区企业、周边居民的关系。

总之，高新区不同居民群体的地方感建构是个复杂的命题，不同群体会面临不同的困难、在建构方式上存在差异，同时，各群体之间可能存在隔阂，甚至隔离。但只要善于适应不同群体的特点，尽量满足各自诉求，促进不同群体间的交流，增进他们对高新区的归属感还是完全有可能的。无论从哪类群体来看，高新区能否提供好的事业平台和发展机会，都是非常重要的；但高新区的发展前景又与所有群体分享共同的价值信念、增强凝聚力和创造力密切相关。这就构成了一个互为因果的循环关系。要避免这一循环关系走向负面，关键还是要通过文化建设，形成所有人共同为高新区发展添砖加瓦的良好环境，并以此保障高新区在产业创新发展方面不断取得新的成就。

三、紫竹高新区的地方文化建设状况调研

（一）调研方案设计

高新区文化是高新区持续健康发展的重要保障，而高新区文化的核心则是高新区人共同分享的创新、创业、诚信、进取的价值观，这是以大多数个体对高新区具有较强的地方感为基础的。基于这样的认识，调研拟重点关注如下四方面内容：一是高新区人是否了解高新区和高新区文化建设的基本情况；二是如何看待高新区发展与自我发展的关系；三是是否已经对这个地方有认同和情感上的联系；四是是否有分享高新区文化的意识和意愿。为收集更多信息，除开展问卷调查外，研究还拟对部分受访者进行深度访谈，以了解其特殊困难和特色需求。考虑到高管与高新区所在地区的直接接触不多，外来劳动力的状况可能与经开区相似度较高，因此访谈拟以高科技企业的技术员工为重点；而在高校师生方面，由于教师群体主要居住在市中心，调研重点放在了高校学生。由此，现状调研部分主要针对高新区技术员工、高校学生、本地农民三个群体。

调查包括两部分内容：第一部分对三个群体同时展开，主要为了解高新区地方文化建设的现状和基本问题；第二部分分别针对各群体的特点展开，主要服务于高新区文化建设的效率优化，重点在于查找关键问题、听取相关建议并

探寻可能的优化方案。第一部分以问卷调查的方式展开，涉及三方面内容：①对高新区文化建设的认知情况，包括对其建设历程、现状，以及文化建设主要活动、基本目标的认知和评价；②对高新区发展的认同情况，包括对近年来发展状况及前景的认识以及受其影响的状况；③留居意愿和地方认同水平。第二部分是对三个不同群体代表的访谈。在访谈过程中，对技术员工，重点关注的是高新区为其工作、生活提供了哪些便利，存在哪些问题，哪些因素会鼓励或抑制其参与高新区文化建设；对高校学生，重点关注的是高新区与其学习生活及未来就业的关系，并试图考察学生利用高新区基础设施、文化环境、成长机会等的状况；对本地农民，重点关注的是高新区对其生活环境、社交网络、自我认同等的影响。总地来说，访谈不仅是为了发现制约高新区创新文化建设的关键问题，也是为听取受访者对高新区文化建设的需求和建议。

（二）调研方案实施

紫竹高新区的情况在第二章第三节已经有过介绍，它于 2002 年 6 月 25 日奠基，2011 年 6 月正式升级为高新区，主要位于闵行区吴泾镇境内，东、南两面环绕黄浦江，交通条件便捷，原本主要是农田和果园。紫竹高新区一期占地 13 平方千米，由大学园区、研发基地和紫竹配套区三部分组成。其中，大学园区以上海交通大学和华东师范大学为核心，已于 2007 年全部建成；研发基地主要吸引各类研发机构和高科技企业入驻，到 2013 年底已吸引到 450 余家研发企业；紫竹配套区则规划建设大型生态化国际社区。经过十余年的努力，该地已由闵行、奉贤交界处凌乱农舍和简陋厂房组成的“被遗忘的角落”，转变为“中外客商向往、高端人才创新创业的沃土”。由于一直强调人与自然、工作与生活的和谐发展，园区不仅环境优美、服务齐全，而且创设了中国青年创业国际计划（Youth Business China，YBC）紫竹办公室等许多科技创新服务平台，并通过各类文体活动促进园区文化的凝聚与辐射。园区内两所大学的师生超过 6 万人，研发基地内从业人员超过 2 万人，远远超过征地拆迁的本地人。

紫竹高新区在快速的空间重塑过程中，迅速转变为以研发基地、高校和高端住宅为主的空间，高素质人才大量进入，无论是本地农民，还是高新区员工或高校师生，都有必要加快形成对高新区的地方感。为此，笔者和于良全等研究生于 2013 年 12 月组织了对高新区技术员工、高校学生和本地农民三个群体的调研。问卷调查和访谈均采用面对面交流的方式，当场完成，共访谈了 49 名技术员工、100 名高校学生、50 名本地农民（表 5-8）。

表 5-8　紫竹高新区受访者的社会属性　　　（单位：%）

选项		技术员工	高校学生	本地农民
性别	男	67.00	72	40
	女	33.00	28	60
学历	初中及以下	—	—	28
	高中及专科	—	—	72
	本科	51.02	9	—
	硕士	48.98	88	—
	博士	—	3	—
月薪	3 000 元以下	—	—	68
	3 000～5 000 元	—	—	24
	5 000～8 000 元	18.37	—	8
	8 000～15 000 元	37.73	—	—
	15 000 元以上	43.90	—	—

（三）调研的主要结果

调研结果显示，不同群体对高新区文化建设的认识以及对紫竹高新区的地方感存在很大差异。

1. 技术员工群体

在地方感知层面，51%的受访员工对园区发展历程非常了解，只有约 25.6%的受访员工表示对园区的发展历程不感兴趣。62%的受访员工认为，紫竹高新区已经是一个高水平的科技园，但这部分员工中有 60%以上的认为紫竹高新区只是在产业层面体现出高科技园的特点，而认为紫竹高新区具有高新区文化特征的不到 25%。与此相适应，只有 20.4%的受访员工认为创新创业的文化氛围是紫竹高新区相比于吴泾镇最鲜明的特色。在高新区文化建设上，接近一半（49%）的受访员工支持将“生态、人文、科技”作为努力方向，“年轻、有朝气”“高科技、高端”等也被相当数量的受访员工视为紫竹高新区园区应有的氛围。关于园区文化建设的相关活动，大多数受访员工都有所了解，员工还对咖啡吧等公共设施的作用给予了充分肯定。67%的受访员工认为文化活动有助于园区发展，不过，不少受访员工认为园区文化活动的人气不足，希望文化活动的形式能更加丰富多样，更具吸引力。

在地方依附层面，92%的受访员工都积极关心和支持紫竹高新区的发展，只有6%的受访员工较为冷漠。而面对园区的发展现状，分别有37%和16%的受访员工表示比较满意和满意，约27%的受访员工表示不满意。这表明，大多数受访员工从紫竹高新区的发展中有获得感，对紫竹高新区发展不满意的受访员工可能主要是对园区发展有更高的期待。81%的受访员工对紫竹高新区的未来充满信心或者有信心，只有约8%的受访员工认为“和我没多大关系”。在被问及紫竹高新区发展的最大瓶颈时，41%的受访员工选择了“创新创业的文化氛围不足”，14%的受访员工选择了“产业发展水平不高”。可见，技术员工群体总体上意识到园区发展与人生价值存在密切关系，对园区的发展现状大多表示满意，当然也有更多期待。而他们对紫竹高新区发展瓶颈的认识，表明大多数人都认为该园区在产业发展上的成就是显著的，但在文化建设方面相对滞后。这也能体现本研究的价值。

在地方依恋层面，主要试图了解受访员工是否会将个体的身份建构与紫竹高新区联系起来。调查显示，仅有20%的受访员工表示“已经把高新区当成我的家了”，而有67%的受访员工明确表示尚未将自己视为园区的一分子，而那些将园区视为“家”的受访员工大多已经在紫竹高新区附近购房，这表明拥有房产是建构地方感的重要基础。调查同时显示，47%的受访员工会向外人主动透露自己在紫竹高新区工作或生活，这表明园区正成为这些个体建构身份的重要基础。另外，有45%的受访员工表示会推荐朋友来紫竹高新区工作或生活，只有约4%的受访员工表示不会，因为这里工作氛围不好，其他半数受访员工则表示“视情况而定”，这就显示出园区在员工心目中的形象总体上是正面的。在被问及如果听到对紫竹高新区的负面评价有何反应时，有41%的受访员工表示会予以纠正，约27%的受访员工表示“与我无关”，12%的受访员工表示“会一起抱怨”。这说明，维护园区形象已成为不少员工的自觉选择，这是他们地方感正在形成的有力证据。关于长期在紫竹高新区工作、生活的意愿，分别有16%和4%的受访员工明确表示愿意和不愿意，另外接近八成的受访员工还处于观望状态。这主要是因为技术员工大多是年轻的高学历者，事业刚刚起步，还存在去其他地方发展的较大可能性，难以很快形成长期留居的意愿。

由此看来，技术员工群体对紫竹高新区的地方感正处于积极的建构过程中，对地方的依附逐渐明显，对地方的依恋也正在形成。访谈还显示，不少技术员工因为需要经常加班，选择就近租住在周边小区，同时还经常参加华东师范大学、上海交通大学等高校组织的活动，这不仅能促进产学研的融合发展，也有助于增进技术员工和高校学生对紫竹高新区的积极情感。当然，从访谈看，这些活动在组织方式等方面都还有亟待优化之处。

2. 高校学生群体

在地方感知层面，仅有23%的受访学生对紫竹高新区的发展历程非常了解，而高达65%的受访学生表示对此不感兴趣。不过，有78%的受访学生认为，紫竹高新区已经是一个高水平的科技园，但这部分受访学生中80%以上的主要是基于产业发展状况做出这样的判断，而认为该园区已经具有高新区文化氛围的不到15%。与此相适应，只有27%的受访学生认为与吴泾镇相比，紫竹高新区的文化更有特色。接近一半（47%）的受访学生支持将“生态、人文、科技”作为紫竹高新区文化建设的努力方向，75%的受访学生认为紫竹高新区是个年轻人的空间。关于园区文化活动，大多数受访学生最了解的是紫竹基础教育园区，当然也有相当数量的受访学生知道紫竹高新区与华东师范大学和上海交通大学签有合作协议。他们总体上认为，园区已经开展的文化活动影响力还比较小，但都认为文化建设是紫竹高新区优化发展的重要努力方向。在访谈中，我们还了解到仅有12%的受访学生有过在园区实习的经历，这就表明园区和高校之间的合作并没有设计得那么紧密，中国青年创业国际计划等创业平台的作用亟待加强。

在地方依附层面，86%的受访学生都关心和支持紫竹高新区的发展，只有

14%的受访学生表示无所谓。而面对园区的发展现状，分别有 41%和 12%的受访学生表示比较满意和满意，另有 12%的受访学生表示不满意，还有约 35%的受访学生表示没感觉。这与技术员工群体的评价存在差异，尤其是“没感觉”的比例很高，说明园区和高校的联系相对较弱，而相当比例的受访学生表示比较满意和满意，则说明园区的进步较为明显，即使与园区直接联系不多的高校学生也能感受得到这种进步。对于紫竹高新区的未来，86%的受访学生表示充满信心或有信心，只有约 9%的受访学生认为“和我没多大关系”。同时，29%的受访学生认为文化是制约紫竹高新区发展的最大瓶颈，选择产业的受访学生只有 9%。由此看来，高校学生群体还是关心和支持紫竹高新区发展的，也对园区的未来充满期待。这是产学研合作的重要成果，表明不少学生可能愿意将紫竹高新区视为未来的发展平台。

在地方依恋层面，仅有 6%的受访学生对紫竹高新区有“家”的感觉，而 48%的受访学生明确表示没有“家”的感觉，这反映出高校学生主要还在校园内生活，更倾向于以大学为载体建构自己的身份和家。有 39%的受访学生会向外人主动透露自己在紫竹高新区生活，但这更多是与高校校区的位置有关，而 48%的受访学生甚至在介绍校园时不会主动谈到紫竹高新区，这也说明高校校区和园区的融合并不是一个简单的过程。调研中，49%的受访学生表示会推荐朋友来园区工作或生活，只有 4%的受访学生明确表示不会，这说明紫竹高新区在高校学生中的负面形象也是非常少的。在被问及听到别人赞美紫竹高新区有何感觉时，有 51%的受访学生表示会感到自豪，这就说明高校学生并不排斥园区，只是缺乏主动以紫竹高新区建构地方感的意识。而如果听到对紫竹高新区的负面评价时，有 27%的受访学生表示会予以纠正，有 48%的受访学生表示“与我无关”，这就再次反映出高校学生与园区的联系相对间接。关于长期在紫竹高新区工作生活的意愿，分别有 10%和 5%的受访学生明确表示愿意和不愿意，这与高校学生事业尚未起步有关，而且绝大多数高校学生不拒绝考虑将紫竹高新区作为事业平台。

此外，访谈显示，高校学生有意在紫竹高新区实习或创业的比例相当低，校方也并未经常宣传相关案例。这表明，尽管紫竹高新区有不少与高校联合开展的活动，但其覆盖面还比较有限，宣传也做得不够，在高校和学生中的影响有限。

3. 本地农民群体

在地方感知层面，有 56%的受访农民对紫竹高新区的发展历程非常了解，只有约 16%的受访农民表示不了解，这主要是因为紫竹高新区的建设与本地农民群体的拆迁安置进程密切关联，而本地农民对地方景观的变化，感受也非常强烈。在目睹了十多年的变化后，有 80%的受访农民认为，紫竹高新区已经是一个高水平的科技园，不过，这部分受访农民中有 65%认为它只是在产业层面体现出高科技园的特点，而认为园区具有高新区文化特征的不到 30%。与此相适应，只有 28%的受访农民认为创新创业的文化氛围是紫竹高新区与吴泾镇等地相比最鲜明的特色。这就说明，即使是本地农民，对紫竹高新区感受最深的变化依然在产业层面。对于紫竹高新区文化建设，超过一半（52%）的受访农民支持将“生态、人文、科技”作为努力方向，但也有 32%的受访农民表示不关心，这说明本地农民对文化建设的关注程度相对较低。而对园区的文化活动，本地农民了解不多，在听取相关介绍后，也大多表示这些活动吸引力不够、对园区文化建设的价值不大。由此看来，紫竹高新区与本地农民存在一定程度的隔离，本地农民的文化需求与高新区文化建设的要求差距比较大，而本地农民也存在被边缘化的压力。

在地方依附层面，80%的受访农民都积极支持紫竹高新区的发展，但也有 16%的受访农民表示与己无关，这表明本地农民存在复杂心态，既认为园区发展能给自己带来实惠，又担心其与自己关系不大。而面对园区的发展现状，有 36%的受访农民表示比较满意，有 36%的受访农民表示满意，另有 4%的受访农民表示不满意，可见，大多数受访农民从紫竹高新区的发展中获得了实惠。对于紫竹高新区的未来，80%的受访农民表示有信心，而对发展的最大瓶颈，各有 12%的受访农民选择了“创新创业的文化氛围不足”和“产业发展水平不高”，而超过半数（52%）的受访农民表示“和我没多大关系”，这就反映出本地农民的确感到自己的生活与紫竹高新区的发展关系不大。总地来看，紫竹高新区的本地农民还是感受到了园区发展为生活带来的积极变化，虽然有被边缘化的压力，但还是希望园区有好的发展。

在地方依恋层面，仅有 12%的受访农民能在紫竹高新区找到家的感觉，但也只有 20%的受访农民表示尚未将自己视为紫竹高新区的一分子。这正反映出本地农民在空间重塑过程中的迷茫。这个自小成长的、熟悉的地方如今变得如此陌生，要说是家，却找不到归属感，要说不是家，那家又在哪里？调研中，36%的受访农民会向外人主动透露自己在紫竹高新区生活，而 56%的受访农民表示不会，这就再次表明，本地农民还不愿意将园区作为个体建构身份的重要基础。虽然他们也许从出生开始就长期居住在这块土地，却因为这块土地的使用功能发生变化，而难以延续对这块土地的情感，也不愿意以紫竹高新区人自居。60%的受访农民表示会推荐朋友来紫竹高新区工作或生活，40%的受访农民明确表示不会，这同样反映了本地农民对紫竹高新区的复杂情感。当被问及听到对紫竹高新区的正面评价有何反应时，60%的受访农民会觉得自豪；当被问及听到对紫竹高新区的负面评价有何反应时，44%的受访农民明确表示会予以纠正，另有 44%的受访农民表示“与我无关”，受访农民在地方认同层面表现出如此鲜明的对立，应该也与这块长期居住生活的土地快速发生的空间重塑过程有关。毕竟他们对这里曾经有着深厚的地方感，当听到赞美时，自豪感本会油然而生，但似乎自己已经不是主人，这又阻碍了自豪感的表达；而在听到批评时，会有同样的愤懑，因此需要纠正和解释，但再想想，这里已经不是自己熟悉的家，又难免觉得“与我无关”。这样的复杂情感表明了重构地方感的极端重要性。更有意思的是，分别有 60%和 40%的受访农民明确表示愿意和不愿意长期留居于此。表示愿意的比例高，是因为这里太长时间已经是他们的家，他们也无意改变，即使对这个新的空间充满迷茫和担忧，但还是只能继续在这个空间中生活，所以真正明确表示不愿意的非常少。从这点看，只要工作的思路、方法合适，帮助本地农民重构地方感，甚至分享高新区文化都是完全有可能的。

调研的结果显示，紫竹高新区良好的发展势头为地方感建构和高新区文化建设都奠定了坚实基础，但由于建设时间不长、发展变化太快，尚未形成各类群体对高新区新的地方感，也未创造出共享的高新区文化。其中，紫竹高新区的技术员工群体因为在高新区拥有事业发展的平台而对该园区有许多积极的印象，只是由于他们在其他地方也可能有许多发展机会，因此根植于紫竹高新区发展的意识不强；高校学生群体则与高新区的联系比较间接，对高新区的好感也不稳定；至于本地农民，则发生了地方感的断裂，感受到被边缘化的压力。不过，紫竹高新区一直重视文化建设工作，高校、社区、园区的协商合作机制建设也较早，但目前还不足以克服空间重塑带来的地方感断裂、缺失和共享价值观的困难。未来，建议紫竹高新区着力加强如下五方面工作：一是更加重视产业发展和促进就业，形成高新区文化与产业发展互促融合的良性循环；二是更加重视产学研合作，真正促进产学研融合与高新区文化建设的良性循环；三是更加重视推动“产城融合”，适应高素质青年群体的文化需求，提供更为优质、优价的文化和生活服务，形成生活与工作互促发展的良性循环；四是更加重视法治建设和社会文明程度的提升，逐步建构共同的规则和共同的价值信念；五是更加重视适应不同群体的需求，更有针对性地开展特色文化活动，创新文化建设的平台和形式，提高文化建设的实效。

四、基于地方感重构的高新区文化建设优化方案

（一）高新区文化建设的总体目标

高新区作为高科技产业和研发机构集聚的地方，吸引了大量高素质人才的集聚，引领着科技进步和文明发展的方向，从其承担的产业发展使命看，也有必要重视以文化建设吸引和培育无形要素，在内涵式发展和科学、和谐发展上发挥引领与示范作用。不过，高新区的建设过程也是快速的空间重塑过程，在景观、产业和人口社会网络重构的过程中，原有地方的文化演进过程被中断，各类人群都需要在新的地方重新建构安全感、自豪感和对地方的依恋，这就使高新区文化建设面临特殊的困难。因此，高新区有必要以地方感重构为基础，加快推进具有地方特色的创新创业文化建设，这不仅对高新区增强凝聚力、创造力很有必要，也将促进高新区与周边地区的持续、协调发展以及整个城市的文化建设。

高新区文化建设首先应该是适应高新区所在地区文化特点和产业结构要求的，应该包含创新、创业、开放、包容、诚信、奉献等符合高科技产业发展需求的价值理念，并使之转化为绝大多数高新区人认同和共享的价值观与行为准则。大多数高新区的建设历程不长，并且大多是在城郊的农地或城乡接合部快速兴起，因而对几乎所有高新区及周边地区的员工和居民而言，都是新的空间。同时，高新区的规划建设大多由政府和资本主导，缺少对本地人和本地文化的尊重，因而往往成为全球化而非地方性的空间，并集聚了大量拥有不同文化背景，但却缺少本地文化根基的普通人，很有必要以满足各类群体的正当需求为基础，帮助他们尽快建立“家”的安全感和自豪感，使绝大多数高新区人愿意以高新区建构自己的身份，愿意遵循高新区人共有的行为规范和价值理念。唯有如此，真正意义上的高新区文化建设才能发挥效用，并为整个城市的文化建设注入较多高科技、现代、文明的元素。

与此同时，作为高科技产业的集聚地，高新区需要适应全球性的自主创新能力竞争，其文化应当包含开放、竞争、创新、现代、奉献、创业等。同时，高新区又是具有地方特点的，需要与所在地区的文化传统和特色产业结构建立紧密联系。对于以集聚加工制造活动起步的高新区，早期可能顾不上文化建设，但随着向高科技机构和高科技人才集聚的真正意义上的高新区转型，文化建设的紧迫性将逐渐显现，建设条件也将逐步成熟。本书强调要以地方感重构为重点优化高新区文化建设，主要是因为我国大多数高新区的几乎所有主体都需要适应新的空间，需要建构与新地方的利益和情感联系；而只有绝大多数的主体自觉建构起对高新区的积极认同和情感联系，他们才能真正自觉地分享高新区文化、践行高新区行为规范。也就是说，基于地方感的重构优化高新区文化建设，是从高新区建设特点和地方文化建设机制出发，以夯实微观基础为重点，推进高质量文化建设的有效路径。在我国并非主要依托传统高校园区和老工业基地发展高新区的条件下，尤其具有积极价值。它将促成文化建设与和谐社会建设的有机统一，从而更好地服务于每个高新区人的健康发展和幸福生活。

基于地方感重构优化高新区文化建设，需要遵循民主法治、公平正义、诚信友爱、创业奉献、充满活力、和谐安定的总要求，以解决各类群体最关心、最直接、最现实的利益问题为突破口，创新文化和社会建设的载体、平台，加强高新区与企业、高校、社区之间的沟通交流，扩大民主、集思广益、力求多方共赢，增进每个高新区人的地方感和互谅互信，营造开放、包容、创新、进取的文化氛围，打造活力园区、魅力园区和特色园区，形成人人爱高新区、高新区服务人人成长成才的良好氛围。这将不断吸引更多高素质人才在高新区集聚创业，从而促成高新区人的生活更加富足，享受的公共服务水平不断提升，同时促进园区创造活力和地方特色显著增强，成为全球化时代极具现代文化活力和地方特色魅力的优质空间，为所在城市的文化建设发挥积极的示范价值。

（二）高新区地方文化建设的重点内容

对紫竹高新区的实地调研表明，高新区文化建设仍然存在许多问题，尤其是各类主要群体对高新区的地方感都还不强。已经开展的文化活动大多与增进居民地方感的关系不大，并存在形式单一、参与度不高等不足，居民对高新区文化建设目标的认同度也不高。因此，很有必要以增进高新区人的地方感为重点，夯实高新区文化建设的微观基础，努力完成如下六方面任务。

1. 创造发展机会

地方感是个体与地方之间经过长期的互动联系所形成的一种特殊的人地关系，归根到底是个体对地方能否满足其安全需要和发展需求的一种情感反馈。由此，为高新区人创造更多的发展机会成为高新区文化建设的基础内容。这就要求高新区重视产业发展，积极创造良好的创业和就业环境，不断改进公共服务体系，使更多高新区人在高新区有安全感和自豪感。当前，生态环境安全日益成为影响安全感的重要因素，因此高新区文化建设要与生态环境的保护和修复过程结合起来，共同服务于宜业宜居环境的塑造。为集聚高科技产业和人才，最重要的还是要营造创新创业的良好氛围，把知识产权保护、风险投资建设等有助于创新、创业的制度环境建设放在重要位置，加强对鼓励创新、保护创新的政策宣传，切实营造创新、创业光荣的共同价值理念，为高新区人从事创新、创业活动创造机会和平台。对于园区的普通劳动力和失地农民，也要加强创业培训和就业技能培训，积极支持有条件的高新区人自主创业、自谋职业。

2. 尊重利益诉求

个体对地方的安全感和自豪感常常是以满足其核心利益诉求为前提的。这就要求高新区建立和完善民主参与机制，关注弱势群体的合理要求，通过社会保障体系和公共服务体系建设，帮助绝大多数个体在高新区获得安全舒适感，从而促使他们自觉以高新区为“家”。因此，建议高新区进一步拓宽各阶层的利益表达渠道，为基层群众反映利益诉求创造条件；高新区管理委员会也要完善信息公开制度，涉及群众利益的园区决策应及早公示、广泛听取群众意见；要重视构建利益补偿机制，对群众反映强烈的土地征收征用、城市建设拆迁、环境保护等方面的问题，要加强信息公开和协商调解；要特别关注外来劳动力等的利益诉求，优化管理和服务模式，维护他们的合法权益；要关心本地老年居民的生存状况，发展以扶老、助残、救孤、济困为重点的社会福利，科学救助生活无着的流浪乞讨人员，增强高新区人的慈善意识；要健全园区心理咨询网络，塑造自尊自信、理性平和、积极向上的社会心态。

3. 加强互动交流

高新区文化建设需要绝大多数高新区人分享共同的价值理念，这就要求增进主体间的互动交流，增进互谅互信。调研显示，高新区不同群体与高新区的联系存在很大差别，要努力增进高新区人的地方感，就必须使绝大多数高新区人与高新区建立紧密的互动联系。因此，有必要积极促进高新区与园区高校、周边社区的联系，通过园区、校区、社区之间的合作平台，使更多的高校学生和本地居民了解高新区信息、关心高新区发展，自觉与高新区共成长。而高校文化、社区文化和企业文化也可以为高新区文化建设注入许多积极元素。同时，高新区还要积极搭建高新区人之间的交流平台，重点通过休闲娱乐设施和群众性文化活动，为不同类型主体在轻松友好的气氛中增进了解和信任创造条件。在发展初期，高新区对生活设施建设的关注可能不够，有必要适应“产城融合”发展的要求，优化园区生活服务设施，提升园区生活文化品质，从而为高新区人在和谐宽松的环境中进行互动交流创造条件。

4. 增进社会和谐

高新区及周边地区作为“无根者”集聚的空间，不可避免地存在许多矛盾和问题，尤其是外来劳动力和本地失地农民都面临新地方、新生活的适应压力，都对未来的不确定性感到焦虑，难免会有孤独、彷徨和烦闷的感觉，这对增进高新区人的地方感和参与文化建设的自觉性构成了障碍。因此，高新区有必要优化社会管理方式，着力化解矛盾，为防范可能的风险，还要健全社会舆情汇集和分析机制，完善矛盾纠纷排查调处工作制度，建立管理委员会主导的维护群众权益机制，注重采用调解方法，综合运用法律、政策、经济、行政等手段以及教育、协商、疏导等办法，把矛盾化解在基层、解决在萌芽状态，坚决纠正损害群众利益的行为。

5. 打造地方特色

高新区文化应该是高新区特色的重要体现，打造具有地方特色的高新区文化也是增进高新区人地方感的有效举措。上海是我国最早开放的地方之一，其中西结合的海派文化蕴涵着开放、包容、求实、进取等积极元素，也积极鼓励对市场、民主、科学、进步等的追求，这与硅谷等成功高新区的文化有许多契合之处。同时，上海的高新区发展也得益于上海大都市丰富的文化传统和科技教育资源。另外，张江园区和紫竹高新区在近年来的发展中也逐步形成了鲜明的产业特色，这些特色产业也会有许多特色文化符号和发展特点，它们也可以为高新区文化建设注入许多特色元素。建议高新区管理委员会基于当地地方文化特色和园区产业结构特点，更好地凝练地方文化的特色形象，使地方文化建设有效服务于园区品牌建设。

6. 丰富文化生活

随着高新区产业的发展和创新能力的提升，高新区人的总体收入水平正在逐渐提高，人们的物质文化需求也会进入更高层次。这就要求高新区文化建设要致力于适应不同层次的文化需求，开展形式多样的文化活动，普遍提升居民的文化素质，并以文化活动为载体，建构高新区人共同的价值理念。因此，建议高新区积极开展群众性文化活动，注重发挥基层群众的创造力，按照自下而上与自上而下相结合的原则，创新文化活动的形式和载体；加强公共文化设施建设，建设和管理好高新区文化活动中心，适应群众需求，安排好群众热切期盼的其他文化建设项目；重视地方节庆文化资源的开发，依托重大节庆活动和民间文化资源，组织开展群众乐于参与、便于参与的文化活动；适应高新区创新文化建设需求，深入开展全民阅读、全民科普等活动，推动“高雅艺术进园区”“百姓大舞台”“周周演”等活动经常化；支持建设高新区文化社团或俱乐部；积极与企业、社区及高校联合开展具有高新区特点的文化活动。

总之，高新区文化建设是个长期、复杂的系统性工程，以高新区人的地方感重构为重点和基石，有助于提高文化建设的质量和效率，使文化建设真正服务于高新区的持续健康发展和高新区人的人生价值创造。在此过程中，为高新区人创造发展机会、尊重他们的利益诉求是地方感建构的基础，而加强互动交流、增进社会和谐则是增强其安全感和自豪感的有力保障，打造地方特色、丰富文化活动，则有利于他们建构对地方的情感依恋。所有这些，都将帮助高新区人建构对高新区的地方感，促使他们以主人翁的姿态融入高新区文化建设，分享高新区价值理念，并以高新区人的行为规范自觉约束自己的言行，自觉与高新区共成长。

第六章

以新发展理念引导开发区的空间生产绩效提升

开发区作为一项重要的经济政策，不仅对改革开放以来的中国快速工业化、城镇化进程发挥了重要的积极作用，也对中国城市空间结构演变和竞争力提升产生了深远影响，它们大多已经成为城市重要的新兴产业空间和人口集聚空间，以及所在城市竞争力提升的重要空间载体。然而，作为资本主导的空间生产过程，开发区建设往往倾向于过度关注产业资本的利润回报、相对忽视开发区人的发展需求，从而造成了产业和经济规模的扩张速度快，但社会文化空间的建设明显滞后，并可能制约开发区的持续健康发展。随着中国经济步入新常态，开发区日渐明显地面临产业发展的根植性不强、自主创新能力弱、“产城分离”效应突出、社会矛盾复杂、空间开发失序、环境风险突出、土地利用效率不高、地方特色不鲜明等问题，急需通过克服完全由资本主导空间生产的弊端，优化开发区及所在地区的社会文化空间，避免其长期陷入“无根者”集聚空间的困境，这对于开发区的转型升级发展具有特殊重要的价值。党的十九大报告指出，发展是解决我国一切问题的基础和关键，发展必须是科学发展，必须坚定不移贯彻创新、协调、绿色、开放、共享的发展理念，这就为克服开发区空间生产中的问题指明了方向。

一、新发展理念的内涵和价值①

理念是行动的先导，一定的发展实践都是由一定的发展理念指导的。党的十八大以来，习近平总书记顺应时代和实践发展的新要求，坚持以人民为中心的发展思想，鲜明提出要坚定不移贯彻创新、协调、绿色、开放、共享的新发展理念，引领我国发展全局发生历史性变革。党的十九大把坚持新发展理念作为新时代坚持和发展中国特色社会主义的基本方略，对发展内涵作了具有新的时代特点的全方位拓展，把关于发展的思想和理论提升到新的高度。

在新发展理念中，创新是引领发展的第一动力、协调是持续健康发展的内在要求、绿色是永续发展的必要条件、开放是国家繁荣发展的必由之路、共享是中国特色社会主义的本质要求。它们相互贯通、相互促进，是具有内在联系

① 本部分内容主要参考的是《习近平新时代中国特色社会主义思想三十讲》中第十讲“坚定不移贯彻新发展理念”的内容。

的集合体，要统一贯彻，不能顾此失彼，也不能相互替代，哪一个发展理念贯彻不到位，发展进程都会受到影响。要深化认识，从整体上、内在联系中把握新发展理念，不断提高贯彻新发展理念的能力和水平。

新发展理念不是凭空得来的，而是在深刻总结国内外发展经验教训、分析国内外发展大势的基础上形成的，也是针对我国发展中的突出矛盾和问题提出来的。它深刻揭示了实现更高质量、更有效率、更加公平、更可持续发展的必由之路，是引领我国发展全局深刻变革的科学指引，对于进一步转变发展方式、优化经济结构、转换增长动力，推动我国经济实现高质量发展具有重大指导意义；是针对我国经济发展进入新常态、世界经济复苏乏力形势提出的治本之策；是针对当前我国发展面临的突出问题和挑战提出的战略指引；集中体现了我国发展思路、发展方向、发展着力点，具有很强的战略性、纲领性、引领性。新发展理念集中体现了我们党对新的发展阶段基本特征的深刻洞察和科学把握，标志着我们党对经济社会发展规律的认识达到了新的高度，是我国经济社会发展必须长期坚持的重要遵循。

综上所述，必须长期坚持新发展理念，并结合具体区情，有效指导地方发展的生动实践。为促进开发区的持续健康发展，必须结合开发区这类新兴城市产业和人口集聚空间的发展特点，探索新发展理念的实践路径。

二、新发展理念对中国开发区空间生产绩效提升的启示

在新时代语境下，创新、协调、绿色、开放、共享的新发展理念成为引领中国实现更高质量、更有效率、更加公平、更可持续发展的“金钥匙”，用好这把“金钥匙”将对开发区克服资本主导下的空间生产困境具有积极价值。

具体地说，创新发展着重于解决发展的动力问题。中国开发区由于主要集聚的是加工制造环节，拥有的核心、关键技术有限，而加工制造环节主要依靠有形要素的成本竞争优势，因而其最优区位是动态转移的，根植于开发区发展的自觉性低，再加上其利润率低、资本积累有限，都不利于区域创新网络和能力建设。在文化社会空间方面，居民普遍缺乏地方感和凝聚力，且创新意识不强，也会导致开发区转型发展所需的社会资本积累不足。因此，在新发展理念

指引下，既要着力解决开发区企业自觉根植于开发区发展的问题，还要着力研究制约开发区社会资本积累、创新网络建设、创新成果产业化能力提升的关键性问题，如存量技术积累、研发投入增加、创新文化建设、知识产权保护、产学研用一体化等。

协调发展重在解决发展中的不平衡问题。在开发区发展中践行协调理念，要重点研究开发区产业功能与城市服务功能的协调，以及开发区与周边地区甚至所在城市协调发展的关键性问题。本书已经探讨了城郊开发区普遍存在的“产城分离”倾向及其内在机理，也探讨了我国开发区，特别是高新区发展中的“孤岛效应”和空间上的二元结构，这些问题都制约了开发区的社会空间生产绩效提升和引领、示范作用的发挥。以协调理念指导开发区的空间生产，至少要着力解决开发区与周边地区在管理体制上的协调难题，努力化解开发区用地功能规划与“产城融合”发展之间的矛盾，不断促进开发区企业员工与周边居民的融合，帮助开发区周边的拆迁安置社区克服“内卷化”发展的困境，从而真正使开发区在探索建立更加有效的区域协调发展新机制中发挥示范作用。

绿色发展强调的是人与自然和谐共生的发展。对产业和人口高度集聚的开发区而言，由于过度关注产业资本的利润回报，常常在一定程度上忽视对生态环境的保护，而同质化空间产品的竞争，也往往造成土地资源的低效率开发。因此，节约和集约使用资源、防范和化解重大生态环境风险、逐步治理和改善环境质量等对开发区的安全生产和人员生命财产安全都具有极其重要的价值。如能扎实践行生态文明建设的各项要求，就能以更为宜居的环境吸引更多高质量人力资本的集聚，从而为培育技术等无形要素创造有利的条件。因此，有必要着重关注开发区的生态环境风险监管和应急救助体系设计，探索建立开发区土地资源优化配置的合理制度，在开发区企业试行水和电等能源、资源的价格形成机制改革。在适合的条件下，推行污染物总量控制下的工业企业排污权交易，以及开发区与周边地区的生态环境补偿机制建设等，以使开发区及所在地区成为绿色家园，更好地增进居民的归属感和自豪感。

开放发展强调解决发展的内外联动问题。作为在参与全球化进程中快速兴起的产业集聚区，开发区已经取得的成就和未来的持续健康发展都与开放有着更密切的联系；从某种意义上说，开发区成为“无根者”集聚的空间，也是开放发展的成果。考虑到开发区主要集聚的是全球价值链的加工制造环节，需要特别关注园区企业嵌入全球生产网络并逐步实现升级的体制、机制；同时，还要基于贸易与投资环境的变化，着力探索开发区应对全球价值链环节转移的对策与可能影响。开发区的产业发展绩效及为周边居民带来的实惠是影响地方感的关键性因素，因而开发区在开放发展中的实绩也就具有了特殊重要的价值。我国开发区已经集聚了不少跨国公司（特别是全球上市公司 500 强企业）和留学生创业活动，也是进出口占比较大的地方，受国际经济环境的影响比较大，这使得吸引全球优质企业和优质人才根植于开发区长期发展成为开发区社会文化空间优化的重要目标，而践行开放理念，发展更高层次的开放型经济，是开发区空间生产优化的内在要求。

共享发展注重解决社会公平正义问题。作为依托特殊优惠政策快速兴起的新兴产业空间，开发区应在践行共享理念方面发挥示范作用，成为克服发展不平衡问题的样板区域。就开发区的社会文化空间优化而言，不仅要促成开发区内部发展绩效的共享，还要促成开发区与周边地区，甚至所在城市的发展绩效共享，真正发挥开发区作为地区增长极的潜在价值，以开发区建设持续推进所在城市的竞争力提升。因此，要着力探索开发区与周边地区的生产网络“结网”、技术外溢、文化氛围塑造等。

总地来看，开发区的空间生产优化不仅需要注重产业空间生产绩效的提升，还要注重社会文化空间结构和质量的提升，关键要以新发展理念为引领，更加突出发展的创新性，使产业发展的根植性更强；更加突出发展的协调性，使服务功能建设更加适应开发区人的发展需求；更加突出发展的可持续性，使开发区的人地关系更为和谐；更加突出发展的内外联动性，使开发区的竞争力更强；更加突出发展的普惠性，使开发区及周边地区的居民从开发区发展中获得更多实实在在的利益。由此，开发区员工及周边居民的归属感、自豪感将明显提升，开发区将不再只是“无根者”集聚的空间，而成为新开发区人的家园，成为所有开发区人乐意奉献智慧和力量，并创造人生价值的平台。而开发区也将由此更好地集聚和培育优质无形要素，更好地带动周边和所在城市的持续健康发展，成为真正意义上地区开发的样板。

三、以开发区空间的优化发展促进城市竞争力提升的初步思考

国内外学者很早就开始关注开发区对城市发展的积极影响。例如，Davelear（1991）早就认识到科学工业园可以通过再产业化、技术和产业转移、创造协同作用，刺激所在城市的发展。郑国（2011）也认为，开发区在经历了“孤岛”和“飞地”阶段之后，开始和城市融合。这不仅可能促进城市的远域郊区化和郊区化的空间分异，造成中国式的“城市蔓延”(张艳和赵民，2007)，还可能与发达国家的边缘城市在区位、功能、形态、发展特征和行政职能上具有相似性（孙一飞和马润潮，1997)，引导一些大城市的空间结构向双核、连片带状和多极触角等类型转化（Gaubatz，1999)。当然，部分高新区也可能受外在环境的压迫力、内部发展的推动力、开发区之间相互作用力的共同推进，向综合新城转型（王雄昌，2010)。在此过程中，不仅可能实现所在城市的空间结构优化，还可以为提升整个城市的综合竞争力发挥重要的积极作用。

城市竞争力是城市在经济、科技、社会、生态环境等方面的一种综合实力，主要表现为在一定范围内集聚资源、提供产品和服务的能力。开发区作为新兴的城市产业空间，也是城市竞争力的重要源泉，它可能使城市产业结构优化、创新能力提升、社会文明程度和开放水平提高、生态环境安全更有保障、空间结构更趋合理、市民满意度和幸福感普遍增强。因此，有必要进一步探究开发区为城市吸引优质生产要素并增强其配置能力的可能路径；通过“产城融合”发展持续引进高素质人才根植于所在城市发展，由此对城市创新创业文化建设、社会资本培育、和谐城市建设等产生积极影响；通过提升土地开发效率和生态环境风险管控能力，更好地发挥对所在城市生态文明建设的外部效应；等等。本书的研究主要聚焦于开发区空间生产机理对周边社会文化空间的影响；未来，我们将进一步探讨开发区空间生产绩效的提升对所在城市竞争力的综合影响。与开发区这一微观尺度的空间产品不同，城市通常是更具多样性和历史传承性的地方，由此本研究将揭开局部的空间生产对地方整体的可能影响，而这无疑将为克服新时代发展不平衡不充分问题提供有益的借鉴。

参 考 文 献

阿尔弗雷德·韦伯. 1997. 工业区位论[M]. 李刚剑，陈志人，张英保，译. 北京：商务印书馆.

阿雷恩·鲍尔德温. 2004. 文化研究导论[M]. 陶东风，译. 北京：高等教育出版社.

巴顿. 1984. 城市经济学——理论和政策[M]. 北京：商务印书馆.

白文飞，徐玲. 2009. 流动儿童社会融合的身份认同问题研究——以北京市为例[J]. 中国社会科学院研究生院学报，(2)：18-25.

包亚明. 2003. 现代性与空间的生产[M]. 上海：上海教育出版社.

包亚明. 2006. 消费文化与城市空间的生产[J]. 学术月刊，38 (5)：11-13，16.

彼特·布劳. 1991. 不平等与异质性[M]. 王春光，谢圣赞，译. 北京：中国社会科学出版社.

蔡昉. 2003. 城乡收入差距与制度变革的临界点[J]. 中国社会科学，(5)：16-25，205.

蔡禾，贺霞旭. 2014. 城市社区异质性与社区凝聚力——以社区邻里关系为研究对象[J]. 中山大学学报（社会科学版），54 (2)：133-151.

蔡文川. 2009. 地方感：环境空间的经验、记忆和想像[M]. 高雄：丽文文化事业.

曹海林. 2005. 村落公共空间：透视乡村社会秩序生成与重构的一个分析视角[J]. 天府新论，(4)：88-92.

曹兴平. 2013. 贵州民族旅游村寨社区居民的社区感研究[J]. 贵州民族研究，34 (6)：155-158.

柴晓慧. 2015. 马克思主义利益观视阈下我国征地拆迁问题研究[D]. 太原：太原理工大学.

柴彦威. 2014. 空间行为与行为空间[M]. 南京：东南大学出版社.

柴彦威，申悦，陈梓烽. 2014. 基于时空间行为的人本导向的智慧城市规划与管理[J]. 国际城市规划，29 (6)：31-37，50.

柴彦威，沈洁. 2008. 基于活动分析法的人类空间行为研究[J]. 地理科学，(5)：594-600.

柴彦威，塔娜. 2013. 中国时空间行为研究进展[J]. 地理科学进展，32 (9)：1362-1373.

柴彦威，张雪. 2014. 北京郊区女性居民一周时空间行为的日间差异研究[J]. 地理科学，34 (6)：725-732.

长沙县史志档案局. 2015. 长沙县年鉴 2014[M]. 长沙：湖南人民出版社.

车玉玲. 2010. 对空间生产的抵抗[J]. 学习与探索，(1)：6-9.

陈斌斌，李丹，陈欣银，等. 2011. 作为社会和文化情境的同伴圈子对儿童社会能力发展的影响[J]. 心理学报，43 (1)：74-91.

陈德球，李思飞，钟昀珈. 2012. 政府质量、投资与资本配置效率[J]. 世界经济，35 (3)：89-110.

陈家祥. 2006. 中国国家高新区功能偏离与回归分析[J]. 城市规划，30 (6)：22-28.

陈向东，王娜. 2006. 国际贸易框架下出口国能耗–环境成本问题分析[J]. 国际贸易问题，(3)：117-121.

陈学法. 2009. 二元结构变迁中的户籍制度与土地制度变革[J]. 宏观经济研究，(12)：51-54.

陈云. 2011. “产城融合”如何拯救大上海[J]. 决策，(10)：52-54.

陈竹，叶珉. 2009. 西方城市公共空间理论——探索全面的公共空间理念[J]. 城市规划，(6)：59-65.

程巧莲，田也壮. 2012. 中国制造企业环境战略、环境绩效与经济绩效的关系研究[J]. 中国人口·资源与环境，(S2)：116-118.

楚波，梁进社. 2007. 基于 OPM 模型的北京制造业区位因子的影响分析[J]. 地理研究，26 (4)：723-734.

崔玮. 2010. 我国加工贸易与经济增长关系的实证检验[J]. 统计与决策，(9)：122-123.

崔岩. 2012. 流动人口心理层面的社会融入和身份认同问题研究[J]. 社会学研究，(5)：141-160，244.

崔占峰. 2014. 二元结构异化与城镇化进程中的“三农”命题——兼论新型城镇化的前提与起点[J]. 贵州社会科学，(8)：94-100.

大卫·哈维. 2010. 巴黎城记：现代性之都的诞生[M]. 黄煜文，译. 桂林：广西师范大学出版社.

丁元竹. 1995. 社区研究的理论与方法[M]. 北京：北京大学出版社.

丁悦，蔡建明，杨振山. 2015. 中国城市开发区研究综述及展望[J]. 工业经济论坛，(1)：148-160.

杜鹏，丁志宏，李兵，等. 2005. 来京人口的就业、权益保障与社会融合[J]. 人口研究，(4)：53-61.

杜赞奇. 1998. 文化、权力与国家——1900—1949 年的华北农村[M]. 南京：江苏人民出版社.

段成荣，吕利丹，王宗萍，等. 2013. 我国流动儿童生存和发展：问题与对策——基于 2010 年第六次全国人口普查数据的分析[J]. 南方人口，28 (4)：44-55，80.

段成荣，杨舸. 2008. 我国流动儿童最新状况——基于 2005 年全国 1%人口抽样调查数据的分析[J]. 人口学刊，25 (6)：23-31.

段禄峰，张沛. 2009. 我国城镇化与工业化协调发展问题研究[J]. 城市发展研究，16（7）：12-17.
范兴华，方晓义，刘勤学，等. 2009. 流动儿童、留守儿童与一般儿童社会适应比较[J]. 北京师范大学学报（社会科学版），（5）：33-40.
范元伟. 2008. 流动儿童与本地学生相互融合研究[J]. 当代青年研究，（6）：23-28.
风笑天. 2004. “落地生根”？——三峡农村移民的社会适应[J]. 社会学研究，（5）：19-27.
冯健，项怡之. 2013. 开发区社区居民日常活动空间研究——以北京经济技术开发区为例[J]. 人文地理，28（3）：42-50.
冯帅章，陈媛媛. 2012. 学校类型与流动儿童的教育——来自上海的经验证据[J]. 经济学（季刊），11（4）：1455-1476.
甘满堂. 2005. 社会学的“内卷化”理论与城市农民工问题[J]. 福州大学学报（哲学社会科学版），（1）：33-38.
高帆. 2005. 论二元经济结构的转化趋向[J]. 经济研究，（9）：91-102.
高华. 2007. 论农民工融入城市过程中主体作用的发挥[J]. 理论界，（6）：104-105.
高云娇，余艳萍. 2012. 我国流动儿童社会支持和罪错行为的状况及关系的研究综述[J]. 青年探索，（3）：67-73.
苟尤钊. 2014. 论国家高新区与经开区的构建——基于科技创新链视角[J]. 中国高新技术企业，（30）：1-3.
顾朝林，赵令勋. 1998. 中国高技术产业与园区[M]. 北京：中信出版社.
顾海英，史清华，程英，等. 2011. 现阶段“新二元结构”问题缓解的制度与政策——基于上海外来农民工的调研[J]. 管理世界，（11）：55-65.
桂榕，吕宛青. 2013. 民族文化旅游空间生产刍论[J]. 人文地理，28（03）：154-160.
郭克莎. 2002. 加入 WTO 对中国工业的综合性影响分析[J]. 经济研究，（11）：36-44.
郭良春，姚远，杨变云. 2005. 公立学校流动儿童少年城市适应性研究——北京市 JF 中学的个案调查[J]. 中国青年研究，（9）：50-55.
郭凌，阳宁东，王志章. 2014. 民族旅游开发与民族文化的空间生产研究——基于对四川省凉山彝族自治州盐源县泸沽湖的个案研究[J]. 西南民族大学学报（人文社会科学版），35（2）：144-149.
郭婷. 2010. 浅谈埃里克森的人格发展阶段理论[J]. 理论导报，（6）：26-27.
郭曦，郝蕾. 2005. 产业集群竞争力影响因素的层次分析——基于国家级经济开发区的统计回归[J]. 南开经济研究，（4）：34-40，46.
哈贝马斯. 1999. 公共领域的结构转型[M]. 曹卫东，译. 上海：学林出版社.
韩亚欣，吴非，李华民. 2015. 中国经济技术开发区转型升级之约束与突破——基于调研结果与现有理论之分析[J]. 经济社会体制比较，(5)：150-163.
韩正清，王燕，王千六. 2010. 城乡经济金融二元结构：理论关系与实证分析[J]. 财经问题研究，(2)：118-123.
汉娜·阿伦特. 1999. 人的条件[M]. 竺乾威，译. 上海：上海人民出版社.
郝振，崔丽娟. 2014. 受歧视知觉对流动儿童社会融入的影响：中介机制及自尊的调节作用[J]. 心理发展与教育，30 (2)：137-144.
何兰萍. 2008. 从公共空间看农村社会控制的弱化[J]. 理论与现代化，(2)：100-104.
何立胜. 2010. 我国城乡二元结构模式的制度安排与创新[J]. 中共福建省委党校学报，(02)：57-63.
何兴刚. 1994. 城市开发区投资环境的国际比较[J]. 华东师范大学学报（哲学社会科学版），(3)：56-61.
何雪松. 2007. 社会工作理论[M]. 上海：格致出版社.
何艳玲. 2005. 后单位制时期街区集体抗争的产生及其逻辑——对一次街区集体抗争事件的实证分析[J]. 公共管理学报，2 (3)：36-41，54.
贺灿飞，梁进社，张华. 2005. 北京市外资制造企业的区位分析[J]. 地理学报，60 (1)：122-130.
贺远琼，田志龙，陈昀. 2007. 企业社会绩效与经济绩效的互动关系研究[J]. 软科学，21 (1)：1-4.
赫茨勒. 1963. 世界人口的危机[M]. 何新，译. 北京：商务印书馆.
侯景新，尹卫红. 2004. 区域经济分析方法[M]. 北京：商务印书馆.
侯力. 2007. 从“城乡二元结构”到“城市二元结构”及其影响[J]. 人口学刊，(2)：32-36.
侯永庭. 1988. 经济技术开发区投资环境评价[J]. 国际经济合作，(10)：22-23.
胡爱华. 2006. 中国工业化与城市化的互动发展分析[J]. 统计与决策，(14)：99-101.
胡峰. 2002. 国际投资法嬗变中的自由化趋势[J]. 华东师范大学学报（哲学社会科学版），34 (6)：115-120，125.
胡伟，柯新利. 2015. 中国城镇化、工业化协同发展的区域差异及演变路径[J]. 城市问题，(10)：12-18，35.
胡毅，张京祥，徐逸伦. 2010. 基于女性主义视角的我国居住空间历史变迁研究[J]. 人文地理，25 (3)：29-33.
胡宇娜，陈忠暖，甘巧林. 2006. 西方女性地理学的发展与启示[J]. 云南地理环境研究，18 (4)：105-108.
黄春晓，何流. 2007. 城市女性的日常休闲特征——以南京市为例[J]. 经济地理，(5)：796-799.
黄达安. 2008. 农民工融入社区的身份认同研究——以长春市 D 社区为例[J]. 华南农业大学

学报（社会科学版），7（4）：7-14.
黄耿志，薛德升，谢妍翰. 2011. 非正规就业：女性人力资本积累的一种方式——以广州芳村茶叶市场茶艺表演业为例[J]. 地理研究，30（4）：699-708.
黄礼强. 2008. 宗教胜地居民地方感之研究——以苗栗狮头山为例[D]. 台北：台湾大学.
黄宁，丁清旭. 2015. 我国FDI技术溢出效应情况的一个解释——基于FDI质量评估[J]. 云南财经大学学报，（4）：63-69.
黄晓霞，王欢. 2003. 我国税收优惠政策对吸引外资的影响分析[J]. 国际贸易问题，(5)：41-45.
黄宗智. 1992. 长江三角洲小农家庭与乡村发展[M]. 北京：中华书局.
计亚萍. 2010. “内卷化”理论研究综述[J]. 长春工业大学学报（社会科学版），22（3）：48-49.
贾春浩. 2011. 基于BP神经网络的开发区土地集约利用评价研究：以广东省为例[D]. 南京：南京农业大学.
简·雅各布斯. 2006. 美国大城市的生与死[M]. 金衡山，译. 南京：译林出版社.
江华，黎国林. 2009. 我国加工贸易产业结构升级研究[J]. 商业研究，（7）：133-136.
蒋华，徐旭英，陈强. 2007. 流动儿童对城市文化的适应研究——以北京市两所小学的个案为例[J]. 教育科学研究，（11）：29-33.
金灿灿，屈智勇，王晓华. 2009. 流动和留守儿童吸烟行为的特点和影响因素[J]. 中国特殊教育，（11）：70-74.
景普秋，张复明. 2003. 工业化与城市化关系研究综述与评价[J]. 中国人口·资源与环境，13（3）：34-39.
凯文·林奇. 2001. 城市形态[M]. 林庆怡，陈朝晖，邓华，译. 北京：华夏出版社.
康就升. 1990. 中国城市化道路研究概述[J]. 学术界动态，（6）：56-59.
康争光. 2014. 浅析经开区与高新区的差异性[J]. 江苏科技信息，（19）：96-98.
柯惠新，沈浩. 2005. 调查研究中的统计分析法（第二版）[M]. 北京：中国传媒大学出版社.
孔翔. 2011. 开发区建设与城郊社会空间的分异——基于闵行开发区周边社区的调查[J]. 城市问题，（5）：51-57.
孔翔. 2014. 新城市主义对我国推进新型城镇化的启示价值[J]. 北华大学学报（社会科学版），15（2）：30-35.
孔翔，凌琳，陈丹. 2015. 公共空间在开发区周边新社区居民地方感重塑中的作用——以长沙经济技术开发区周边典型社区为例[J]. 城市问题，（9）：49-56.
孔翔，钱俊杰. 2009. 我国大城市近郊的高科技产业发展：基于产品内分工的视角[J]. 经济地理，29（12）：1985-1989，2017.
孔翔，杨帆. 2013. “产城融合”发展与开发区的转型升级——基于对江苏昆山的实地调研[J].

经济问题探索，(5)：124-128.

孔翔，张宇飞. 2014. 开发区建设中的居民地方感研究——基于上海闵行开发区周边社区的调研[J]. 城市发展研究，21（6）：92-98.

旷文良. 2008. 西部开发区中小企业成长环境的实证研究：以昆明开发区为例[D]. 杭州：浙江大学.

郎丽华，赵红洁. 2014. 基于比较优势的中国加工贸易重新布局研究[J]. 学习与探索，(11)：86-91.

郎永杰. 2006. 大学的文化整合机制[D]. 太原：山西大学.

雷广平. 2006. 企业所得税制改革对我国利用 FDI 的影响[J]. 税务研究，(4)：35-38.

雷金纳德·戈列奇，罗伯特·斯廷森. 2013. 空间行为的地理学[M]. 柴彦威，等译. 北京：商务印书馆.

黎国林，江华. 2008. 我国加工贸易区位分布及其优化的研究[J]. 国际贸易问题，(4)：23-27，81.

李凡，朱竑，黄维. 2010. 从地理学视角看城市历史文化景观集体记忆的研究[J]. 人文地理，25（4）：60-66.

李刚，魏佩瑶. 2013. 中国工业化与城镇化协调关系研究[J]. 经济问题探索，(5)：72-79.

李健，宁越敏. 2010. 计算机产业全球生产网络的地方竞争性分析——兼论中国计算机产业的发展[J]. 上海经济研究，(5)：64-72.

李骏，顾燕峰. 2011. 中国城市劳动力市场中的户籍分层[J]. 社会学研究，25（2）：48-77，244.

李梦玲，赵希男. 1995. 高新技术产业开发区系统评价与分析[J]. 科研管理，(1)：33，49-53.

李蕊. 2005. 加工贸易：全球化背景下中国工业化的必由之路[J]. 经济前沿，(7)：30-34.

李文彬，陈浩. 2012. 产城融合内涵解析与规划建议[J]. 城市规划学刊，(7)：99-103.

李兴国，李俊哲，张莉莉. 2013. 国家级经济技术开发区经济效益综合评价——基于东部 66 家开发区样本的分析[J]. 燕山大学学报（哲学社会科学版），14（4)：131-135.

李秀玲，秦龙. 2011. “空间生产”思想：从马克思经列斐伏尔到哈维[J]. 福建论坛（人文社会科学版），(5)：60-64.

李须，陈红，李冰冰，等. 2015. 社区感：概念、意义、理论与新热点[J]. 心理科学进展，23（7)：1280-1288.

李燕. 2017. 新型城镇化进程中农民身份转化问题及对策[J]. 理论月刊，(2)：144-148.

李子联. 2013. 人口城镇化滞后于土地城镇化之谜——来自中国省际面板数据的解释[J]. 中国人口·资源与环境，23（11)：94-101.

厉以宁. 2008. 论城乡二元体制改革[J]. 北京大学学报（哲学社会科学版)，45（2)：5-11.

栗治强，王毅杰. 2014. 掣肘与鼓励：农民工随迁子女城市社会融合机制研究[J]. 华东理工大学学报（社会科学版），29（2）：93-100.
梁波，王海英. 2010a. 城市融入：外来农民工的市民化——对已有研究的综述[J]. 人口与发展，16（4）：73-85，91.
梁波，王海英. 2010b. 国外移民社会融入研究综述[J]. 甘肃行政学院学报，（2）：18-27.
梁晶，罗小龙，殷洁. 2014. 空间生产中的权力与资本——以南京高新区转型为例[J]. 现代城市研究，（5）：84-89.
梁小民. 1982. 评刘易斯的二元经济发展理论[J]. 经济科学，（2）：63-67.
林炳耀，臧淑英. 1991. 试论我国大城市边缘区的若干社会经济发展特征[J]. 城市规划汇刊，（6）：7-12.
刘长民. 2014. 山东省新型农村社区建设与发展研究：基于对德州市新型农村社区建设的考察[D]. 青岛：中国海洋大学.
刘德学，苏桂富，卜国勤. 2006. 中国加工贸易升级对策研究——基于全球生产网络视角[J]. 国际经贸探索，22（4）：4-8.
刘登. 2014. 集体土地征地拆迁发展现状和对策研究[D]. 咸阳：西北农林科技大学.
刘光溪，徐凯. 2005. 人民币升值的“虚拟性”——我国人民币升值压力的政策、体制和结构影响因素分析[J]. 国际贸易，（4）：13-17.
刘建平，田苗. 2015. 征地拆迁领域灰色势力的行为特征与形成机理探析——基于对 H 新区的田野调查[J]. 华中科技大学学报（社会科学版），29（3）：31-37.
刘可文，车前进，梁双波. 2015. 长江三角洲区域开放开发政策的内涵与演变[J]. 地域研究与开发，34（4）：12-17，22.
刘乐，杨学成. 2009. 开发区失地农民补偿安置及生存状况研究——以泰安市高新技术产业开发区为例[J]. 中国土地科学，23（4）：23-27.
刘娜. 2015. 融入新阶层还是适应新生活——对农村流动人口社会融合的新探索[J]. 北京社会科学，（7）：61-67.
刘庆. 2015. 流动儿童城市社会交往探析——基于武汉市的实证分析[J]. 北京青年研究，24（1）：73-78.
刘天宝，柴彦威. 2014. 中国城市单位大院空间及其社会关系的生产与再生产[J]. 南京社会科学，（7）：48-55.
刘霞，赵景欣，申继亮. 2013. 歧视知觉对城市流动儿童幸福感的影响：中介机制及归属需要的调节作用[J]. 心理学报，45（5）：568-584.
刘勇，苏超，徐小明. 2013. 太原市高新开发区土地利用优化配置研究[J]. 中国土地科学，27（10）：2，16-23.

刘中起. 2012. 城市社区公共空间构筑与基层社会的动员整合——基于上海市 G 社区的案例分析[J]. 城市观察，(6)：156-167.

刘钻石，张娟. 2010. 加工贸易对中国出口贸易技术水平影响的实证分析——基于中国省际面板数据[J]. 当代财经，(4)：104-109.

龙朝双，王小增. 2005. 准公共经济组织角色下我国地方政府横向合作关系探析[J]. 湖北社会科学，(10)：28-30.

隆国强. 2002. 加工贸易——全球化背景下工业化新道路[J]. 国际贸易，(12)：4-12.

罗竖元. 2014. 城市社区文化对农民工随迁子女城市融入的影响——基于厦门、长沙、贵阳等地的调查[J]. 中国青年政治学院学报，32（2)：8-14.

罗兴武，蔡宜斌. 2002. 加工贸易对我国经济增长作用的实证研究[J]. 对外经贸实务，(5)：6-7.

罗英豪. 2007. 社会建构论视角下的现代城市社区意识[J]. 北京工业大学学报(社会科学版)，2（7)：17-21.

吕鹏. 2006. 生产底层与底层的再生产——从保罗·威利斯的《学做工》谈起[J]. 社会学研究，(2)：230-242.

马宝成. 2004. 破除城乡二元结构，从体制上保障农民增收[J]. 国家行政学院学报，(6)：70-73.

马海涛，方创琳. 2011. 基于企业微观视角的城市区域生产网络空间组织研究——以粤东城镇群服装生产为例[J]. 地理科学，31（10)：1172-1180.

马学广. 2010. "单位制"城市空间的社会生产研究[J]. 经济地理，30（9)：1456-1461.

马野青. 2010. 产品内分工视角的中国外贸顺差及其利益分析[J]. 世界经济与政治论坛，(1)：27-36.

迈克·克朗. 2003. 文化地理学[M]. 杨淑华，宋慧敏，译. 南京：南京大学出版社.

缪仁炳，陈志昂. 2002. 中国交易费用测度与经济增长[J]. 统计研究，19（8)：14-21.

莫里斯·哈布瓦赫. 2002. 论集体记忆[M]. 毕然，等译. 上海：上海人民出版社.

钮心毅，丁亮. 2015. 利用手机数据分析上海市域的职住空间关系——若干结论和讨论[J]. 上海城市规划，(2)：39-43.

潘小娟. 2004. 中国基层社会重构——社区治理研究[M]. 北京：中国法制出版社.

彭开丽. 2008. 农地城市流转的社会福利效应：基于效率与公平理论的实证分析[D]. 武汉：华中农业大学.

彭瑞林. 2009. 对后危机时代我国加工贸易发展的几点思考[J]. 国际贸易，(11)：12-14.

彭镁，易群，李珊. 2010. 家庭环境与流动儿童的边缘化问题[J]. 教育与教学研究，24（4)：26-28.

齐二石，孔海宁，刘晓峰，等. 2008. 基于DEA方法的我国国家级经济技术开发区效率评价[J]. 西安电子科技大学学报（社会科学版），18（5）：1-6.

祁黄雄，陈立章. 2010. 杭州下沙高教东区学生行为时空特征研究[J]. 地理研究，29（7）：1281-1290.

钱俊希，朱竑. 2014. “非正常”的文化标签下“同志”社会空间的生产——以广州市X公园“同志渔场”为例[J]. 人文地理，29（3）：35-43.

钱书法，周绍东. 2010. 产品内分工陷阱：马克思分工理论与产品建构理论的解释及其比较[J]. 经济学家，（10）：39-45.

丘海雄. 1989. 社区归属感——香港与广州的个案比较研究[J]. 中山大学学报（哲学社会科学版），（2）：59-63.

屈子力. 2003. 内生交易费用与区域经济一体化[J]. 南开经济研究，（2）：67-70.

任远，乔楠. 2010. 城市流动人口社会融合的过程、测量及影响因素[J]. 人口研究，34（2）：11-20.

塞萨·洛，达纳·塔普林，苏珊·舍尔德. 2013. 城市公园反思：公共空间与文化差异[M]. 魏泽崧，等译. 北京：中国建筑工业出版社.

沈宏婷. 2007. 开发区向新城转型的策略研究——以扬州经济开发区为例[J]. 城市问题，（12）：68-73.

盛丹，王永进. 2011. 市场化、技术复杂度与中国省区的产业增长[J]. 世界经济，（6）：26-47.

盛婷婷，杨钊. 2015. 国外地方感研究进展与启示[J]. 人文地理，30（4）：11-17，115.

师保国，徐玲，许晶晶. 2009. 流动儿童幸福感、安全感及其与社会排斥的关系[J]. 心理科学，32（6）：1452-1454，1458.

施炳展. 2010. 中国出口产品的国际分工地位研究——基于产品内分工的视角[J]. 世界经济研究，（1）：56-62，88-89.

时立文. 2012. SPSS 19.0统计分析从入门到精通[M]. 北京：清华大学出版社.

史晓浩，王毅杰. 2010. 流动儿童城市社会交往的逻辑——指向一种质量互释的混合研究[J]. 南方人口，25（2）：32-41，31.

司明. 2015. 集聚经济、外部性溢出与企业TFP——基于工业企业数据的实证研究[J]. 软科学，29（5）：45-49.

宋立新，周春山. 2010. 西方城市公共空间价值问题研究进展[J]. 现代城市研究，25（12）：90-96.

宋伟轩，朱喜钢，吴启焰. 2009. 城市滨水空间生产的效益与公平——以南京为例[J]. 国际城市规划，24（6）：66-71.

苏静. 2007. 我国高新区的现状及存在的问题分析[J]. 技术与市场，(3)：78-79.
苏蕊芯，仲伟周. 2010. 企业传播、企业社会责任与经济绩效关联性研究综述[J]. 经济管理，32（7）：173-182.
孙楚仁，沈玉良，赵红军. 2006. 加工贸易和其他贸易对经济增长贡献率的估计[J]. 世界经济研究，(3)：54-62.
孙春晨. 2016. 中国当代乡村伦理的“内卷化”图景[J]. 道德与文明，(6)：131-136.
孙九霞，周一. 2014. 日常生活视野中的旅游社区空间再生产研究——基于列斐伏尔与德塞图的理论视角[J]. 地理学报，69（10）：1575-1589.
孙琳. 2013. 场域与空间异化批判——从马克思到列斐伏尔[J]. 学习与探索，(6)：22-26.
孙洛平，孙海琳. 2006. 产业集聚的交易费用模型[J]. 经济评论，(4)：111-117.
孙一飞，马润潮. 1997. 边缘城市：美国城市发展的新趋势[J]. 国外城市规划，(4)：28-35.
孙遇春，徐吉祥，张建同，等. 2010. 国家级经济开发区发展水平的比较与评估[J]. 统计与决策，(14)：39-41.
孙远东. 2007.“内卷化”机理与中国农村——以安徽一个小集镇的变迁为例[J]. 粤海风，(4)：41-43.
孙卓然，李正图. 2011. 开发区开发模式研究[J]. 上海经济研究，(5)：25-31.
谭崇台，等. 2008. 发展经济学概论[M]. 武汉：武汉大学出版社.
唐承丽，周海兰，周国华. 2012. 基于生命周期理论的开发区差别化调控政策探讨——以湖南省开发区为例[J]. 湖南师范大学自然科学学报，35（2）：88-94.
唐海燕，张会清. 2009. 产品内国际分工与发展中国家的价值链提升[J]. 经济研究，44（9）：81-93.
唐顺英，周尚意. 2011. 浅析文本在地方性形成中的作用——对近年文化地理学核心刊物中相关文章的梳理[J]. 地理科学，31（10）：1159-1165.
唐有财. 2009. 流动儿童的城市融入——基于北京、广州、成都三城市的调查[J]. 青年研究，(1)：30-38.
陶东风. 2010. 记忆是一种文化建构——哈布瓦赫《论集体记忆》[J]. 中国图书评论，(9)：69-74.
特伦斯 · 迪尔，艾伦 · 肯尼迪. 2008. 企业文化：企业生活中的礼仪与仪式[M]. 李原，孙健敏，译. 北京：中国人民大学出版社.
田凯. 1995. 关于农民工的城市适应性的调查分析与思考[J]. 社会科学研究，(5)：90-95.
童星，马西恒. 2008.“敦睦他者”与“化整为零”：城市新移民的社区融合[J]. 社会科学研究，(1)：77-83.

万钢. 2008. 国家高新区对实现经济又好又快发展的重要贡献和战略意义[J]. 中国高新区，(4)：10-13.

汪明峰，程红，宁越敏. 2015. 上海城中村外来人口的社会融合及其影响因素[J]. 地理学报，70（8）：1243-1255.

王春光，Philippe J. 1999. 温州人在巴黎：一种独特的社会融入模式[J]. 中国社会科学，(6)：106-119.

王丰龙，刘云刚. 2011. 空间的生产研究综述与展望[J]. 人文地理，26（2）：13-19，30.

王国敏. 2004. 城乡统筹：从二元结构向一元结构的转换[J]. 西南民族大学学报（人文社科版），25（9）：54-58.

王慧. 2003. 开发区与城市相互关系的内在肌理及空间效应[J]. 城市规划，27（3）：20-25.

王缉慈等. 2001. 创新的空间：企业集群与区域发展[M]. 北京：北京大学出版社.

王久高. 2009. 改革开放以来我国城市社区民主自治建设的历史考察[J]. 中国特色社会主义研究，(1)：39-43.

王凯民，檀榕基. 2014. 开发区的转型发展评价研究——以上海浦东张江开发区为例[J]. 中国外资，(4)：222-223.

王玲. 2007. 乡村公共空间与基层社区整合——以川北自然村落 H 村为例[J]. 理论与改革，(1)：95-97.

王绍飞. 1999. 我国经济开发区投资环境评价指标体系的研究[J]. 经济研究参考，(34)：17-23.

王生坤，薛婷婷. 2011. "过渡型社区"的概念、生成因素与存在的困境[J]. 安徽商贸职业技术学院学报，1（10）：9-13.

王文治. 2004. 加工贸易与国民经济增长关系的实证分析[D]. 天津：天津财经学院.

王霄. 2007. 论乡镇应纳入农村社区及乡镇直选[J]. 河北科技师范学院学报（社会科学版），6（4）：58-62.

王雄昌. 2010. 我国开发区转型的机制与动力探析[J]. 现代经济探讨，(10)：15-19.

王业强，魏后凯. 2007. 产业特征、空间竞争与制造业地理集中——来自中国的经验证据[J]. 管理世界，(4)：68-77，171-172.

王毅杰，史晓浩. 2010. 流动儿童与城市社会融合：理论与现实[J]. 南京农业大学学报（社会科学版），10（2）：97-103.

王永钦，高鑫. 2016. 内生二元结构的政治经济学：公共品、劳动力市场与税率[J]. 世界经济，39（2）：3-22.

王宇，陈楠枰，汪场，等. 2015. 2015 交通趋势报告[J]. 交通建设与管理，(Z1)：27.

王玉龙. 2010. 秦皇岛开发区中小企业成长性评价研究[D]. 秦皇岛：燕山大学.

王玥. 2015. 流动儿童城市融入问题综述[J]. 西安文理学院学报（社会科学版），18（2）：60-63.
王争，沈捷. 2004. 沿海开发区城市化对城乡居民收入差异影响初探——以宁波北仑为例[J]. 华东经济管理，18（2）：23-26.
韦仕川，黄朝明，尧德明. 2011. 基于 GIS 和多目标综合评价模型的开发区土地集约利用评价：以洋浦经济开发区为例[J]. 贵州农业科学，39（3）：125-130.
韦伟，傅勇. 2004. 城乡收入差距与人口流动模型[J]. 中国人民大学学报，18（6）：16-22.
吴铎. 1991. 社会学[M]. 上海：华东师范大学出版社.
吴莉萍，周尚意. 2009. 城市化对乡村社区地方感的影响分析——以北京三个乡村社区为例[J]. 北京社会科学，（2）：30-35.
吴明隆. 2010. 问卷统计分析实务：SPSS 操作与应用[M]. 重庆：重庆大学出版社.
吴廷烨，刘云刚，王丰龙. 2013. 城乡结合部流动人口聚居区的空间生产——以广州市瑞宝村为例[J]. 人文地理，28（6）：86-91.
吴晓燕，赵普兵. 2014."过渡型社区"治理：困境与转型[J]. 理论探讨，（2）：152-156.
吴新慧. 2004. 关注流动人口子女的社会融入状况——社会排斥的视角[J]. 社会，（9）：10-12.
夏骏. 2012. 高等教育内卷化增长探讨[J]. 教育评论，（3）：12-14.
肖潇，张捷，孙上茜，等. 2012. 书法景观旅游地游客地方感影响因素分析——以陕西汉中石门十三品为例[J]. 人文地理，27（6）：130-136.
谢建社，牛喜霞，谢宇. 2011. 流动农民工随迁子女教育问题研究——以珠三角城镇地区为例[J]. 中国人口科学，（1）：92-100，112.
谢妍翰，黄耿志，薛德升. 2010. 广州城市不同行业女性非正规就业者行为空间差异及其影响[J]. 人文地理，25（6）：25-29.
熊猛，叶一舵. 2011. 中国城市农民工子女心理健康研究述评[J]. 心理科学进展，19（12）：1798-1813.
熊猛. 2015. 流动儿童相对剥夺感：特点、影响因素与作用机制[D]. 福州：福建师范大学.
熊易寒，杨肖光. 2012. 学校类型对农民工子女价值观与行为模式的影响——基于上海的实证研究[J]. 青年研究，（1）：71-82，96.
徐大图，黄东兵，刘尔成. 1992. 开放城市投资环境评价指标及评价方法研究[J]. 中国软科学，（3）：37-41.
徐晶晶. 2010. 进城务工人员随迁子女心理健康状况的比较研究[J]. 思想理论教育，（10）：62-68.
徐琦，拉里・莱恩，邓福贞. 2004. 社区社会学[M]. 北京：中国社会出版社.
徐水源. 2016. 东部地区农民工工资增长影响因素及地区差异实证研究[J]. 人口学刊，38(2)：

91-100.

许经勇. 2009. 我国农民工的由来与走向[J]. 南通大学学报（社会科学版），25（5）：100-105.

许南，李建军. 2010. 国际金融危机与中国加工贸易转型升级分析——基于全球生产网络视角[J]. 财贸经济，（4）：98-106，137.

许晓霞，柴彦威. 2012. 北京居民日常休闲行为的性别差异[J]. 人文地理，27（1）：22-28.

许学强. 1997. 城市地理学[M]. 北京：高等教育出版社.

许振晓，张捷，Wall G，等. 2009. 居民地方感对区域旅游发展支持度影响——以九寨沟旅游核心社区为例[J]. 地理学报，64（6）：736-744.

薛德升，蔡静珊，李志刚. 2009. 广州市城中村农民工医疗行为及其空间特征——以新凤凰村为例[J]. 地理研究，28（5）：1341-1351.

闫文鑫. 2010. 现代住区邻里关系的重要性及其重构探析——基于社会交换理论视角[J]. 重庆交通大学学报（社会科学版），10（3）：28-30，44.

扬·盖尔. 2002. 交往与空间[M]. 北京：中国建筑工业出版社.

杨东峰，殷成志，史永亮. 2006. 从沿海开发区到外向型工业新城——1990年代以来我国沿海大城市开发区到新城转型发展现象探讨[J]. 城市发展研究，13（6）：80-86.

杨东宁，周长辉. 2004. 企业环境绩效与经济绩效的动态关系模型[J]. 中国工业经济，（4）：43-50.

杨华. 2013a. 城郊农民的预期征地拆迁：概况、表现与影响——以荆门市城郊农村为例[J]. 华中科技大学学报（社会科学版），27（2）：98-105.

杨华. 2013b. 农村征地拆迁过程中的阶层冲突——以荆门市城郊农村土地纠纷为例[J]. 中州学刊，（2）：70-76.

杨华. 2015. 征地拆迁对农村阶层分化的影响——基于湖北省荆门市城郊农村的调查[J]. 西北农林科技大学学报（社会科学版），15（1）：114-120.

杨菊华. 2010. 流动人口在流入地社会融入的指标体系——基于社会融入理论的进一步研究[J]. 人口与经济，（2）：64-70.

杨菊萍，贾生华. 2011. 企业迁移的动因识别——基于内容分析法的研究[J]. 地理科学，31（1）：15-21.

杨小凯，黄有光. 1999. 专业化与经济组织——一种新兴古典微观经济学框架[M]. 北京：经济科学出版社.

杨小凯，张永生. 2001. 新贸易理论、比较利益理论及其经验研究的新成果：文献综述[J]. 经济学（季刊），1（1）：19-44.

杨雪锋，未来. 2015. 产城融合：实现路径及政策选择[J]. 中国名城，（9）：9-13.

杨昀. 2011. 地方依恋的国内外研究进展述评[J]. 中山大学研究生学刊（自然科学·医学版），32（2）：26-37.

姚华松. 2012. 广州流动人口空间问题：基于社会地理学视角[J]. 世界地理研究，21（1）：139-149.

叶鹏飞. 2012. 探索农民工城市融合之路——基于社会交往“内卷化”的分析[J]. 城市发展研究，19（1）：81-85，109.

殷洁，罗小龙. 2012. 资本、权力与空间：“空间的生产”解析[J]. 人文地理，27（2）：12-16，11.

尹希果，桑守田. 2010. 地方政府财政干预、金融发展与区域资本配置效率[J]. 贵州财经学院学报，（1）：41-46.

俞勇军，陆玉麒. 2004. 经济技术开发区投资环境评价及改善策略研究[J]. 经济地理，24（3）：395-398，411.

袁巧玲. 2013. 处境与意愿：农民工子女城市社会融合——基于杭州的调查[J]. 观察与思考，（6）：60-64.

袁晓娇，方晓义，刘杨，等. 2009. 教育安置方式与流动儿童城市适应的关系[J]. 北京师范大学学报（社会科学版），（5）：25-32.

袁晓娇，方晓义，刘杨，等. 2010. 流动儿童社会认同的特点、影响因素及其作用[J]. 教育研究，31（3）：37-45.

袁晓娇，方晓义，刘杨，等. 2012. 流动儿童压力应对方式与抑郁感、社交焦虑的关系：一项追踪研究[J]. 心理发展与教育，28（3）：283-291.

约翰·伊特韦尔. 1992. 新帕尔格雷夫经济学大辞典[M]. 北京：经济科学出版社.

悦中山，杜海峰，李树茁，等. 2009. 当代西方社会融合研究的概念、理论及应用[J]. 公共管理学报，6（2）：114-121，128.

曾守锤. 2011. 流动儿童的压力和社会支持状况及社会支持保护作用的研究[J]. 心理科学，34（3）：631-635.

张道刚. 2011. “产城融合”的新理念[J]. 决策，（1）：1.

张二震，马野青. 2010. 我国贸易顺差的成因分析及对策建议[J]. 江苏行政学院学报，（2）：50-55.

张广济. 2010. 生活方式与社会融入关系的社会学解读[J]. 长春工业大学学报（社会科学版），22（3）：42-44.

张海梅. 2002. 广东加工贸易的非均衡结构分析[J]. 南方经济，（9）：38-41.

张洪霞. 2013. 新生代农民工社会融合的内生机制创新研究——人力资本、社会资本、心理资本的协同作用[J]. 农业现代化研究，34（4）：412-416.

张京祥，邓华媛. 2009. 解读城市近现代风貌型消费空间的塑造——基于空间生产理论的分析视角[J]. 国际城市规划，24（1）：43-47.

张利痒. 2007. 二元结构下的城乡消费差异分析及对策[J]. 中国软科学，（2）：11-16，40.

张梦颖. 2017. 上海临港新城港城联动发展研究[J]. 中国市场，（2）：97-98.

张敏，熊帼. 2013. 基于日常生活的消费空间生产：一个消费空间的文化研究框架[J]. 人文地理，28（2）：38-44.

张帅，潘润秋，张俊. 2011. 基于模糊综合评判模型的开发区集约利用研究——以湖北省荆门经济开发区为例[J]. 国土资源科技管理，28（1）：55-61.

张伟，顾朝林，陈田，等. 1998. 中国高新技术区的综合评价[J]. 地理研究，17（3）：233-241.

张文宏，雷开春. 2008. 城市新移民社会融合的结构、现状与影响因素分析[J]. 社会学研究，（5）：117-141，244-245.

张文佳，柴彦威. 2009. 时空制约下的城市居民活动-移动系统——活动分析法的理论和模型进展[J]. 国际城市规划，24（4）：60-68.

张文奎. 1993. 人文地理学概论（第 3 版）[M]. 长春：东北师范大学出版社.

张文彤，董伟. 2004. SPSS 统计分析高级教程[M]. 北京：高等教育出版社.

张晓明，赖寿华. 2006. 广州新一轮城市空间布局下的交通发展战略思考[J]. 城市规划学刊，（4）：68-75.

张晓平，刘卫东. 2003. 开发区与我国城市空间结构演进及其动力机制[J]. 地理科学，23（2）：142-149.

张旭. 2014. “政府和市场的关系”与政府职能转变[J]. 经济纵横，（7）：18-22.

张艳. 2011. 国家经开区与高新区的政策渊源探究及反思[J]. 城市规划学刊，（3）：51-57.

张艳，柴彦威. 2011. 北京城市中低收入者日常活动时空间特征分析[J]. 地理科学，31（9）：1056-1064.

张艳，赵民. 2007. 论开发区的政策效用与调整——国家经济技术与高新产业开发区未来发展探讨[J]. 城市规划，31（7）：18-24.

张志斌，师安隆. 2008. 开发区与城市空间结构演化——以兰州市为例[J]. 城市问题，（11）：52-57.

张中华，张沛，王兴中. 2009. 地方理论应用社区研究的思考——以阳朔西街旅游社区为例[J]. 地理科学，29（1）：141-146.

赵海月，赫曦滢. 2012. 列斐伏尔“空间三元辩证法”的辨识与建构[J]. 吉林大学社会科学学报，52（2）：22-27.

赵红军，孙楚仁. 2008. 二元结构、经济转轨与城乡收入差距分化[J]. 财经研究，34（3）：121-131.

赵红军，尹伯成. 2006. 论交易效率与中国的城乡差距[J]. 复旦学报（社会科学版），（1）：90-97.

赵宏杰，吴必虎. 2013. 大陆赴台自由行游客地方认同与休闲效益关系研究[J]. 旅游学刊，28（12）：54-63.

赵力. 2002. 城镇化与“二元结构”的破解[J]. 城市问题，（3）：5-9.

赵鹏军，彭建. 2000. 边缘城市对城市开发区建设的启示——以天津经济技术开发区为例[J]. 地域研究与开发，19（4）：54-57.

赵燕，张翔，杜建政，等. 2014. 流动儿童社会支持与抑郁及孤独的关系：心理韧性的调节和中介效应[J]. 中国临床心理学杂志，22（3）：512-516，521.

赵英，汪海凤. 2010. 基于因子分析的我国国家高新区综合发展水平研究[D]. 武汉：武汉大学.

赵玉林，汪芳. 2000. 高新技术开发区评价指标体系的构建与应用[J]. 科技进步与对策，17（6）：37-39.

郑长德，刘晓鹰. 2004. 中国城镇化与工业化关系的实证分析[J]. 西南民族大学学报：人文社会科学版，（4）：102-111.

郑国. 2011. 中国开发区发展与城市空间重构：意义与历程[J]. 现代城市研究，26（5）：20-24.

郑国，张延吉. 2014. 基于要素演替的国家级开发区转型研究[J]. 经济地理，34（12）：114-118.

郑静，薛德升，朱竑. 2000. 论城市开发区的发展：历史进程、理论背景及生命周期[J]. 世界地理研究，9（2）：79-86.

周皓. 2010. 流动儿童的心理状况与发展——基于“流动儿童发展状况跟踪调查”的数据分析[J]. 人口研究，34（2）：66-75.

周皓. 2012a. 流动人口社会融合的测量及理论思考[J]. 人口研究，36（3）：27-37.

周皓. 2012b. 流动儿童社会融合的代际传承[J]. 中国人口科学，（1）：70-81，112.

周皓，荣珊. 2011. 我国流动儿童研究综述[J]. 人口与经济，（3）：94-103.

周佳娴. 2011. 城市居民社区感研究——基于上海市的实证调查[J]. 甘肃行政学院学报，（4）：56-71，127.

周敏，林闽钢. 2004. 族裔资本与美国华人移民社区的转型[J]. 社会学研究，19（3）：36-46.

周尚意，唐顺英，戴俊骋. 2011. “地方”概念对人文地理学各分支意义的辨识[J]. 人文地理，26（6）：10-13，9.

周志丹，闫国庆. 2011. 高新技术产业开发区公共治理绩效评价体系构建研究[J]. 工业技术经济，30（7）：58-65.

朱海玲，龚曙明. 2010. 中国工业化与城镇化联动和互动的研究[J]. 统计与决策，(13)：112-114.

朱竑，刘博. 2011. 地方感、地方依恋与地方认同等概念的辨析及研究启示[J]. 华南师范大学学报（自然科学版），(1)：1-8.

朱竑，钱俊希，封丹. 2010. 空间象征性意义的研究进展与启示[J]. 地理科学进展，29（6）：643-648.

朱浒. 2005. 跨地方的地方性实践——江南善会善堂向华北的移植[J]. 中国社会历史评论，(00)：33-50.

朱力. 2002. 论农民工阶层的城市适应[J]. 江海学刊，(6)：82-88，206.

朱立龙，张建同，孙遇春. 2008. 我国国家级经济技术开发区综合指标评价研究[J]. 科学管理研究，26（4）：50-54.

朱喜群. 2016. 社区冲突视阈下城市社区多元治理中的权力博弈——以苏州市D社区更换物业公司为考察个案[J]. 公共管理学报，13（3）：49-60，155.

朱志萍. 2008. 城乡二元结构的制度变迁与城乡一体化[J]. 软科学，22（6）：104-108.

庄春萍，张建新. 2011. 地方认同：环境心理学视角下的分析[J]. 心理科学进展，19（9）：1387-1396.

庄友刚. 2012. 何谓空间生产？——关于空间生产问题的历史唯物主义分析[J]. 南京社会科学，(5)：36-42.

Agnew J A. 1987. Place and Politics：The Geographical Mediation of State and Society[M]. Boston：Allen and Unwin.

Alba R，Nee V. 1997. Rethinking assimilation theory for a new era of immigration[J]. The International Migration Review，31（4）：826-874.

Alexander L M，Inchley J，Todd J，et al. 2005. The broader impact of walking to school among adolescents：seven day accelerometry based study[J]. British Medical Journal，331：1061-1062.

Alexander T. 2009. Welcome to old times'：inserting the Okie past into California's San Joaquin Valley present[J]. Journal of Cultural Geography，26（1）：71-100.

Altman I，Low S M. 1992. Place attachment[M]. New York：Plenum Press.

Aouest O，Griffet J. 2004. Public space and community[J]. Space and culture，7（2）：173-187.

Arayici A. 2003. The problems of immigrant children in Europe：the case of the Turks[J]. Prospects，33（4）：453-466.

Arndt S W. 1997. Globalization and the open economy[J]. The North American Journal of

Economics and Finance，8（1）：71-79.

Attanapola C T. 2006. Were they ever “in place”? Sense of place and self-identities among migrant female export-processing zone workers in Sri Lanka[J]. Norsk Geografisk Tidsskrift-Norwegian Journal of Geography，60（3）：217-226.

Bandura A. 1977. Self-efficacy：toward a unifying theory of behavioral change[J]. Psychological Review，84（2）：191-215.

Beazley H. 2002. Vagrants wearing make-up：negotiating spaces on the streets of Yogyakarta，Indonesia[J]. Urban Studies，39（9）：1665-1683.

Becker G S，Murphy K M. 1992. The division of labor，coordination costs，and knowledge[J]. The Quarterly Journal of Economics，107（4）：1137-1160.

Benjamin W. 1992. The work of art in the age of mechanical reproduction[M]. London：Fontana Press.

Bhagwati J，Dehejia H. 1994. Free Trade and Wages of the Unskilled：Is Marx Striking Again? [M]//Bhagwati J，Kosters M. Trade and Wages：Leveling Wages Down. Washington，D C：American Enterprise Institute.

Blunt A，Dowling R. 2006. Home（Key ideas in geography）[M]. Abingdon：Routledge.

Boeke J H. 1942. Structure of Netherlands Indian economy[J]. American Journal of Sociology，（5）：186.

Bollen K A，Hoyle R H. 1990. Perceived cohesion：a conceptual and empirical examination[J]. Social Forces，69（2）：479-504.

Bonaiuto M，Breakwell G M，Cano I. 1996. Identity processes and environmental threat：the effects of nationalism and local identity upon perception of beach pollution[J]. Journal of Community & Applied Social Psychology，6（3）：157-175.

Breakwell G M. 1986. Coping with Threatened Identities[M]. London：Methuen.

Brook I. 2003. Making here like there：place attachment，displacement and the urge to garden[J]. Ethics，Place and Environment，6（3）：227-234.

Bunge W. 1971. The Geography of a Revolution[M]. Cambridge，M A：Schenkman.

Burneett K P. 1976. Behavioural geography and philosophy of mind[M]//Golledge R G，Rushton G. Spatial Choice and Spatial Behavior. Columbus：Ohio State University Press.

Buttimer A，Seamon D. 1980. The Human Experience of Space and Place[M]. London：Croom Helm.

Butz D，Eyles J. 1997. Reconceptualizing senses of place：social relations，ideology and ecology[J]. Geografiska Annaler：Series B，Human Geography，79（1）：1-25.

Carr S，Francis M，Leanne L G，et al. 1993. Public Space[M]. Cambridge：Cambridge University Press.

Casey E S. 1997. The Fate of Place：A Philosophical History[M]. Berkeley：University of California Press.

Castells M. 1983. The City and the Grassroots：A Cross-Cultural Theory of Urban Social Movements[M]. Berkeley：University of California Press.

Chan K W. 2010. The household registration system and migrant labor in China：notes on a debate[J]. Population and Development Review，36（2）：357-364.

Chapin F S. 1978. Human time allocation in the city[M]//Carlstein T，Parks D，Thrift N. Human activity and time geography（Volume 2）. London：Edward Arnold.

Chen C，Fan C C. 2018. Gender and generational differences in first outward-and first inward-moves：an event-history analysis of rural migrants in China[J]. Environment and Planning A：Economy and Space，50（8）：1-24.

Chenery H，Syrquin M. 1975. Patterns of Development，1950—1970[M]. Oxford：Oxford University Press.

Cohen J P，Paul C J M. 2005. Agglomeration economies and industry location decisions：the impacts of spatial and industrial spillover[J]. Regional Science and Urban Economics，35（3）：215-237.

Corcoran M P. 2002. Place attachment and community sentiment in marginalized neighborhoods：a European case study[J]. Canadian Journal of Urban Research，11（1）：47-67.

Coughlin C C，Segev E. 2000. Location determinants of new foreign-owned manufacturing plants[J]. Journal of Regional Science，40（2）：323-351.

Crandall D J，Backstrom L，Cosley D，et al. 2010. Inferring social ties from geographic coincidences[J]. Proceedings of the National Academy of Sciences of the United States of America，107（52）：22436-22441.

Cresswell T. 2004. Place：A Short Introduction[M]. Oxford：Blackwell.

Cuba L，Hummon D M. 1993. A place to call home：identification with dwelling，community，and region[J]. The Sociological Quarterly，34（1）：111-131.

Davelear E J. 1991. Regional Economic Analysis of Innovation and Incubation[M]. Aldershot：Avebury Gomer Publishing Company Limited.

de Bres K，Davis J. 2001. Celebrating group and place identity：a case study of a new regional festival[J]. Tourism Geographies，3（3）：326-337.

Démurger S，Sachs J D，Woo W T，et al. 2002. Geography，economic policy，and regional development in China[J]. Asian Economic Papers，1（1）：146-197.

Diakoulaki D，Mavrotas G，Papayannakis L. 1995. Determining objective weights in multiple criteria problems：the critic method[J]. Computers & Operations Research，22（7）：763-770.

Dixit A K，Grossman G M. 1982. Trade and protection with multistage production[J]. Review of Economic Studies，49（4）：583-594.

Dixon J，Durrheim K. 2004. Dislocating identity：desegregation and the transformation of place[J]. Journal of Environmental Psychology，24（4）：455-473.

Downs R M，Stea D. 1974. Mental geography. (Book reviews：Image and environment. Cognitive Mapping and Spatial Behavior)[J]. Science，184（4136）：557-558.

Elmhirst R. 2011. Introducing new feminist political ecologies[J]. Geoforum，42（2）：129-132.

Entrikin J N. 1991. The Betweenness of Place：Towards a Geography of Modernity[M]. Baltimore：John Hopkins University Press.

Ettema D，Timmermans H，van Veghel L. 1996. Effects of Data Collection Methods in Travel and Activity Research[R]. Eindhoven：European Institute of Retailing and Services Studies.

Eyles J. 1985. Senses of Place[M]. London：Pion.

Feldman R M. 1990. Settlement-identity psychological bonds with home places in a mobile society[J]. Environment and Behavior，22（2）：183-229.

Finger J M. 1975. Tariff provisions for offshore assembly and the exports of developing countries[J]. The Economic Journal，85（338）：365-371.

Fried M. 1963. Grieving for a lost home[M]//Duhl L J. The Urban Condition. New York：Basic Books.

Friedman T L. 2005. The World Is Flat：A Brief History of the Twenty-first Century[M]. New York：Farrar，Straus and Giroux.

Gaubatz P. 1999. China's urban transformation：patterns and processes of morphological change in Beijing，Shanghai and Guangzhou[J]. Urban Studies，36（9）：1495-1521.

Geertz C. 1963. Agricultural Involution：the Process of Ecological Change in Indonesia[M]. Berkeley and Los Angeles，C A：University of California Press.

Gerson K，Stueve C A，Fischer C. 1977. Attachment to Place：Networks and Places[M]. New York：The Free Press.

Giuliani M V，Feldman R. 1993. Place attachment in a developmental and cultural context[J].

Journal of Environmental Psychology，13（3）：267-274.

Gold J R. 1980. An Introduction to Behavioral Geography[M]. Oxford：Oxford University Press.

Golledge R G. 2003. Reflections on recent cognitive behavioural research with an emphasis on research in the United States of America[J]. Australian Geographical Studies，41（2）：117-130.

Gordon M M. 1964. Assimilation in American Life：The Role of Race，Religion，and National Origins[M]. New York：Oxford University Press.

Gregory D，Johnston R，Pratt G，et al. 2011. The Dictionary of Human Geography[M]. Hoboken：John Wiley & Sons.

Hägerstrand T. 1970. What about people in regional science?[J]. Papers of the Regional Science Association，24（1）：6-21.

Hahm J，Breiter D，Severt K，et al. 2016. The relationship between sense of community and satisfaction on future intentions to attend an association's annual meeting[J]. Tourism Management，52（1）：151-160.

Haraway D. 1988. Situated knowledges：the science question in feminism and the privilege of partial perspective[J]. Feminist Studies，14（3）：575-599.

Hare D. 1999. "Push" versus "pull" factors in migration outflows and returns：determinants of migration status and spell duration among China's rural population[J]. Journal of Development Studies，35（3）：45-72.

Harrisir J R. 1995. Where is the child's environment? A group socialization theory of development[J]. Psychological Review，102（3）：458-489.

Harvey D. 1982. The Limits to Capital[M]. Oxford：Blackwell.

Harvey D. 1985. Consciousness and the Urban Experience[M]. Baltimore：Johns Hopkins University Press.

Harvey D. 1996. Justice，Nature，and the Geography of Difference[M]. Oxford：Blackwell.

Harvey D. 2010. The Enigma of Capital[M]. Oxford：Oxford University Press.

Hashemnezhad H，Heidari A，Hoseini M. 2013. Sense of place and place attachment[J]. International Journal，3（1）：5-12.

Hauge L. 2007. Identity and place：a critical comparison of three identity theories[J]. Architectural Science Review，50（1）：44-51.

Heidegger M. 1971. Poetry，Language and Thought[M]. New York：Harper and Row.

Helleiner G K. 1973. Manufactured exports from less-developed countries and multinational firms[J]. The Economic Journal，83（329）：21-47.

Hidalgo M C，Hernandez B. 2001. Place attachment：conceptual and empirical questions[J]. Journal of Environmental Psychology，21（3）：273-281.

Hillery G. 1955. Definition of community：area of agreement[J]. Rural Sociology，20(2)：111-123.

Hogg M A，Terry D J，White K M. 1995. A tale of two theories：a critical comparison of identity theory with social identity theory[J]. Social Psychology Quarterly，58（4）：255-269.

Holloway L，Hubbard P. 2001. People and Place：The Extraordinary Geographies of Everyday Life[M]. London：Prentice-Hall.

Huang Y. 2001. Gender，hukou，and the occupational attainment of female migrants in China（1985–1990）[J]. Environment and Planning A，33：257-279.

Hudson R. 1989. Labour-market changes and new forms of work in old industrial regions：maybe flexibility for some but not flexible accumulation[J]. Environment and Planning D：Society and Space，（1）：5-30.

Hummels D. 2001. Time as a Trade Barrier[M]. West Lafayette：Minmeo Purdue University.

Hummon D M. 1990. Commonplaces：Community Ideology and Identity in American Culture[M]. Albany：State University of New York Press.

Hyndman J. 2001. Towards a feminist geopolitics[J]. The Canadian Geographer/Le Géographe Canadien，45（2）：210-222.

Jackson J B. 1996. A Sense of Place，a Sense of Time[M]. London：Yale University Press.

Jackson P. 1989. Maps of Meaning[M]. London：Unwin Hyman.

Jackson P. 1991. Mapping meanings：a cultural critique of locality studies[J]. Environment and Planning，A，23（2）：215-228.

Jacobs D，Tillie J. 2004. Introduction：social capital and political integration of migrants[J]. Journal of Ethnic and Migration Studies，30（3）：419-427.

Jakle J A，Brunn S，Roseman C C. 1976. Human Spatial Behavior：A Social Geography[M]. North Scituate，M A：Duxbury Press.

James S. 1990. Is there a place for children in geography[J]. Area，22（3）：278-283.

Johnson N C. 2007. Ireland，the Great War and the Geography of Remembrance[M]. Cambridge：Cambridge University Press.

Johnston R J，Gregory D，Pratt G，et al. 2000. The Dictionary of Human Geography（4th ed.）[M]. Oxford：Blackwell.

Jorgensen B S，Stedman R C. 2001. Sense of place as an attitude：lakeshore owners attitudes toward their properties[J]. Journal of Environmental Psychology，21（3）：233-248.

Kasarda J D，Janowitz M. 1974. Community attachment in mass society[J]. American Sociological Review，39（3）：328-339.

Kato Y. 2009. Doing consumption and sitting cars：adolescent bodies in suburban commercial spaces[J]. Children's Geographies，7（1）：51-66.

Katz C. 2004. Growing up Global：Economic Restructuring and Children's Everyday Lives[M]. Minneapolis：University of Minnesota Press.

Kearns G，Philo C. 1993. Selling Places：The City as Cultural Capital，Past and Present[M]. Oxford：Pergamon Press.

Kitchin R M. 1996. Increasing the integrity of cognitive mapping research：appraising conceptual schemata of environment-behaviour interaction[J]. Progress in Human Geography，20（1）：56-84.

Korpela K M. 1989. Place-identity as a product of environmental self-regulation[J]. Journal of Environmental Psychology，9（3）：241-256.

Krugman P R. 1995. Growing world trade：causes and consequences[J]. Brookings Papers on Economic Activity，（1）：327-377.

Krupat E. 1983. A place for place identity[J]. Journal of Environmental Psychology，3（4）：343-344.

Kusago T，Trannatos Z. 1998. Export processing zones：a review in need of an update，social protection group，human development network[R]//The World Bank. SP Discussion Paper No. 9802. Washington，D C：World Bank.

Lalli M. 1992. Urban-related identity：theory，measurement，and empirical findings[J]. Journal of Environmental Psychology，12（4）：285-303.

Landecker W S. 1951. Types of integration and their measurement[J]. The American Journal of Sociology，56（4）：332-340.

L'Aoustet O，Griffet J. 2004. Sharing public space：youth experience and socialization in Marseille's Borely Park[J]. Space & Culture，7（2）：173-187.

Lawson V. 2007. Geographies of care and responsibility[J]. Annals of the Association of American Geographers，97（1）：1-11.

Leaman O，Carrington B. 1985. Athleticism and the reproduction of gender and ethnic marginality[J]. Leisure Studies，4（2）：205-217.

Lefebvre H. 1991. The Production of Space[M]. Oxford：Blackwell.

Lewis N，Moran W，Perrier-Cornet P，et al. 2002. Territoriality，enterprise and reglementation in industry governance[J]. Progress in Human Geography，26（4）：433-462.

Lewis W A. 1954. Economic development with unlimited supplies of labour[J]. Manchester School，22（2）：139-191.

Lipton M. 1977. Why Poor people Stay Poor：A Study of Urban Bias in World Development[M]. London：Maurice Temple Smith Ltd.

Liu S Q，Xie F T，Zhang H Q，et al. 2014. Influences on rural migrant workers' selection of employment location in the mountainous and upland areas of Sichuan，China[J]. Journal of Rural Studies，33：71-81.

Low S M，Altman I. 1992. Place Attachment：A Conceptual Inquiry[M]//Altman I，Low S M. Place Attachment. New York：Plenum Press.

Malechi E J，Nijkamp P. 1988. Technology and regional development：some thoughts on policy[J]. Environment and Planning，22：811-828.

Mariotti S，Piscitello L. 1995. Information cost and location of foreign direct investments within the host country：empirical evidence from Italy[J]. Journal of International Business Studies，26（4）：815-841.

Massey D S，Denton N A. 1987. Trends in the residential segregation of Blacks，Hispanics，and Asians：1970－1980[J]. American Sociological Review，52（6）：802-825.

Massey D. 1994. Space，Place and Gender[M]. Minneapolis：University of Minnesota Press.

Matthews H，Smith F. 2000. Editorial：children's places and spaces in the world（special issue）[J]. Childhood，（3）：5-9.

Mattson K T. 2002. Children's（in）dependent mobility and parents' chauffeuring in the town and the countryside[J]. Tijdschrift voor Economische en Sociale Geografie，93（4）：443-453.

Mayowa R. 2014. Regional imbalances and inequalities in Nigeria：causes，consequences and remedies[J]. Research on Humanities and Social Sciences，4（18）：163-174.

McDowell L. 1998. Gender, Identity & Place: Understanding Feminist Geographies[M]. Cambridge: Polity Press.

McDowell L. 2014. Border crossings：reflections on women's lives in twentieth-century Britain[J]. Gender，Place & Culture，21（2）：152-173.

Melvin J R. 1969. Intermediate goods，the production possibility curve and gains from trade[J]. The Quarterly Journal of Economics，83（1）：141-151.

Mesch G S. 2002. Between spatial and social segregation among immigrants：the case of immigrants from the FSU in Israel[J]. International Migration Review，36（3）：912-934.

Moomaw R. 1980. Urban firm location：comparative statics and empirical evidence[J]. Southern Economic Journal，47（2）：404-418.

Mumford L. 1940. The Culture of Cities[M]. London：Secker and Warburg.

Myint H. 1985. Organizational dualism and economic development[J]. Asian Development Review，3（1）：24-42.

Myrdal G. 1957. Economic Theory and Underdeveloped Regions[M]. London：Duckworth.

Nagel C. 2002. Constructing difference and sameness：the politics of assimilation in London's Arab communities[J]. Ethnic and Racial Studies，25（2）：258-287.

Nanzer B. 2004. Measuring sense of place：a scale for Michigan[J]. Administrative Theory and Praxis，26（3）：362-382.

Nelson L，Seager J. 2005. A Companion to Feminist Geography[M]. Oxford：Blackwell.

Ngai P. 2005. Made in China：Women Factory Workers in a Global Workplace[M]. Durham，N C：Duke University Press.

Olsson G. 1981. Inference problems in locational analysis[M]//Cox K R，Golledge R G. Behavioral Problems in Geography Revisited. London and New York：Routledge.

Ortiz A，Garcia-Ramon M D，Prats M. 2004. Women's use of public space and sense of place in the Raval（Barcelona）[J]. Geojournal，61（3）：219-227.

Otis E M. 2011. Markets and Bodies：Women，Service Work，and the Making of Inequality in China[M]. Stanford：Stanford University Press.

Pamuk A. 2004. Geography of immigrant clusters in global cities：a case study of San Francisco[J]. International Journal of Urban & Regional Research，28（2）：287-307.

Pan L. 2018. From left-behind children to young migrants：the intergenerational social reproduction of rural migrant labor in China[J]. Eurasian Geography and Economics，59（2）：1-20.

Park R，Burgess W. 1921. Introduction to the Science of Sociology[M]. Chicago，I L：University of Chicago Press.

Petersen M A，Rajan R G. 2002. Does distance still matter? The information revolution in small business lending[J]. The Journal of Finance，57（6）：2533-2570.

Pham H，Hu L，Shahabi C. 2011. Towards integrating real world spatiotemporal data with social networks[C]. Chicago：Proceedings of the 19th ACM SIGSPATIAL International Conference on Advances in GIS.

Philo C. 1992. Neglected rural geographies：a review[J]. Journal of Rural Studies，8（2）：193-207.

Pickering M. 2002. Looking through the fawn-skin window: white women's sense of place in the new worlds of Australia and Canada[J]. Australian Historical Studies, 33 (118): 223-238.

Pooley C G. 1999. Front Londonderry to London: identity and sense of place for a protestant northern Irish woman in the 1930s[J]. Immigrants & Minorities, 18 (2-3): 189-213.

Porteous J D, Smith S E. 2001. Domicile: the Global Destruction of Home[M]. Montreal and Kingston: McGill-Queen's University Press.

Pred A. 1983. Structuration and place: on the becoming of sense of place and structure of feeling[J]. Journal for the Theory of Social Behaviour, 13 (1): 45-68.

Pretty G H, Chipuer H M, Bramston P. 2003. Sense of place amongst adolescents and adults in two rural Australian towns: the discriminating features of place attachment, sense of community and place dependence in relation to place identity[J]. Journal of Environmental Psychology, 23 (3): 273-287.

Pretty J N. 2002. Agriculture: Reconnecting People, Land and Nature[M]. Abingdon: Routledge.

Prezza M, Amici M, Roberti T, et al. 2001. Sense of community referred to the whole town: Its relations with neighboring, loneliness, life satisfaction, and area of residence[J]. Journal of Community Psychology, 29 (1): 29-52.

Proshansky H M, Fabian A K, Kaminoff R. 1983. Place-identity: physical world socialization of the self[J]. Journal of Environmental Psychology, 3 (1): 57-83.

Ranis G, Fei J C H. 1961. A theory of economic development[J]. The American Economic Review, 51 (4): 533-565.

Relph E. 1976. Place and Placelessness[M]. London: Pionlimited.

Riger S, Lavrakas P J. 1981. Community ties: patterns of attachment and social interaction in urban neighborhoods[J]. American Journal of Community Psychology, 9 (1): 55-66.

Rissotto A, Tonucci F. 2002. Freedom of movement and environmental knowledge in elementary school children[J]. Journal of Environmental Psychology, 22: 65-77.

Rose G. 1995. Place and Identity: A Sense of Place[M]//Massey D, Jess P. A Place in the World? Place, Culture and Globalization. Milton Keynes: Open University Press.

Ross N J. 2007. "My journey to school...": foregrounding the meaning of school journeys and children's engagements and interactions in their everyday localities[J]. Children's Geographies, 5 (4): 373-391.

Rotheram-Borus M J. 1990. Adolescents' reference-group choices, self-esteem, and adjustment[J]. Journal of Personality & Social Psychology, 59 (5): 1075-1081.

Rushton G. 1969. Analysis of spatial behavior by revealed space preference[J]. Annals of the Association of American Geographers，59（2）：391-400.

Rutherford J. 1990. Identity：Community，Culture，Difference[M]. London：Lawrence & Wishart.

Sack R. 1992. Place，Modernity and the consumer's world[M]. Baltimore，M D：Johns Hopkins University Press.

Salamon S. 2009. From hometown to nontown：rural community effects of suburbanization[J]. Rural Sociology，68（1）：1-24.

Sanders C. 2001. What keeps a student at home? [EB/OL]. http://www. timeshighereducation. co. uk/news/analysis-what-keeps-a-student-home/158288. article[2020-09-01].

Sarason S B. 1974. The Psychological Sense of Community：Prospects for a Community Psychology[M]. San Francisco：Jossey-Bass.

Scannell L，Gifford R. 2010. Defining place attachment：a tripartite organizing framework[J]. Journal of Environmental Psychology，30（1）：1-10.

Scott A J. 2008. Flexible production systems and regional development：the rise of new industrial spaces in North America and Western Europe[J]. International Journal of Urban & Regional Research，12（2）：125-136.

Seamon D. 1980. Body-subject，Time-space Routines and Place ballets[M]// Buttimer A，Seamon D. The Human Experience of Space and Place. New York：St. Martin's Press.

SeemanT E. 1996. Social ties and health：the benefits of social integration[J]. Annals of Epidemiology，6（5）442-451.

Shamai S. 1991. Sense of place：an empirical measurement[J]. Geoforum，22（3）：347-358.

Smith N. 1990. Uneven Development：Nature，Capital and the Production of Space[M]. Oxford：Basil Blackwell Publisher.

Soini K，Vaarala H，Pouta E. 2012. Residents' sense of place and landscape perceptions at the rural-urban interface[J]. Landscape and Urban Planning，104（1）：124-134.

Soltani L，Zangiabadi A，Nastaran M. 2013. The quarter：an effective pattern for satisfying women's sense of place in the city of Isfahan[J]. Cities，（30）：161-174.

Speller G，Lyons E，Twigger-Ross C. 2002. A community in transition：the relationship between spatial change and identity processes[J]. Social Psychological Review，4（2）：39-58.

Spilsbury J C. 2005. We don't really get to go out in the front yard—children's home range and neighborhood violence[J]. Children's Geographies，3（1）：79-99.

Stedman R C. 2002. Toward a social psychology of place predicting behavior from place-based cognitions, attitude, and identity[J]. Environment and Behavior, 34 (5): 561-581.

Stedman R C. 2003. Is it really just a social construction? The contribution of the physical environment to sense of place[J]. Society and Natural Resources, 16 (8): 671-685.

Steele F. 1981. The Sense of Place[M]. Boston: CBI Publishing Company.

Stinner W F, van Loon M, Chung S W, et al. 1990. Community size, individual social position and community attachment[J]. Rural Sociology, 55 (4): 494-521.

Storper M. 1997. The Regional World: Territorial Development in a Global Economy[M]. New York: Guilford Press.

Tajfel H, Turner J. 1979. An integrative theory of intergroup conflict[J]. The Social Psychology of Intergroup Relations, (33): 94-109.

Taylor P J. 1999. Places, spaces and Macy's place-space tensions in the political geography of modernities[J]. Progress in Human Geography, 23 (1): 7-26.

Thrift N. 1985. Flies and Germs: A Geography of Knowledge[M]//Gregory D, Urry J. Social Relations and Spatial Structures. London: Palgrave.

Tian M, Tian Z, Cushing B. 2016. Inter-city migration in China: a recurrent-event duration analysis of repeat migration[J]. Cambridge Journal of Regions Economy and Society, 9 (3): 551-569.

Tonnies F, Loomis C P. 1957. Community & Society[M]. East Lansing: Michigan State University Press.

Tosun C. 2002. Host perceptions of impacts: a comparative tourism study[J]. Annals of Tourism Research, 29 (1): 231-253.

Tuan Y F. 1974. Topophilia: A study of Environmental Perception, Attitudes, and Values[M]. Columbia: Columbia University Press.

Tuan Y F. 1977. Space and Place: The Perspective of Experience[M]. Minneapolis: University of Minnesota Press.

Twigger-Ross C L, Uzzell D L. 1996. Place and identity processes[J]. Journal of Environmental Psychology, 16 (3): 205-220.

Vanek J. 1963. Variable factor proportions and interindustry flows in the theory of international trade[J]. The Quarterly Journal of Economics, 77 (1): 129-142.

Villanueva K, Giles-Corti B, Bulsara M, et al. 2012. How far do children travel from their homes? Exploring children's activity spaces in their neighborhood[J]. Health & Place, 18 (2): 263-273.

Ward C. 1979. The Child in the City[M]. London: Architectural Press.

Whyte W H. 1980. The Social Life of Small Urban Spaces[M]. Washington，D C：Conservation Foundation.

Wijtzes A I，Jansen W，Bouthoorn S H，et al. 2014. Social inequalities in young children's sports participation and outdoor play[J]. International Journal of Behavioral Nutrition & Physical Activity，11（1）：1-10.

Winkel G H. 1981. The perception of neighbourhood change[M]//Harvey J. Cognition，Social Behavior and the Environment. New York：Erlbaum.

Withers C W J. 2009. Place and the "spatial turn" in geography and in history[J]. Journal of the History of Ideas，70（4）：637-658.

Wright J K. 1966. Notes on early American geopiety[J]. Human Nature in Geography，45：250-285.

Wright J K. 1947. Terrae incognite：The place of the imagination in geography[J]. Annals of the Association of American Geographers，37（1）：1-15.

Wright R，Ellis M. 2000. The ethnic and gender division of labor compared among immigrants to Los Angeles[J]. International Journal of Urban and Regional Research，24（3）：583-600.

Yang X S. 2000. Determinants of migration intentions in Hubei province，China：individual versus family migration[J]. Environment and Planning A：Economy and Space，32（5）：769-787.

Ye M，Yin P F，Lee W C. 2010. Location recommendation for location-based social networks[C]. San Jose，C A：18th ACM SIGSPATIAL International Symposium on Advances in Geographic Information Systems, ACM-GIS 2010.

Young L，Ansell N. 2003. Fluid households，complex families：the impacts of children's migration as a response to HIV/AIDS in Southern Africa[J]. The Professional Geographer，55（4）：464-476.

Zhang V. 2017. Im/mobilising the migration decision[J]. Environment and Planning D-Society & Space，36（2）：199-216.

Zheng S，Long F，Fan C C，et al. 2009. Urban villages in China：a 2008 survey of migrant settlements in Beijing[J]. Eurasian Geography and Economics，50（4）：425-446.

